老子《道德经》评注

胡关荣◎著

大淞题

华龄出版社
HUALING PRESS

图书在版编目（CIP）数据

老子《道德经》评注 / 胡关荣著 . -- 北京 : 华龄出版社，2022.4

ISBN 978-7-5169-2187-6

Ⅰ . ①老… Ⅱ . ①胡… Ⅲ . ①道家②《道德经》—注释 Ⅳ . ① B223.12

中国版本图书馆 CIP 数据核字（2022）第 032104 号

策划编辑 余 鑫　　**责任印制** 李未圻
责任编辑 梅 剑　　**装帧设计** 书点文化

书　名	老子《道德经》评注	**作　者**	胡关荣
出　版 发　行	华龄出版社 HUALING PRESS		
社　址	北京市东城区安定门外大街甲 57 号	**邮　编**	100011
发　行	（010）58122255	**传　真**	（010）84049572
承　印	成都蓉军广告印务有限责任公司		
版　次	2022 年 5 月第 1 版	**印　次**	2022 年 5 月第 1 次印刷
规　格	880mm × 1230mm	**开　本**	1/32
印　张	12	**字　数**	240 千字
书　号	ISBN 978-7-5169-2187-6		
定　价	65.00 元		

写在前面的话

亲爱的读者，摆在你面前的这本书，全书主要由三大部分内容组成。

你看到的第一部分内容也就是绪论，其实原来是一篇论文。论文中试图通过分析《道德经》总纲的第一章，重新厘清《道德经》的核心概念，并进而梳理出由这些核心概念所形成的老子哲学思维体系。通过厘清和梳理，你可能会发现，与《道德经》问世 2500 多年以来的无数解读者相比，这篇论文所梳理而得的概念和体系，确实有些不同于既往，而且这些不同又绝对不是出于标新立异。这里可以用最简单的几句话来加以概括，老子提出和强调的几个核心概念是："常（恒）道""常（恒）名""常（恒）无"和"常（恒）有"；由这些核心概念所形成的哲学思维体系是："常（恒）道"即"客观之道"，是就"常（恒）名"即天地万物的"客观事物"本身而言的，继而"常（恒）名"即天地万物的"客观事物"本身没有绝对的固定不变的状态，当"客观事物"处在"常（恒）无"即"客观之无"的存在状态时，就意味着新生事物产生因素的积累；当"客观事物"处在"常（恒）有"即"客观之有"的存在状态时，就意味着现有事物走向消亡因素的积累。再简而言之，客观事物本身无非就是这样两种基本的动态演变状况，如果要再简化，那就是“天下万物生于有，有生于无”，而这就出自“客观之道”的本质抽象或规定，或者说，这就是“客观之道”。最后“玄之又玄，众妙之门”，这样两种基本的动态演变状况微妙而又微妙的明确客观之处，就是我们观察和分析一切客观事物的途径或方法。这相应的其实就是我们现在所说的马克思主义哲学的客观理性、客观逻辑、自然辩证法或唯物辩证法，还有接着而来的，就人类的思维来说，按马克思的说法，人类的思维不外客观理性、客观逻辑或自然辩证法在头脑中的反映而已，而这些只不过是老子早就把它具体化了，而我们没有读懂而已。当然，我们可能至今还没有明白老子时时处处提醒我们的苦心，就是要我们消除一切主观妄为，要我们遵循客观之道和客观事物演变的必然性，这即是所谓的“为学日益，为道日损。损之又损，以至于无为”，只有在“遵道”“无为”的前提下，才是人的“无为而无不为”。老子认为，人之所以伟大，就在于人能够认识、遵循和利用客观之道。另外，还有与此形成对比的是一套主观的语言文字概念，即“可道”“可名”“可无”和“可有”，这些主观的语言文字概念对“客观之道”“客观事物”及其两种动态演变状况也进行了表述或模拟，但这些表述或模拟说到底并不等同于客观事物本身，至多不过是一种假设推论而已。这些在论文中已经反复地说了，只是由于要跟着陈鼓应先生进行逐句分析点评，并且要不留模糊空间而显得有点啰唆罢了。此外，在那篇论文中，我还有一个小心思，就是在分析老子哲学的概念和体系，及西方哲学的概念和体系时，其实也不过在分析“常（恒）名”概念的时候，跟西方哲学之中的“有”与“思”作了比较，还有在分析“常（恒）无”与“常（恒）有”概念的时候，与黑格尔《逻辑学》中的“有”

与“无”的概念作了比较，这些比较的目的，用意一方面在于揭示东西方哲学最本质之处的不同，另一方面在于说明自老子以来的中国哲学，已经有完整的概念和完善的哲学思维系统，反倒是西方哲学中至今仍然找不到与此相应的概念和系统。在我看来这个比较当然非常重要，但因为不是这篇论文的任务，所以就没有也不便展开。

显然从学术角度而言，《道德经》是中国历史上第一部成系统的哲学著作；但就我所知，从概念、体系和著作目的等方面对《道德经》全面加以厘清和梳理的工作，我的这篇论文可能还是《道德经》面世流传以来所作的第一次尝试。私心以为，只要有益于读者阅读老子这部不朽的哲学著作，从而明白了天地万物的演变必然性，这即是老子所谓的“道”，其解决的问题相当于后世哲学中的本体论、认识论的问题；之后养成和树立了客观面对这种客观必然性及其演变状况的态度和行为准则，这即是老子所谓的“德”，其解决的问题相当于后世哲学中的实践论的问题；最后做到了老子之“经”。这即是贯穿始终而又不离不弃，那么我所做的这次尝试，无论结果怎样，也都是值得的。只要想想，《道德经》流传时间那么长，流传范围又那么广，说到底，人们却又不知道它究竟是一部怎样的著作，连它的核心概念，以及由这些核心概念所形成的思维体系也不清楚，这也确实是一件非常可笑而又可怕的事情。

以上，就是全书的第一部分。

还有说真的，列举和分析点评陈鼓应先生的《老子今注今译》第一章，目的并不是为了揭其及历代无数解读者之短，而是想通过重新厘清其概念，并进而梳理清楚老子哲学的思维体系，以图尝试恢复甚至确立我国自老子以来就有的完整的哲学概念和哲学思维体系，但兹事体大，绝非我一己之力所能够完成，更不是一蹴而就的事情。我原本的想法是把老子的《道德经》核心概念和由这些核心概念所形成的哲学思维体系搞清楚了，我的任务也就完成了；但是后来发现，正是因为有了重新界定的核心概念和重新梳理的哲学思维体系，那些原先的解读者所作的注解和翻译，有很多都需要重新注解和翻译了。另外，我还发现老子的《道德经》实在不是一本可以一句文言原文然后一句现代白话文翻译的著作，甚至可以说，没有一个现代翻译者不在翻译上“翻车”的。比如“不尚贤，使民不争”，就这么简单的几个字，你当然可以用现代白话文翻译为“不推崇有才干的人，使人民不争功名利禄”，但是经过翻译者这样一翻译，恰恰就把老子说这句话想要表达的真正想要推崇的意思翻译得没有了。其实，老子的《道德经》中时时刻刻在表达希望天下得到大治和个人事业获得成功，就是说老子没有一丝一毫反对“贤”和“争”的意思。因此，老子说“不尚贤，使民不争”这句话至少有这样几层意思：一是老子并没有一丝一毫反对推崇有才干的人，使人民不去争功名利禄的意思；二是老子认为没有必要把推崇有才干的人和使人民去争功名利禄的事情当作榜样，那样只会使一个社会变得功利和堕落；三是在老子看来，问题的关键可能是天下那么多的人都在争贤和功名利禄，而成功者却总是寥寥无几。由此可以明白，老子说这句话的真正用意是他主张推崇和争取的是贤和功名利禄背后的尊重客观现实和客观必然性。只有当你真正理解了老子的这些核心概念和整个思维体系之后，你才有可能得到东西，而想用一句对应的现代白话文是不可能把这些意思翻译出来的。一旦明白了老子真正想要表达的意思之后，你再回头去读这些翻译的白话语句，反而总有一种莫名其妙的感觉了。

所以，我后来又陆续尝试做了两方面的事情，一是同样依据《道德经》简帛本最新修订版，在参考和吸取了一些专家学者原来已作注解（在文中就不再一一注明了）的基础上，重新作了许多注解，尤其是涉及核心概念和老子哲学思维体系部分的重点字、词，甚至作了比较长的阐述。这里为了读者更容易比较和理解，我用“之前一般”的形式表述别人原来已作的注解，然后给出我的注解。至于有些比较简单的字词，就直接在原来的注解上修改，也不再标注“之前一般”了，如“方而不割，廉而不刿，直而不肆，光而不耀”中的“廉”，历来都把这个“廉”解释为锐利、棱角突出，而我认为这是与前面的“为政察察”形成前后对比的，就直接注解为察考、访查了。二是既然不可以用现代白话文逐句翻译，但在新的概念和体系之下，各章大致讲了些什么意思，还是得给出一个说法，因此就采用了点评的形式。此外还有极少的几章，为了加深读者的理解和方便比较，还借用了别人所作的白话文翻译，并把它附在我的点评之后，至于白话文的翻译者也就不再注明了，这里只求务请见谅了。三是我注解和点评的事情都是陆续做的，时间跨度有好几年，虽然老子的概念和整个体系是非常严密完整的，但到最后我对自己所做的总有一种缺少一气呵成的感觉。所以，我只得在这里向各位尊贵的读者承认，更要向已经逝去或尚健在的曾经解读过《道德经》的各位大师承认，我所做的确确实实是一种尝试，虽然尽力了，但不足之处甚至错漏实所难免。一来我绝对不敢说别人的都错了，只有我的才是正确的，再者我也绝对没有这种自信，仿佛真理都在我这边似的，而这种主观轻狂恰恰是老子反对的。

说到底，我所做的尝试如果有一点可取之处的话，就是把老子提出的核心概念和由这些核心概念所形成的哲学思维体系重新加以了梳理，但是单就这一点而言，它已经就是一把双刃剑了，你会用这把剑首先就刺向我这里写下的每一个文字。当然还不止此，读者朋友如果一旦明白了老子提出的核心概念和由这些核心概念所形成的哲学思维体系之后，你至少也可以与老子来一番坐而论道了。还有更深的，你其实也可以用这种思维体系去分析思考你所遇到的所有问题；而老子无非也与你一样，他留下的这部《道德经》，就是用了他自己提出的核心概念和由这些核心概念形成的思维体系，然后借此分析思考他所遇到的所有问题的记录而已。这个时候，你可能就会会心一笑：老子能够想到和做到的，我们凭什么想不到和做不到？话说到此，老子这个人可能已经不再重要了，《道德经》就是一本“破书”而已，至于我尝试为《道德经》作的这些注解和点评，就把它踩在你的脚下吧！

以上就是全书的第二部分。

全书第三部分，就是为读者阅读方便，附录了一些相关的材料。

最后一点，这本书的书名确切地说，应该是“《道德经》评注”，后来发现这个书名已经有人用过了，于是我只好在前面加上“老子”二字，以示区别。

目 录

下篇　德经

绪论

——从概念、体系到著作目的[1]

内容摘要：

老子的《道德经》一书作为中国哲学第一部成系统的著作，问世2500多年以来，从古至今解读者及其解读无数，但越是翻看越是可以发现，这些解读者对作为全书总纲第一章的解读一开始就存在着概念不清、论述前后矛盾的缺陷。本文试图从《道德经》第一章可能省略了一句话的角度入手，并列举典型而有代表性的解读，对何以出现这些缺陷的原因加以分析探讨，进而厘清该章几个重要概念及其区别问题，以期引起有意者对《道德经》全文核心概念、思维体系及著述目的的再思考、再探讨。

关键词：道；可道；常（恒）道；名；可名；常（恒）名；无；可无；常（恒）无；有；可有；常（恒）有

自《道德经》一书问世2500多年以来，对中国哲学思想体系及对中国人思维习惯的形成，其作用和影响可以说在其之

[1] 《道德经》第一章可能省略了一句话。

……兼谈该章几个重要概念及其区别问题。

后无人能及。《道德经》所提出的天地万物“有无”演变之“道”，与其之前被誉为中华文化之源的《易经》所提出的天地万物“阴阳”演变之“易理”，可谓同样深刻地揭示了天地万物的变化及其奥妙。由于《易经》大多采用的是隐喻的形式，要想明白其具体明确的意义，总让人有一种飘忽不定难以把握的感觉；而《道德经》则是一篇明确的文字表述，因此可以说《道德经》相比于《易经》，应该更容易被人理解和把握。

但可能未必就是必然，虽然《道德经》之文仅有五千言，但从古至今却出现了无数的解读者，其解读的文字早已无法计数了，出现这种反复不同的解读情况，应该说是会出乎老子的意料的。更让人叹为观止的是，从古至今出现无数的解读者，虽然都认同《道德经》第一章是全书的总纲，但对这一章的解读却是歧义纷出、莫衷一是，可以这样说，在无数解读者之中，没有两家对《道德经》第一章的解读是一致的，当然想要完全一样就更不可能了，出现这种情况，更应该说是老子料想不到的。

如果我们继续往下看，就是对这些无数的解读者所作的《道德经》第一章的解读加以分析，那么就可以看到没有一家的解读是可以自圆其说的，或者至多是同义反复，而实际却又是不知所云，出现这样的情况，估计老子也会沉默无语了。应该说，老子在《道德经》第一章中所表达的意思是非常明确的，而且这第一章也确实是《道德经》全书的总纲，他更没有在表述中出现概念不清、论述前后矛盾以致不能自圆其说的情况。可以说，解读者出现无法自圆其说的解读缺陷，关键之处可能在于，老子在《道德经》第一章中提出的“道”与“可道”“常（恒）道”，“名”与“可名”“常（恒）名”，“无”与“可无”“常（恒）无”，“有”与“可有”“常（恒）有”这几个重要概念及其区别，自《道德经》问世以来还没有人加以留意，更不用说对此加以理解的缘故。当然还有更重要的，是至今仍然没有人能够梳理清楚这些概念之间的关系及由这些核心概念所形成的哲学意义上的思维体系了。一般而言，如果一部著作甚至一篇文章，其本身存在概念不清的问题，那么这著作或文章就很难形成体系，进而就极难有说服力了。当然，如果这著作或文章提出的概念和由这些概念形成的体系能够与客观事物及其运动发展相一致，那就更难得了；但很可惜，历来的解读者其实没有梳理清楚老子在《道德经》中提出和阐述的哲学思维体系，更可惜的是历来的解读者甚至连老子在《道德经》中提出的几个核心概念也没有理解，当然就更不可能理解由这些核心概念所形成的哲学思维体系了。所以，就《道德经》第一章而言，如果被解读者解读得不能自圆其说了，那只能是解读者的解读出现了问题。

我在这里不揣冒昧，想从《道德经》第一章的行文中可能省略了一句话的角度入手，并通过厘清这一章之中老子提出的几个重要概念及其区别，最后对《道德经》的核心概念及由此而形成的哲学思维体系加以探讨，以此就教于天下同好。

我将采用的分析探讨方式是在无数解读者之中选择典型而有代表性的一家，对其解读的第一章加以完整的分析探讨，以求弄清楚何以出现误读的原因。我私心以为，在已经有了无数的解读者之后，能够再加上可以聊供参考的一种解读，即使再无足轻重，也应该不会有伤大雅的了。

为下文列举对《道德经》第一章解读分析方便，这里有必要先明确一下《道德经》的版本问题。根据现有最早的《道德经》古本，是1973年从湖南长沙马王堆三号汉墓出土的帛书《老子》写本，这两种写本现在分别称作甲本和乙本。甲本字体介于篆书、隶书之间，不避刘邦的名讳，当是刘邦称帝以前的抄写本。乙本用隶书抄成，避刘邦的名讳，而不避汉文帝刘恒的名讳，应是汉高祖、汉文帝之间的抄本。甲、乙本距今已有两千多年，早于目前所能见到的其他版本，应该是最接近《道德经》原貌的版本。就版本而言，与老子《道德经》第一章直接有关的，是这一章之中出现的“恒”字，可能因为避讳而改换成了“常”字。这样一来便产生了一个问题，就是后世的解读者有偏向于解读“恒”字的，也有偏向于解读“常”字的，而这种有意或无意的偏向可能就是后世的解读者出现理解歧义的根源之一；但对于后世的解读者来说，问题可能恰恰不在偏向于解读为“恒”字还是“常”字，就是说无论你怎么解读，你所解读的语句，至少不能因为无论偏向这两个字的哪一个字的缘故，而仍然全都存在概念不清、论述前后矛盾甚至不能自圆其说的缺陷。因此，如果没有因为这两个字而仍然出现解读不通的情况，则应该另当别论了。

我分析探讨的思路如下：在提出《道德经》第一章可能省略了一句话的问题之前，我们先看典型而有代表性的解读者对《道德经》这一章的完整解读，然后随着解读者的逐句解读，我们也将逐句展开分析探讨其概念不清、论述前后矛盾之处，之后随着解读回到本题，把老子在《道德经》第一章可能省略了的一句话补上，再探讨一下可能省略这句话的一些原因，然后厘清《道德经》第一章之中几个重要概念及其区别问题，最后梳理清楚老子提出的由这些核心概念所形成的哲学意义上的思维体系。我考虑采用解读者解读一句然后分析探讨一句的形式，这样做的目的，无非是把我想要表达的意思表达得更清楚明白而没有模糊的空间，此外，没有别的目的。另外，如果出现几处为了分析探讨及阅读方便，在引用的时候适当打乱一下解读者原著的顺序，这里先作说明，在表述时也一定随时作出说明。

这里分析探讨列举的是陈鼓应先生对《道德经》第一章的解读，依据的是陈鼓应先生最新修订的由北京商务印书馆2017年出版的著作《老子今注今译》。把陈先生的这部解读作为分析探讨的例子，我有如下几点考虑：一是其在两岸学术界的代表性意义不容置疑。陈鼓应先生是台湾大学哲学系及哲学研究所毕业，历任台湾中国文化学院讲师、台湾大学副教授，现任台湾大学哲学系教授、加利福尼亚大学伯克利分校研究员、北京大学哲学系教授、中国文化大学哲学系教授。陈鼓应先生曾主编《道家文化研究》学刊，是享誉国际的道家文化学者，他撰写的《老子注译及评介》《庄子今注今译》已行销四十余年，是人们研习老庄的经典读本。他提出的《易传》哲学思想属于道家的观点，一反两千年来《易传》思想属于儒家的旧说。他主张的"中国哲学道家主干说"影响日益广泛。二是陈鼓应先生对《道德经》的最新修订解读具有最新最近的参考价值。三是陈鼓应先生解读老子的《道德经》这部著作、这个版本，可以说是目前为止能够看到的收集引用历代解读《道德经》资料最新，历代评价《道德经》观点最齐全的一个版本。所以，把陈鼓应先生的解读作为有代表性的一家加以分析探讨，一来其代表性不容置疑，二来也可以省去许多再引述前代解读者解读的必要了。如果还有人怀疑我在这里所列举的陈鼓应先生对《道德经》第一章解读的代表性意义，那么，也只好在此拙文结尾的时候，再附上另外几家比较著名的解读者对《道德经》第一章的解读翻译，但不再作逐句的分析探讨，只把这另外几家的解读翻译摆在那里，有意者只要稍加对比，一样可以明白其解读的缺陷所在了。

下面是陈鼓应先生《老子今注今译》一书中对《道德经》第一章的完整解读：

【原文】道可道，非常道；名可名，非常名。无，名天地之始；有，名万物之母。故常无，欲以观其妙；常有，欲以观其徼。此两者，同出而异名，同谓之玄。玄之又玄，众妙之门。（《老子今注今译》第 73 页）

【今译】可以用言词表达的道，就不是常道；可以用文字表述的名，就不是常名。无，是形成万物的本始；有，是创生万物的根源。所以常从无中，去观照道的奥妙；常从有中，去关照道的端倪。无和有这两者，同一来源而不同名称，都可以说是很幽深的。幽深而又幽深，是一切奥妙的门径。（《老子今注今译》第 77、78 页。说明：原文是在逐句注释之后才给出整章今译，此处为阅读方便作了提前。）

这里先把陈先生对《道德经》第一章的解读翻译完整地摆上，我意在让读者对陈先生解读的《道德经》第一章先有一个完整的印象，接着我们就可以跟着陈先生对老子《道德经》第一章的逐句解读而展开相应的逐句分析探讨，在此基础上再一一指出其解读的缺陷所在，这样分析探讨可能更有条理一些，也更有说服力一些。

一、对《道德经》第一章第一句“道可道，非常（恒）道”解读的分析探讨

以下是陈先生解读《道德经》第一章的第一句。

【注释】：①道可道，非常道。第一个“道”字是人们习称之道，即今人所谓“道理”；第二个“道”字，是指言说的意思；第三个“道”字，是老子哲学上的专有名词，在本章它意指构成宇宙的实体与动力。“常”，马王堆汉墓帛书《老子》甲、乙本均作“恒”。“常道”之“常”，为真常、永恒之意。一般将“常道”解释为永恒不变之道，然可以“永恒”释之，却不当以“不变”作解，因老子之作为宇宙实体及万物本原的“道”，是恒变恒动的。《老子》四十章谓“反者道之动”，便以道为动体；二十五章形容道的运行是“周行而不殆”，也是描述道体之生生不息。

朱谦之说：“盖‘道’者，变化之总名。与时迁移，应物变化，虽有变易，而有不易者在，此之谓常。……老聃所谓道，乃变动不居，周流六虚，既无永久不变之道，亦无永久不变之名。……天地之道，恒久而不已，四时变化，而能久成。若不可变、不可易，则安有所谓常者？”（《老子较释》）按朱说为是。程颐在《周易·程氏传》中释《易》之（恒卦）时指出：“天下之理未有不动而能恒者也，动则终而复始，所以恒而不穷，凡天地所生之物，虽山岳之坚厚，未有能不变者也。故‘恒’非‘一定’之谓也，‘一定’则不能恒矣。惟随时变易，乃常道也。”程氏以“随时变易”解“常道”，正合老意。（《老子今注今译》第73、74页）

分析探讨：可以说《道德经》作为中国哲学最早成系统的著作，对其第一章的解读极为关键，而对这第一章第一句的解读可能更是关键中的关键。我们看到陈先生给出的《道德经》第一章第一句的解释，与历代以来的解读者一样，有一个不能自圆其说的矛盾之处：如果一方面“可以用言词表达的道，就不是常道”成立的话，那么，反过来另一方面这个“常道”就是不可以用言词表达的，这一点应该也是成立的。这里就产生了一个逻辑矛盾：为什么“道”是可以用言词表达的，而“常道”是不可以用言词表达的？难道“常道”不是“道”，或者至少应该是“道”之一吧？这里先插一句题外话，在陈先生的解读中，这里“常道”与之后的“常名”是解读为一个完整的名词结构的；但在接下来具体解读的时候，却又不再解读为一个完整的名词结构。另外，同样的在解读“常无”“常有”的时候，又采用了直接拆开理解为“常从无中”“常从有中”，这样解读一方面可能太随意了，另一方面这明显前后不一，显然不合老子在这一章连贯的表述习惯。阅读到后文大家便会明白，这样的解读其实就是直接造成后世解读者解读的时候出现概念不清、论述前后矛盾的原因所在，这一点先在这里提示一下，后面还将仔细分析探讨。更令人匪夷所思的是，陈先生与历代以来的解读者一样，一方面认为这个“常道”是不可以用言词表达的，但是另一方面对这个“常道”却又都用各自的言词作出了各种各样的表达。说到后来，陈先生在解读整章结束的引述部分，他居然表达的是这样的意思：“本章只在说明：一、道具有不可言说性，道是不可概念化的东西；二、道是天地万物的根源和始源。”（《老子今注今译》第 79 页）这里，陈先生所说的其一与其二也是前后矛盾的——这个道虽然具有不可言说性，道是不可概念化的东西，但还是被陈先生用言词概念表达清楚了：道是天地万物的根源和始源。总之，陈先生与历代以来的解读者一样，在解读这第一句的时候都有一个概念不清、论述前后矛盾，甚至不能自圆其说的缺陷；更不用说了，如果“道”真的如陈先生所说具有不可言说性，那么，我们能置老子用来论述“道”的《道德经》于何地何处呢？

虽然陈先生这里比一般的解读者多了一点说明，也就是对这个“常道”又补了一点，一般将“常道”解释为永恒不变之道，然可以“永恒”释之，却不当以“不变”作解，因老子之作为宇宙实体及万物本原的“道”，是恒变恒动的；但是即使补了这一点，再加上后面引用朱谦之、程颐对这一句的解读，那两方面的矛盾还是没有解决，最后还是不能自圆其说。另外很显然，朱谦之、程颐对“常道”的解读，一方面没有把“道”与“物”加以区分，直接把“物”的变化等同于“道”的变化。另一方面这样的解读，仍然没有把“道”与“常道”的区别说清楚，对“道”与“常道”或“恒道”是什么关系仍然是不甚了了。说简单一点，就是这里的“常”与“恒”两个字究竟该作何解释，仍然是不清楚的，那么相应地陈先生以及这两位对老子之“道”的解读，也是令人怀疑的了。

陈先生的解读出现这种不能自圆其说的矛盾问题，其实就是没有弄清楚这一句之中出现的三个“道”字应该怎么理解，或者说就是如何理解这三个“道”字之间有何关系或区别，因此就难以避免为什么“道”是可以用言词表达的，而“常道”就不可以用言词表达的矛盾了。可以说陈先生只勉强理解对了第二个“道”，说是只勉强理解对了第二个“道”，指的是对这个“道”的理解是不准确不到位的，但把语意这样理解勉强是可以的，另外两个“道”却都理解错了。那么，这三个“道”字究竟应该怎么理解呢？我认为最好仍然应该看老子自己怎么说。

在《道德经》第二十五章，老子说："有物混成，先天地生。寂兮寥兮，独立而不改，周行而不殆，可以为天地母。吾不知其名，强字之曰道，强为之名曰大。大曰逝，逝曰远，远曰反。故道大，天大，地大，人亦大。域中有四大，而人居其一焉。人法地，地法天，天法道，道法自然。"老子这一章表达的是人能够依据这些基本关系，最后归结为人的伟大之处就在于"人能法道"，当然其前提是人能够认识和把握道，从而遵循道，使道为人所用。那么，什么是道呢？道又有何特点呢？这里有必要先强调一点，就是历来的解读者对这一章的解读也是存在矛盾之处的。历来的解读者看到这一章"有物混成，先天地生"这一句，就把这一句理解为"有个东西浑然一体，在天地形成以前就已产生"，由此而进一步理解这个"浑然一体"的东西就是"道"，于是理解"道"有"体"、会"独立"、会"周行"，等等。比如，陈先生在解读第一章完了之后的引述部分，也分析到了"在第二十五章老子说到这个形而上之实存体是个混存状态的东西，无以名之，勉强用一个'道'字来称呼它，这只是为了方便起见而已。老子说到道体时，惯用反显法，他用了许多经验世界的名字去说明，然后一一打掉，表示这些经验世界的名字不足以形容，由此反显出道的精深奥妙性"。这其中的"形而上之实存体""混存状态的东西"和"道体"等，都把"道"理解为"物"了；但是显然这样的理解是有问题的，而"形而上之实存体"的表述本身更是令人费解的。在这一章的结尾老子非常明白地说了"道法自然"，也就是说"道"与"自然"或"自然万物"是完全不同的两个概念，即如果"自然"或"自然万物"是"物"的话，那么"道"显然

就不是“物”，因为两者是“取法”与“被取法”的关系，是“依据”与“被依据”的关系，但肯定不是“物”与“物”的关系。另外，更不用说在《道德经》里面，还有“道生一”“道生之，德畜之，物形之，势成之。是以万物莫不尊道而贵德”的表述，更是明确表达了道与物的区别。这一点，我们在后面分析“道生一”的时候，还要详细地说一说。另外，陈先生与历来的解读者一样，看到了但又没有看明白老子“用了许多经验世界的名字去说明，然后一一打掉，表示这些经验世界的名字不足以形容，由此反显出道的精深奥妙性”，但为什么偏偏不把其中的“有物混成，先天地生”理解为经验世界的东西，而是理解成为“道体”了呢？其实如果把“有物混成，先天地生”这一句放到《道德经》全文之中，再结合老子的表述习惯去理解，就是“天地”与“万物”在老子的表述之中是一个对举关系，前后可以相互对换，甚至有时只说天地而不说万物，或者只说万物而不说天地，因此当前后句子出现“天地”与单独一个“物”字表述的时候，这里的“物”是应该理解为“万物”的。由此，那么这一句就可以变化为“天地混成，先有（万）物生”，也就是说，这一句仍然是对“道”的经验描述或说明，而不应该理解成是所谓的“道体”，这一句本身不是“道”或“道体”，更不应该把“道”理解为“物”。还有在中国的传统文化中，有“天地混成”的说法，而鲜有“有物混成”的说法。老子接着说的“强字之曰道，强为之名曰大。大曰逝，逝曰远，远曰反”。“强字之曰道”是给客观存在的“道”取名，而“强为之名曰大。大曰逝，逝曰远，远曰反”是对“道”的本质的描述说明，而这正是“强字之曰道”与“强为之名曰大”的区别，并且这个对“道”的本质描述说明，还分别对应着前面所谓的经验世界的语句，即就“道大”的本质而言。其可以包容天地万物，而且正是由于“道大”的本质，其又无声无息地包含在天地万物的发展变化过程之中，即“道大”的本质必然规定了事物由“逝”而“远”、由“远”而“反”的发展变化过程，从而“道”“可以为天地母”。这句子中的“母”字是“模”字的通假字，“模”就是模拟、描述的意思。这里如果把“可以为天地母”与这一章后面一句“有名万物之母”放在一起分析，也可以明白“天地”与“万物”是对举关系。接着，“道”“可以为天地母”用现代白话说，就是可以根据“道”的本质规定，预先就可以模拟或描述出天地万物的发展变化过程，这也即是“万物并作，吾是以观其复”之意，此句的“万物”与“天地”仍然是对举关系，虽然只提了“万物”，但仍然包含了“天地”之意。这里顺便插一句，这一点是《道德经》中最深刻的结论之一，是在哲学思想上至今也无人能及的地方。由此，也可以反观出老子自己着力想要论述的“道”的价值所在了。

话再说回来。应该说在《道德经》第二十五章“吾不知其名，强字之曰道”之前的语句，应该理解为是老子通过对经验世界的多方面描述，判断有一客观之道存在，然后才是“吾不知其名，强字之曰道”。老子通过这样多方面的描述，非常明确地强调了“道”的客观属性，但这些对经验世界的描述语句本身并不是“道”或“道体”。在老子的表述中，“道”与“自然”或“自然万物”是应该分开来的两个概念。如果一旦把“道”理解为“物”，甚至由此而有“道体”，那么老子自己在这一章的表述就存在前后矛盾不清的地方了，也就难怪后来的解读者把物的变化等同于道的变化了，这也从另一个方面更清楚地表明“有物混成，先天地生”，在老子的表述中“天地”与“万物”是一种对举关系。如果要说微妙的话，在老子的表述中还潜在地告诉了我们一点，就是除了“道”与“自然”或“自然万物”是应该分开来的两个概念之外，还有就是不能脱开客观事物来谈“道”，反过来也一样，谈“道”的时候不能脱离客观事物。这里“道法自然”中的“自然”，不能简单理解为自然而然，而应该理解为自然万物的自然，否则“道”的存在就没有可以观察的对象物了，也难以区分道不同于物的特点了。

“道”不能理解为“物”，冯友兰先生在《中国哲学史》中也有很明确的论述，这里也可以引用来作为参考。冯先生说：“古时所谓道，均指人道，至《老子》乃予道以形上学的意义。以为天地万物之生，必有其所以生之总原理，此总原理名之曰道。故《韩非子·解老》云：‘道者，万物之所然也，万理之所稽也。理者，成物之文也。道者，万物之所以成也。故曰：道，理之者也……’”冯先生接着说：“由此言之，道乃万物所以生之原理，与天地万物之为事物者不同。……《老子》所云‘道生之，德畜之’，其意中道与德之关系，似亦如此，特未能以清楚确定的话说出耳。‘物形之，势成之’者，吕吉甫云：‘及其为物，则特形之而已。……已有形矣，则裸者不得不裸；鳞介羽毛者，不得不鳞介羽毛；以至于幼壮老死，不得不幼壮老死，皆其势之必然也。’形之者，即物之具体化也。物固势之所成，即道德之作用，亦是自然的。故曰：‘道之尊，德之贵，夫莫之命而常自然。’”（《中国哲学史》145 页至148 页，重庆出版社 2012 年版）冯先生所论述的意思很明确，道是不能理解为物的。

再回到前面陈先生对第一句的解读。当我们已经明白老子提出“道”这个概念的时候，这个“道”是“吾不知其名，强字之曰道”之“道”，这里的“道”首先有客观存在的一面，其次还有被主观命名的一面。而且这个“道”，在老子看来命名为什么名称，可能并不是问题的关键，而“道”的存在是主观的还是客观的区别可能更为关键，原因就是只有在开篇的时候，把“道”的概念属性含义界定清楚了，后面才有可能展开有针对性的论述。这样分析，在老子的表述中，“道”的客观性就是更为关键的一面，这其实就是老子在《道德经》开篇想要确定的“道”的概念属性区别，后面展开的就是对这客观存在的“道”究竟为何的探讨与论述了。而陈先生理解第一个“道”字是人们习称之道，即今人所谓“道理”，但没有对“道”的概念客观与主观属性作出区别，当然，这里的区别也是历来的解读者没有留意的地方。接着的情况是，这个客观存在之道是可以被人用语言表述的，或者甚至说也是可以被人的思维把握的，这里直接把这第二个“道”理解为“用语言表述”，其实是把“道”的后起之义“言说”或“说道”不恰当地作了套解，这其实是不准确不到位的，因为这里还有一个怎样“用语言表述”的问题，“可”是“可以”或“可以用”的意思，那么这里又潜在地包含着“可以”或“可以用”的主语就是人或人们，后面的谓语和宾语又是什么呢？就是人或人们“可以”或“可以用”“道”这个主观的语言概念来表述那个客观之道，所以这第二个“道”由于与“可”字相联成为“可道”了。更准确的理解其实应该是一个主观的语言概念，这个主观语言概念是人们用来表述或描述第一个“道”，即客观存在之“道”的。这个时候第一个客观存在之“道”，就成为了第二个主观概念“可道”，即“可以用道这个语言文字概念表述”的对象或问题了。当然，人们把这个客观存在之“道”当成“可以用道这个语言文字概念表述”的对象或问题之后，自然是想把这个客观之“道”认识清楚，这也其实正是老子想要回答的问题。之后，这里就出现了一个必然的语言文字表述或思维把握的认识结果：就是产生了一个体现在语言文字概念表述之中、思维意识把握之中之道，即我们现在所认为的主观认识所得之“道”，这个“道”我们现在一般习称“主观之道”。因此，老子通过“道”与“可道”的表述，界定出了“道”的概念有着客观存在与主观表述的区别。

至此，其实问题还没有完结。在客观存在之道（道）被主观的语言文字概念“道”表述之后（可道），紧接着就又出现了另一个必然的结果，就是由这个“道”的语言文字概念表达，甚至思维意识把握而得来的体现在人的语言文字概念或思维意识之中的“主观之道”，与那个被语言文字概念表达、被思维意识把握之前的那个客观存在的对象之道又是什么关系呢？这就涉及到了对第一章第一句中第三个“道”如何解读的问题了。

我们先来看陈先生对这第三个“道”的解读。陈先生说这第三个“道”字是老子哲学上的专有名词，在本章它意指构成宇宙的实体与动力。“常”，马王堆汉墓帛书《老子》甲、乙本均作“恒”。这里把这个“道”解读为老子哲学上的专有名词，再者在本章它意指构成宇宙的实体与动力。严格地说，我们在分析《道德经》第二十五章的时候已经明白了在老子那里，“道”是客观存在的而只是被老子勉强取名为“道”而已，老子想强调的是“道”的客观属性，至于取名为什么其实并不重要，所以这里其实没有必要把这第三个“道”说成是老子哲学上的专有名词的。另外，陈先生在用现代白话翻译这第三个“道”

的时候，直接就把这个“道”与前面的“常”字相合解读为“常道”，而且按陈先生的说法，这个“常道”还是不能够被用语言表达的，虽然这里陈先生通过引用朱谦之、程颐所说的话，仍然把这个“常道”用语言表达了。另外，这第三个“道”字，与“常”字一合变成了“常道”，与刚才陈先生说的这第三个“道”字是老子哲学上的专有名词，是否还是相同的概念或意思呢？陈先生对此又没有说或者无法说清楚了。另外一点，朱谦之、程颐所解读的“常道”，把事物的常变常新等同于“道”的变化，而我们知道“物”的变化是不能等同于“道”的变化的，以此来解释“常道”是解释不通的。陈先生引用朱谦之、程颐所说，显然这里的“常道”又并不再是老子哲学上的专有名词之“道”了，而且非常可惜的是朱谦之、程颐所说的话，由于没有考虑到老子原文“常道”之前的“非”字，正是由于这个“非”字的存在，由于没有理解其针对否定的是“道”与“常道”的关系，还是针对否定“可道”与“常道”的关系，就把朱谦之、程颐以及陈先生等的历来解读者的解读全部否定掉了。很显然，在解读“道可道，非常道”或者“道可道，非恒道”的时候，不把前后两个句子连起来分析的话，正像陈先生一样孤立地去解读后半句，那么对其中的“道”就无法讲通，对“可道”也无法做到准确到位，对“非常道”或“非恒道”就更是无法讲通了。因此，对这句中的第三个“道”，尤其是当“道”与“常”字或“恒”字相连而出现的“常道”“恒道”的解读，还必须有与历来的解读者完全不同的解读。

我们刚才已经说了，老子提出第一个“道”的概念的时候，这个“道”的概念既有客观存在的一面，又有被概念称谓或指代的一面，在老子的表述中被概念称谓或指代的一面其实并不重要，其客观存在的一面才是老子强调和要探讨的一面。接着第二个“道”，即主观语言文字概念来表述第一个客观存在之道，这里就必然会出现一个“客观之道”被语言文字概念陈述称谓之后的结果，就是产生了一个体现在语言文字概念、思维意识之中的“道”，我们一般称这个“道”为“主观之道”。于是，这里又必然会出现另一个问题，就是这个体现在语言文字概念、思维意识之中的“主观之道”，与那个被语言概念表达、被思维意识把握之前的“客观之道”又是什么关系呢？这就涉及对这一句中第三个“道”如何解读的问题了。这里的答案其实是非常清楚的，就是体现在语言概念、思维意识之中的“主观之道”并不等于那个客观存在的“客观之道”，由此就可以倒推出“常道”或“恒道”的含义，就是“恒常自在之道”，即我们现在习称的“客观之道”。

所以，这里的“常道”或“恒道”必须与前面的“道可道”联系起来解读，才能解读清楚这个“常道”或“恒道”概念的确切属性，由此就可以反推出这里的“常”或“恒”字的含义，就是“恒常自在”，也即我们现在说的独立于我们人的意识之外的客观存在的意思，把“常”或“恒”与“道”合起来，就是我们现在说的“客观存在之道”也即“客观之道”，而这恰恰就是老子在《道德经》开篇就想界定清楚的“道”的概念的客观属性！

所以，《道德经》开篇第一句“道可道，非常（恒）道”的意思，用我们现在的大白话说就是：客观存在之“道”（道）被人用“道”这个语言文字概念表述（可道），于是人们就想要搞清楚客观存在之“道”是什么，从而就得到了一个语言文字概念表述中得来，甚至思维意识把握中得来之体现在语言文字概念、思维意识中的“主观之道”。老子在说了“道可道”这一句之后，后面又用一句“非常（恒）道”对前面一句的言词表达所得的结果加了一个判断，这里就只有一种唯一的解读了：那就是对客观存在之“道”被人用“道”这个语言文字概念表述，从而人们就从想要搞清楚客观存在之“道”是什么，而得到了一个语言概念表述中得来，甚至思维把握中得来之主观之“道”的结果，而这个结果即“主观之道”并不等同于那个被言词表达的对象之“道”即“客观之道”（非常道）。这个意思也可以这样说：就是那个客观存在之“道”是可以用“道”这个主观语言文字概念来表达的（可道），但用语言文字概念表达之后所得之主观之道，并不等同于那个被表达之道即客观之道（非常道）。至此，2500 多年来，困扰了历来无数解读者的“恒”“常”两字究竟作何解释的问题也得到了解决：“恒”“常”二字是通用关系，即“恒常自在”之意，用现代语言说就是“独立于人的意识之外的客观存在”之意。除此之外所有对这一句的解读，都无法避免表达上的前后逻辑矛盾。

由此可知，在《道德经》第一章第一句，我们可以看到老子通过界定“道”的概念，明确强调了“道”的概念有客观存在（常道或恒道）与主观表达（可道）的区别，如果再对老子的表达方式加以简化，第一层“道”与“可道”的关系是客观存在与主观表述的区别，第二层“可道”与“常（恒）道”的关系则是主观表述与客观自身存在的区别，由于这第二层的两者之间用了一个“非”字，我们就可以非常清楚地明白，老子强调和将要探究的“道”的概念显然是“客观自在之道”的一面，而非由人为通过主观语言文字概念表达而体现出来的“主观之道”的一面。由此我们更可以明白，在之后的整部《道德经》对“道”的论述中，除非老子有特别的说明，那么《道德经》后面所论述的“道”就均指客观之道，有几处也表述为“恒道”或“常道”，有极少的几处甚至表述为“道恒”或“道常”。比如后面我们看到《道德经》中出现的诸如得道、悟道、守道、为道之类的说法，其中之道均指客观之道。老子这样表述，用意就是要给整部《道德经》所要论述的“道”的概念界定一个准确的客观属性，这是老子在整部《道德经》开篇所首先关注和解决的问题，之后才是探讨这“客观之道”究竟为何的问题。

这里，我们把老子所说“常”“恒”经过反推而得到解读为“恒常自在”之意即“客观”之意，这样的解读也可以在《道德经》别的章节中找到相应表达的依据。例如《道德经》第十六章：“致虚极，守静笃。万物并作，吾以观其复。夫物芸芸，各复归其根。归根曰静，静曰复命。复命曰常，知常曰明。不知常，妄作凶。知常容，容乃公，公乃王，王乃天，天乃道，道乃久，没身不殆。”这里的“常”字均可以解读为“客观”之意。至于“恒”字可以解读为“客观”之意，我们在下面将引用分析《道德经》第二章的时候再说，这里就暂时不多说了。

对《道德经》第一章第一句作这样的解读，我们还可以举任何可以成为语言表述对象的天地万物为例，作一个类比性的解释。比如对“人”这一客观存在的事物，我们可以用“人可人，非常人”或“人可人，非恒人”的句式来表达。你当然就不可以把这个句子解读为“可以用言语表达的人，就不是常人”，而应该解读为“人是可以用人的语言概念表达的，但用人的语言概念表达而得的结果，即体现在语言概念或思维意识之中的人，并不等同于那个客观存在的人”。这里虽然“道”与“人”有着巨大的区别，放在一起加以类比并不恰当，但就其客观与主观属性区别而言，则并无不当之处。以我个人的管见，在西方哲学中，这里的“道”与“可道”在康德那里构成所谓的“二律背反”的关系，在黑格尔那里构成所谓的“逻辑与历史的一致”关系，但康德与黑格尔均没有对之后的“常道”是什么的答案了。这一点我们在解读点评下一句的时候会再具体地解释。而老子的思考则并没有止于界定概念的属性区别，老子后面还要试图弄清楚“常道”或“恒道”即“客观之道”究竟为何的问题，这当然是后话了。

对这一句作如此解读，我们还有一个可供参考的材料，就是跟老子及《道德经》有很大关系的关尹子及《关尹子》九篇。在《关尹子》第一篇中开头论述“道”的两句话“非有道不可言，不可言即道；非有道不可思，不可思即道”，一般把它解读为道是不可言说、不可思维的，直白地说就是有没有“道”可能还是很成问题的。可是，我们再看关尹子接着说的话：“天物怒流，人事错错然，若若乎回也，戛戛乎斗也，勿勿乎似而非也。而争之，而介之，而呪之，而啧之，而去之，而要之，言之如吹影，思之如镂尘。圣智造迷，鬼神不识。惟不可为，不可致，不可测，不可分，故曰天曰命曰神曰元，合曰道。”这里关尹子说得非常肯定也非常清楚，把这些不同的情况和不同的说法综合起来，这就是“道”，怎么能说道是不可言说、不可思维的呢？甚至没有“道”呢？其实我们可以看到关尹子非常明白的表述：没有道是不可以用语言概念表述、用思维意识把握的，但是不可以把用语言概念表述、用思维意识把握而得到的“道”（言者、思者）直接等同于那个被表述的“道”。在这里关尹子非常明白地表达了三层意思：一、道的存在是客观而又独立于人的主观之外的。二、道是可以被人言说、用语言概念表述、被人思维意识把握的，所以，“非有道不可言，不可言即道；非有道不可思，不可思即道”，应该理解为这个世界并没有不可言说、不可思维的“道”，但不可把由言说的、思维的所得之“道”，即我们现在一般称之的“主观之道”，直接等同于那个被言说的、思维的客观之“道”。关尹子所说的这两点，所表达的意思与老子所表达的意思完全一样。三、如果再把“合曰道”之前的话联系起来看，那么关尹子非常明白地表达了这样的意思：道是在客观事物及其发展变化过程中存在的，离开了客观事物及其发展变化的道是不存在的。这其实与上面《道德经》第二十五章，老子通过经验世界的事物分析而表述“道”的客观存在是一样的意思，而这其实也是老子在《道德经》第一章第一句界定了“道”的概念的客观属性之后，紧接着第二句就要讲天地万物如何的原因所在。因此，对于老子所说的“道可道，非常道”，只要在理解的时候，“常”“恒”通用而不偏废，那么老子说的与关尹子所说的意思其实是一样的，两者只是说法角度不一样而已。当然，这里直接把尚存在争议的《关尹子》拿来作为一个参考的材料，是否恰当可以商榷。但我认为只要老子与关尹子的确有那么一点关系，而且关尹子的文字又明明白白地写在那里，就不妨把《关尹子》作为一个可供参考的材料，至于那个尚存在争议的关系问题，换一个场合还是可以再商榷的。

总体来说，通过对这一句的分析探讨，我们得出的结论之一，是老子在《道德经》第一章开篇第一句表述的意思：道是客观的存在，这个客观存在之道是可以被人用语言概念“道”表述的，也可以被人的思维意识把握的，但是既可以被人用语言文字概念表述，也可以被人的思维意识把握而得之道，即体现在语言概念表述之中、思维意识之中的主观之道，并不等同于客观存在之道（这主观与客观两者并不等同，其实就是康德所谓的“二律背反”问题，后文还将提到，这里就从略了）。老子由此而界定了“道”的概念有客观与主观之别，同时提出了《道德经》全文第一个核心概念“常道”或“恒道”，然后强调了他想要探讨的是“常道”或“恒道”即“客观之道”，以及“常道”或“恒道”即“客观之道”究竟为何的问题。

结论之二，是《道德经》第一章开篇第一句，可能唯有如此解读才能避免历代以来包括陈先生在内的无数解读者在表达上的逻辑矛盾，同时，也可能唯有如此解读才最符合《道德经》全篇所阐述的“道”的概念的客观属性。

结论之三，是从第一章开始，老子就界定了其所探讨的“道”指的就是“常道”或“恒道”，即客观之道。与此相应，在这里“常道”或“恒道”就是一个固定的完整概念，后面再有出现，如为道、得道、悟道、守道之类，虽然老子直接在行文中用“道”来表述、代替了，但其“道”的概念属性均为“常道”或“恒道”即“客观之道”，这一点必须理解清楚。

结论之四，是与“常道”或“恒道”是一个固定的完整概念相应的，这一章之后接着出现的“常名”或“恒名”、“常无”或“恒无”、“常有”或“恒有”也一样应该这样解读。老子提出和界定这些概念的客观与主观的属性区别，重点在于强调其关注与探讨的是客观存在的天地万物及其奥秘，这应该是中外哲学历史上，至今无人能及的地方。

二、对《道德经》第一章第二句“名可名，非常（恒）名”解读的分析探讨

接下来，我们看陈先生解读这一章的第二句。

②名可名，非常名。第一个“名”字是指具体事物的名称。第二个“名”字是称谓的意思，作动词使用。第三个“名”字为老子特用术语，是称“道”之名。

蒋锡昌说：“《管子·心术》，‘名者，圣人之所以纪万物也。’又《七发》注，‘名者，所以命事也。’此名乃世人用于事物之名，其所含意义，常为一般普通心理所可了解，第一个‘名’字应从是解。第二个‘名’字用为动词。‘常名’者，真常不易之名也，此乃老子自指其书中所用之名而言。老子书中所用之名，其含义与世人习用者多不同。老子深恐后人各以当世所习用之名来解《老子》，则将差以千里，故于开端即作此言以明之。”（《老子校诂》）

张岱年说：“真知是否可以用名言来表示，这是中国古代哲学中一个大问题。道家以为名言不足以表述真知，真知是超乎名言的。”（《中国哲学大纲》）（《老子今注今译》第74、75页）

分析探讨：陈先生对《道德经》第一章第二句所给出的解读及引用别人的解读，与前面第一句的解读一样，仍然有同样的不能自圆其说的矛盾之处。另外，对这一句解读中的引用，陈先生还有一个很大的问题没有给出他的看法，就是“名”所指到底是“事物”还是“道”。一方面，陈先生引用蒋锡昌“《管子·心术》，‘名者，圣人之所以纪万物也’”，这里的“名”就是“纪万物”，可以引用来解释“名可名，非常名”这一句；而另一方面，陈先生引用张岱年“真知是否可以用名

言来表示，这是中国古代哲学中一个大问题。道家以为真知是超乎名言的”。张岱年所说“名言”在道家指的是用来表述的言辞，而“真知”即是被表述的对象，这里“真知”即“道”之意。张岱年所说这句话的含义，应该从两个层面去理解，一个层面是“名言”可不可以表述“真知”，就这个层面理解，名言当然可以表述真知；另一个层面是“名言”足不足以表述“真知”，就这个层面理解，当然是名言不足以表述真知。因为当“真知”被语言表述之后，就会得到一个必然结果，这个必然结果就是得到了一个体现在语言表述之中或思维意识之中的“真知”。这里作为表述对象的“真知”就是“客观之道”，而那个体现在语言表述之中、思维意识之中的“真知”就是“主观之道”，两者关系必然不可能通过表述就等同起来的，所以两者关系就是“不足以”也即是并不等同，这一点我们上面其实已经分析过了。因此，如果引用张岱年所说的这一句，来解释“道可道，非常道”这一句是贴切的，但是把张岱年所说的这一句与蒋锡昌所说的话放在一起，用来解释“名可名，非常名”这一句，则是不应该的。

此外，有点奇怪的是，按照陈先生所给的解读，第一个“名”指事物，第二个“名”用作动词，连起来的意思就是“可以用文字表达的名（事物）”，接着在解读第三个“名”字在内的“非常名”为“就不是常名”，到了单独解读这第三个“名”字的时候，就怎么一下变成“为老子特用术语，是称‘道’之名”了，本来是事物，通过文字表达就怎么不再是事物而变成“道”之名了？还有这里“常名”是不是“名”？“常名”与“名”到底有什么区别？怎么在解读第三个“名”的时候，可以直接略去“常”字而变成“为老子特用术语，是称‘道’之名”了？这中间，陈先生都没有给出一点解释。

至于陈先生引用蒋锡昌所说下面的话，“‘常名’者，真常不易之名也，此乃老子自指其书中所用之名而言。老子书中所用之名，其含义与世人习用者多不同。老子深恐后人各以当世所习用之名来解《老子》，则将差以千里，故于开端即作此言以明之”（《老子校诂》），这里面问题矛盾就更多了。其一，表达上的逻辑矛盾，按蒋对前面第一个“名”字与第二个“名”字的解读，那么与这第三个“名”字连起来解读，为什么“名”可以用文字表达，而“常名”是不可以用文字表达的？其二，既然“常名”是不可以用文字表达的，而蒋锡昌本人又可以把“常名”用文字表达为“‘常名’者，真常不易之名也”？其三，既然“常名”“此乃老子自指其书中所用之名而言。老子书中所用之名，其含义与世人习用者多不同。老子深恐后人各以当世所习用之名来解《老子》，则将差以千里，故于开端即作此言以明之”，那么老子之“常名”与“名”的“含义多不同”的区别是什么呢？是否就是那个世人习用者之“名”是可以用文字表达的，而“常名”是不可以用文字表达的？这些问题矛盾，蒋锡昌都没有给出答案。

其实，对这一句的解读与解读前面一句是一样的，在句中的三个“名”字，陈先生也只勉强理解对了第二个。陈先生的解读是：第一个“名”字是指具体事物的名称。至此，陈先生对第一个“名”的理解就并不准确了，与前面解读“道可道，非常道”一样，这里的第一个“名”字更准确的说法，应该指的是客观存在的事物及被人用名称概念所指代，就是这第一个“名”的概念既有指代客观事物的一面，又有被主观命名的一面。正如前面的论述一样，老子在提出“道”的概念之后，接着就要对“道”的概念属性加以准确的界定，明确他之后所关注和探讨的是概念的客观一面。同样，按前面一句的理解，这里重要的是事物的客观存在的一面，而非被主观命名的这一面。于是，这第一个指代客观存在的事物概念的“名”（名），被第二个即可以用名称概念表述的时候（可名），陈先生就不知道这第二个“名”不仅仅是作动词用那么简单，因为这里还含有可以用“名”这个主观的语言文字概念来怎么表述的问题（可名），这样一来，显然陈先生对第二个“名”的理解是不准确不到位的。至此，“名”与“可名”就把“名”的概念界定出了有客观存在的一面，还有主观表述的一面了，那么老子界定之后，他强调和探讨的将是哪一面呢？接着的是解读第三个“名”。陈先生一会儿把第三个“名”直接与“常”字相连解读为“常名”，犯下“名”是可以用文字表达的，而“常名”是不可以用文字表达的逻辑错误。一会儿又把这第三个“名”字理解为老子特用术语，是称“道”之名的，但是这里又不给出一点解释就把这第三个“名”之前的“常”字略掉了，如此一略掉，如果这第三个“名”是称“道”之名的，那么如果不略掉“常”字，这“常名”又该是称什么的呢？总之，陈先生这样解读来解读去，真不知道他到底想要表达的是什么意思。

这里陈先生可能没有明白，其实下面的解读就与《道德经》第一章第一句一样，客观存在的事物（名），人们是可以用主观的名称概念表达或描述的（可名），而当人们用主观的名称概念表达或描述的时候，目的必然就是想把客观存在的事物搞清楚，所以当人们用名称概念表达或描述之后，就必然又得到一个结果，那就是得到了一个通过名称概念而体现在文字概念或思维意识之中的事物。这时候又必然紧接着得到另外一个摆在人们面前的问题：表达之前作为表达对象的客观存在的事物，与被人们用名称概念表达之后的结果，即体现在语言概念或思维意识之中的事物是什么关系的问题。当然，我们现在已经知道了这个关系问题，就是事物的客观存在状况即现在俗称的“客观事物”，与体现在文字概念或思维意识之中的事物的主观描述状况即“主观事物”（传统的表述为“相”，这里因为没有更恰当的表述，就表述为“主观事物”），两者并不是等同的关系。老子对这个问题的回答与我们现在已经知道的完全一样，老子的回答是“非常名”或“非恒名”。

与解读前面一句一样，“名可名，非常名”的意思就是：客观事物（名，即被名称所指代的客观事物）是可以被人用主观的语言名称概念表达的，甚至也可以被人的思维意识把握的（可名，即称谓、陈述，一般体现为概念之类），但是用主观的语言名称概念表达的、思维意识把握所得的主观状态的事物（一般体现为概念之类的主观判断描述），并不等同于那个被文字表达的客观事物（非常名或非恒名）。由此，老子又明确地界定了他所提出的“名”的概念，这里我们也可以与前面一句一样对老子的表达方式加以简化，第一层“名”与“可名”是客观存在与主观描述的区别，第二层“可名”与“常（恒）名”则是主观描述与客观自身存在的区别，由于这第二层的两者之间又同样用了一个“非”字，我们就可以非常清楚，老子强调和将要探究的“名”的概念显然是“客观自在之名”的一面，而非由人为通过主观语言文字概念表达而体现出来的“主观之名”（即“相”）的一面。由于陈先生没有理解用文字表达与被用文字表达两者之间的区别，以致弄不清“非常名”句中的“常名”两个字合起来应该怎么解读，分开来应该怎么解读了。一方面对这第三个“名”作了前后矛盾的解读，另一方面还遗漏了“常名”甚至这个“常”字该作何解读的问题，最后犯下“名”是可以用文字表达的，而“常名”是不可以用文字表达的逻辑错误。

通过对老子《道德经》第一章一、二两句解读的分析探讨，我们应该可以了解在老子的论述系统中，包含主观与客观两个概念及系统，这其实就是我们现在所称的哲学问题的两个方面。接着还有哲学问题中这两个方面的关系问题，应该说在老子的表述中对这个两者的关系问题，也给出了他的看法，这就是老子在表述中最本质、最关键的一点，老子在表述的时候用了一个“非”字，非常鲜明地表明了自己的倾向性。由此可见，在老子的思维系统中，两者的关系如何可能并不是最重要的，因为只有在把客观方面的必然性弄清楚的基础上，再来谈论两者的关系才是有意义的。因此，他所提出所主张的“道”，不是一般的以人用语言文字概念表述的、被人的思维意识所获得的主观之“道”，而这一点在陈先生《老子今注今译》一书中专门列出一篇《老子哲学系统的形成和开展》，其中在评价老子“道”的各种含义的时候，恰恰是没有理解，甚至没有留意到这个区别之处的（《老子今注今译》23页至34页）。同样，老子所提出所主张的“名”，是客观存在状态的事物之“名”，而不是一般的以人用语言概念表述的、被人的思维意识所把握而获得的主观之“名”，而这一点也是包括陈先生在内的历代解读者所没有留意到的问题。

至此，我们通过分析探讨陈先生解读的《道德经》第一章的一、二两句，从中已经看到了老子在论述的开始，不但提出了两组概念，即“道”的概念可以界定有“可道”与“恒道”

或“常道”的区别，“名”的概念可以界定有“可名”与“恒名”或“常名”的区别，而且老子通过概念的界定，非常清楚地强调了他在后面所论述的“道”即“客观之道”，“名”为“客观之名”即“客观事物”，而体现在语言概念或思维意识之中的“主观之道”“主观之名”，在老子看来则仅仅是一种假设和陪衬性的存在，其意义只有在明确了“客观之道”“客观事物”之后，才有其意义或价值。老子在界定了他所要论述的问题所涉及的概念之后，然后才进一步展开他的论述。这其实也是我们现在写作论文的一般做法。这在我们看《道德经》开篇的时候，可以明白老子的做法其实与我们现在的也没有什么区别。接着，我们将要看到的是“常道”或“恒道”（因为在这一章的开始，老子就界定了其所探讨的“道”指的就是“常道”或“恒道”，即客观之道，后面在行文中再有出现的“道”就指的是这客观之道，这一点必须理解清楚），即客观之道，到底指的是什么呢？具体又有什么特点或本质呢？我理解这可能就是《道德经》一书最核心的概念和最本质的问题，也是老子通过界定概念之后试图要解决的问题。但是老子没有急着回答这个问题，而是通过解答在他的认识之中还有一个非常重要的问题，即事物还有客观存在状况与主观描述状况的区别，并以此强调他想要探讨的是事物的客观存在状况，而这里老子又通过界定概念提出了《道德经》另一个核心概念“常名”或“恒名”，这样就很自然地紧接着下一句展开对“天地万物”的探讨（说明：这正是西方哲学以及黑格尔哲学所欠缺的，这一点后面还将提到），最后才是回到回答客观之道究竟为何的问题上来。于是，《道德经》第一章接着就来了好像与“道”没有一点关系的第二句：“名可名，非常名”或者“名可名，非恒名”。其实老子这样考虑问题，并不是在离开他所要解决的“道”的问题，而是在进一步接近解决“道”的问题，也就是说要解决什么是客观之“道”的问题，如果脱离了对客观事物的分析，是无法讲清楚客观之道的问题的，而在分析客观事物的时候，又必须把客观存在的事物与主观描述的事物加以区别。

正如前面已经分析探讨的，这里事物的客观存在状况与事物的主观描述状况，在古代被称为“刑名”或“形名”问题。由于事物一旦被人“名”了，这“名”或概念在意识上就相对固定不动了，而相应的“形”即事物本身还在发展变化，也即“名”是静的而“形”是动的，由此“名”与“形”的关系就变得极为复杂了。在西方有“人不能两次踏进同一条河流”的说法，其实换一个说法，就是一个人不能用同一个名字或概念“河”来命名同一条河流，因为名称或概念没有变，而被命名的“形”即河流在变；但不管两者关系如何复杂，在老子的论述与思路之中，他强调关注和想要回答的始终是客观的一面，这一点是毋庸置疑了。所以，老子与我国古代“名家”之间的区别是：老子没有纠缠于“名”与“形”的关系问题，而是直指问题的关键，认为只要把“形”的问题解决了，“名”的问题也就随之解决了。

在西方古典哲学中，这个“形”“名”问题被表述为“有”与“思”的问题，从小亚细亚—爱奥尼亚的古代哲人，到东罗马僧侣及哲人，以及中世纪意大利、法国和西欧的经院哲学，再到近代的培根、洛克、休谟、笛卡尔、莱布尼茨、康德、黑格尔，现代的胡塞尔、海德格尔等一直都在不同方面、不同角度、不同深度上研究和讨论这个问题。概括言之，关于“思”与“有”这个问题的关键之处在于：人作为主体，所面对的是两个世界，一个是被人直接感知到的物理性世界（客体、客观世界，休谟、洛克、康德以后西方哲学称之为“经验世界”）；另一个是人用语名和概念所建模的虚拟性的符号世界（抽象世界，概念和语名的世界，也即所谓的主观世界）。问题接着就来了：那个直接能感知的物理世界，它究竟是什么？或者说它的本原、本质究竟是什么？这是一个极其古老的本体论的问题。在老子的论述中，“思”其实并不是一个重要的问题，当把“有”的问题解决了之后，“思”的问题也就随之解决了。这一点恰恰是老子与西方哲学最大的不同之处。在中国的传统文化思维中，也早就有“人算不如天算”的说法，这其实也是对“思”与“有”的另一种表述。如果把“人算”看成“思”，把“天算”看成“有”的话，那么，一方面“人算”并不等同于“天算”，另一方面甚至“人算”不及于“天算”，所以问题的关键在于要把“天算”问题搞清楚，在把“天算”问题搞清楚之后，“人算”的问题也就随之解决了，而这与老子表述的意思即当把“有”的问题解决之后，“思”的问题也就随之解决了是完全一样的。

另外，人用语名和概念所建模的虚拟性的符号世界——概念的世界，它如何能用于解释和认知物理世界？这两个世界究竟处在一种什么关系？这也就是古典哲学所谓的“认识论”问题，这其实是“思”与“有”的另一种表述。对此作出非常深刻阐述的也是康德和黑格尔两位德国哲学家。康德认为，物理世界（所谓自在之物的世界）与人的抽象符号构成的思维世界，这两个世界之间相隔着一条不可逾越的鸿沟，人工符号世界只能似是而非地模拟、描写那个物理的自在之物的世界。康德认为，这个客观存在的事物与由语言表达或思维意识反映的主观存在状态的事物，总是发生不等同、不一致的悖论，并且认为这个悖论之所以发生，是由于人类思维及语言本身的根本性弱点（认知工具之先天局限性，所谓“先验的”“二律背反”）。因为我们必须用、不得不用割裂（意义被分割）的、静态的符号去描述（表象）和把握整体活生生的、变易着的存在世界本身，所以语言概念或思维意识与存在世界本身总是出现不一致的问题。相比较而言，应该说在 2500 多年前，老子对事物的客观存在状况与体现在语言概念或思维意识之中的事物的主观描述状况的两者的关系问题，就已经有了与康德一样的深刻理解与阐述，这已经是非常难得了；而更可贵的是，老子的思考并不止于此，在老子的论述思维中，事物的主观存在状况并不是他关注的重点，他还想在此基础上进一步解决客观事物的存在状况及其发展变化的规律，而这其实就是从本质上消除所谓的“二律背反”问题，进而解决人类思维如何把握客观事物及其发展变化规律的问题。这些思考，老子想用“道”的思想来加以解决，然后最终消除和解决这个“二律背反”问题。可惜的是，老子的这些思考 2500 多年来没有被人准确理解，更多出现的却是曲解甚至误解。

比康德稍晚，对此问题，黑格尔也从康德的角度作了新的理解和阐述。黑格尔在康德提出的四个“二律背反”的基础上，发现了“二律背反”的普遍性，就是人类通过语言思维所表述而又体现在语言思维之中的“世界”，与客观存在的世界本身不一致的问题具有普遍性。其实，黑格尔这里所发现的“二律背反”的普遍性，在老子的表述中应该早已包含了这个意思，只是后来的解读者没有读懂而已；但是，黑格尔解决这个“二律背反”普遍性的问题的办法带有根本的失误。黑格尔的失误在于，他不是把“二律背反”归结为关于思辨逻辑规律的尚待探究的问题，而是把“二律背反”看作是客观本身的东西，把辩证思辨判断之间矛盾的抽象关系，同客观事物或客观事物之间的矛盾关系等同起来了，把本体论中的实在矛盾同作为辩证思辨判断的矛盾等同起来了。因此，黑格尔没有根本解决“二律背反”的本质问题。在老子看来，这个本质问题就是只有在解决客观事物本身的问题之后，然后再来谈论主观思维问题，才有可能消除两者的“背反”问题。因此，黑格尔并没有形成正确的理论基础，说得不客气一点，黑格尔在这个问题上甚至连形成理论基础的基本概念也没有，当然也就不可能形成正确的理论结果，这就是黑格尔毕生的哲学研究想要打通语言思维所表述而又体现在语言思维之中的“世界”，与客观存在世界本身两者不一致的界限，竭力想使两者变为“逻辑与历史的一致”，而这注定是完不成的任务。

在这里，正如马克思在《资本论》第一卷第二版跋中，批判黑格尔的唯心主义辩证法时指出的那样：“在黑格尔看来，思维过程，即他称为观念而甚至把它转化为独立主体的思维过程，是现实事物的创造主，而现实事物只是思维过程的外部表现。我的看法则相反，观念的东西不外是移入人的头脑并在人的头脑中改造过的物质的东西而已。”显然，在马克思看来，只有把“现实事物”“物质的东西”即客观事物的存在状况搞清楚了之后，即必须先解决“客观思维”之后，再来谈论“思维过程”“观念的东西”才是有意义的。这其实与老子的论述思路是一样的，即体现在语言思维之中的“主观之道”“主观之名”，也就是黑格尔的主观逻辑（思维的逻辑），如果与“现实事物”“物质的东西”的存在状况相比，仅仅是一种假设和陪衬性的存在，其意义只有在明确了“客观之道”“客观之名”，也就是黑格尔所谓的客观逻辑（本体逻辑）之后，才有其意义或价值。具体而言，马克思认为，《资本论》的叙述是建立于现实历史经济的叙述，这是他的方法与黑格尔方法的不同。

虽然黑格尔已经能够说出“凡是合理的都是现实的，凡是现实的都是合理的”，也已经意识到了客观事物总是“某物在自身的否定中，规定其自身仍为同一物”（参看黑格尔《小逻辑》“有论”），但是对此具体究竟是怎么回事的问题，黑格尔最终仍然没有搞清楚。由此，我们大致也可以明白，老子在《道德经》第一章接下来的论述，将无可避免地必然要论述的问题，就是要把“现实事物”“物质的东西”即客观事物的存在状况问题搞清楚了，而这一点恰恰就是黑格尔哲学所欠缺的。

在此，我们也大致可以把老子与黑格尔的不同论述思路梳理和简化一下。就“名可名，非常名”或“名可名，非恒名”而言，第一个“名”与第二个“可名”在康德与黑格尔那里构成所谓的“二律背反”，当然在黑格尔那里这个所谓的“二律背反”具有普遍性，在老子那里也可以推之于天地万物；接着，黑格尔着力于第二个“可名”即语言、思维、概念，想由此而解决或消除这个“二律背反”问题，最后达到“逻辑与历史的一致”，这显然是不可能的事情；而在老子看来，这“可名”不过是通过语言、思维、概念对客观存在所作的描述、模拟而已，这些描述、模拟并不等同于客观存在本身，因此老子就开始要着手解决第三个“常名”或“恒名”的问题了，而这一点恰恰是黑格尔哲学所欠缺的，甚至也是西方哲学所欠缺的。

这里我们也可以举一个非常通俗的例子来说明这一点。比如“天气”与“天气预报”的关系，客观存在的“天气”状况当然可以被主观的"天气预报"所预报，但是主观的"天气预报"不可能等同于客观存在的"天气"状况，所以问题的关键就在于要把客观存在的"天气"演变状况搞清楚，那么主观的"天气预报"的问题也就解决了。就具体的天气状况如"晴天"，可以表述为"晴可晴，非常晴"或"晴可晴，非恒晴"，就"晴"而言，"可晴"不是问题的关键，其只不过是对"晴"的主观模拟或描述而已，搞清楚"常晴"或"恒晴"才是问题的关键。

最后，还有非常重要的一点，当我们明白了老子所提出的"道"和"名"的概念有主观与客观的区别，并且还明白了老子所强调和探讨的将是"客观之道"和"客观事物"之后，我们是不是应该进一步考虑《道德经》第一章第一句与第二句之间的关系。就是老子是不是想通过把这两句放在一起，想要告诉我们客观之道与客观事物之间存在着某种关系呢？

三、对《道德经》第一章第三句"无，名天地之始；有，名万物之母"解读的分析探讨

我们继续看陈先生的解读，接着的是《道德经》第一章的第三句。

③无，名天地之始；有，名万物之母。"无"是天地的本始，"有"是万物的根源。"无""有"是指称"道"的，是表明"道"由无形质落实向有形质的活动过程。

"无名天地之始，有名万物之母"：历来有两种句读：一、"无"，名天地之始；"有"，名万物之母。二、"无名"，天地之始；"有名"，万物之母。严遵、王弼用"无名""有名"作解，前人多循王弼之见。王安石则以"无""有"为读："'无'，所以名天地之始；'有'，所以名其终，故曰万物

之母。”缪尔纾说：“此以‘无’‘有’为读，然以‘无名’‘有名’为读亦可。”（《老子新注》）

按：“无”“有”是中国哲学本体论或宇宙论中的一对重要的范畴，创始于老子。通行本《老子》四十章：“天下万物生于有，有生于无”（湖北郭店战国楚墓竹简《老子》作：“天下之物生于有、生于物。”），亦以“无”“有”为读。主张“无名”“有名”为读的人，也可在《老子》本书上找到一个论据，如三十二章：“道常无名”；二十五章：“吾不知其名，强字之曰道。”故两说可并存，笔者居于哲学观点，兹取“无”“有”之说。（《老子今注今译》第75页）

分析探讨：应该说《道德经》第一章的第三句，如果不与前面两句联系起来分析，尤其是如果不与第二句联系起来分析的话，那么这第三句就无法理解了。我们已经分析了老子的思路，也明白了《道德经》第一章前面两句的意义及其关系，那么，我们就必然可以从第二句的论述中提出一个疑问：既然事物的客观存在状况与事物的主观描述状况是并不等同的两回事，那么这里又有更进一步的问题了，就是这两种事物存在状态是怎么样的？这两种事物存在状态的区别又是什么？尤其是按老子的论述思路及其强调重点，他想要探讨的问题侧重点，就是事物的客观存在状况本身究竟是什么样的呢？这其实就是要回答上面提到的“现实事物”“物质的东西”即客观事物的存在状况问题了，也许只有先解决了这个问题，老子最后才有可能回到想要解决的客观之道究竟为何的问题上来。

我们看陈先生的解读大致有如下二点：

（一）“无名”“有名”应该连读还是断开读的问题。如果断开读，陈先生的解读就是，“无”是天地的本始，“有”

是万物的根源。从这个解读看，陈先生把其中的“名”直接解读为“是”了，这明显是不符合老子的表述习惯的。在《道德经》全文之中，“名”可以解释为事物名称、命名、表达描述以及称名事物来指代事物等意思，但唯独没有“是”的意义。如果连读，陈先生认为也可在书上找到一个论据，如三十二章“道常无名”，二十五章“吾不知其名，强字之曰道”，问题是这两个连读的论据，一方面实在与连读没有关系，另一方面也实在得不出“名”可以解读为“是”的结论。至于“故两说可并存，笔者居于哲学观点，兹取‘无’‘有’之说”，其中两说可并存而不作取舍，作了取舍而又可以居于哲学观点，兹取“无”“有”之说，但是因为直接把“名”解读为“是”，这种所谓的哲学观点也实在无法立得住脚。

（二）“无”“有”是指称道还是指称物的问题。陈先生又说“无”“有”是指称“道”的，是表明“道”由无形质落实向有形质的活动过程。我们在前面已经说过了“道”不是“物”，“道”的概念只有客观存在与主观表述之别，所以“道”其实是无所谓“由无形质落实向有形质的活动过程”的。在陈先生的解读中，即使回到前面一句“无”是天地的本始，“有”是万物的根源，句中的意义涉及的仍然还是天地万物，并没有所谓“无”“有”是指称“道”的意义。

按陈先生对这一句的解读看，连读解读不通，断开读也解读不通，陈先生所解读的前后句对照起来看又有矛盾，所以问题应该不在连读还是断开读，剩下的唯一问题应该在于联系第一章前面两句，才能理解这一句的确切意义。

我们在上面说到《道德经》全文之中，“名”可以解释为事物名称、命名、表达描述以及称名事物来指代事物等意思，但唯独没有“是”的意义的话，概括起来就是两个意思，要么作名词解，要么作动词解，如果考虑到“名”之前的“无”和“有”字，那么这里的“名”就是解读为“名词”的意思，也必定含有“取名”“命名”“称谓”和“描述”的意义了，例如“无名字”“有名字”就是“无名称”“有名称”。这样一解读，问题就变化了，就是这里的动词意义的动作是由谁发出的呢？当然是只有人才有这个可能了。那么这一句套用陈先生的解读就应该解读为：可以用“无”表述或描述甚至称名天地的本始，可以用“有”表述或描述甚至称名万物的根源。问题是这样一解读，问题就又变化了，这仍然只是回答了客观的天地万物存在状况的主观描述而已，也就是这里的“无”和“有”仍然还只是人们用来表述或描述甚至称名天地万物的主观概念而已，而并非老子想要搞清楚的客观的天地万物本身究竟是如何存在或运动变化的状况。当然这里“无”和“有”的概念，仍然非常有用，而且用来表述或描述甚至称名天地万物的两种存在状况也还差强人意，但这两个概念说到底并不等同于客观的天地万物本身如何存在或运动变化的状况。在东西方哲学中，这两个概念也同样被用来表述事物的两种存在状况，也早就被无数哲学家关注和探讨了，这一点下面还将稍作展开。而问题的关键是，如此主观的表述或描述来解读“无”和“有”，说到底并不是老子想要的本意。那么，老子说“无，名天地之始；有，名万物之母”这一句，到底想要表达的是什么意思呢？这样表达又有何用意呢？这里再插一句，为什么接下来的一句“常无”“常有”之下没有跟着“名”字呢？这其实也就是“无”“有”与“常无”“常有”的区别。这一点后面还将加以分析探讨。

我们通过第一章前面两句论述及其思路的分析，已经知道了老子在提出“道”和“名”的概念之后，随即就对所提出的概念加以了界定，那么，老子在提出“无”和“有”这两个概念的时候，为何这两个概念只有用来表述或描述甚至称名客观的天地万物存在状况的主观一面了呢？老子这里为什么不再界定“无”和“有”两个概念主观描述与客观存在的属性区别了呢？老子原本确实想要解决的并不是这个主观表述或描述，而是想要搞清楚那个客观事物存在状况如何的问题。在老子的论述中，他绝不只是为了提出我们现在所谓的“二律背反”问题，他是要从根本上去解决这个问题。这里就发生了一个问题，老子究竟有没有界定“无”和“有”两个概念的属性区别呢？

我认为结合老子的论述思路，老子其实还是对“无”和“有”的概念作了非常清楚的界定的，只是这一点从《道德经》问世2500多年以来，历代无数的解读者都没有读懂或留意而已。我这样分析的原因有二：一是结合这一句的前面“道可道”与“名可名”两句的论述习惯，再联系后面“故常（恒）无”一句，特别是结合后面一句“故常无”开头一个“故”字；二是再结合《道德经》第二章对“无”和“有”的概念界定，那么这一句提出的“无”和“有”概念的主观描述或客观存在的属性区别，老子还是作了清楚的界定的。我的结论是，老子在《道德经》第一章前面二句之后，这第三句之前，把在表述意义上没有问题，而在文字表述上可以顺承前面两句而省略的一句话省略掉了，这句话就是“无可无，非常（恒）无；有可有，非常（恒）有”。这里“恒”“常”二字仍然是通用的。由于已经有了之前两句的铺垫及其推论作基础，这句话按老子前面两句的表述习惯，老子在提出“无”这个概念的时候，接着就把

“无”这个概念界定为有两个完全不同的概念，即主观的语言文字概念“可无”与客观存在的概念“常无”或“恒无”；相应的，“有”这个概念也可以界定为有两个完全不同的概念，即主观的语言文字概念“可有”与客观存在的概念“常有”或“恒有”。这样，老子就通过这样的概念界定，又提出了《道德经》两个核心概念“常（恒）无”和“常（恒）有”。并且，我们明白老子与前面两句一样表明了他并不认同表现在语言文字概念之中的“可无”与“可有”，虽然一方面老子无意否定这个存在于语言文字概念之中的“可无”与“可有”；另一方面，老子认为这个主观的语言文字概念“可无”与“可有”，只不过是一种主观的假设和描述而已，更为关键的是这种主观的假设和描述与客观事物存在本身并不等同，如果与客观存在的“常无”或“恒无”概念相比，就显得空泛无意义了。

这里我们先分析一下为什么可以省略这么重要的一句话，我认为至少有这样几个原因：一是已经有了前面两句的铺垫，这里在表述的时候就没有必要再重复啰唆了；二是老子在《道德经》第二章对他所提出的“无”“有”两个概念作了更准确的表述，即明确除了“无”“有”两个是主观概念，还有两个相应的客观概念“常（恒）无”“常（恒）有”；三是《道德经》第一章这一句接下来的一句紧承的句子开头一个“故”字，非常清楚地表明了老子的论述的前后因果关系的脉络。所以，这里是可以作省略处理的。

《道德经》第二章原文：“天下皆知美之为美，斯恶已；皆知善之为善，斯不善已。有无相生，难易相成，长短相形，高下相倾，音声相和，前后相随，恒也。是以圣人处无为之事，行不言之教。万物作而弗始，生而弗有，为而弗恃，功成而弗居。夫唯弗居，是以弗去。”老子在其中解释了“无”“有”的三层含义：一是就客观事物存在本身而言，必然包含“无”与“有”的存在状况，而且客观的“无”与“有”的存在状况必然会由于与其存在状况相反的“无”与“有”的因素逐渐积累，而使事物处在不断的动态演变之中，这就是“有无之相生（灭）”的本质。二是客观事物之间的关系也是“无”与“有”的彼消此长的关系，这就是“相成”“相形”“相倾”“相和”及“相随”。在老子的论述中，这两方面“无”与“有”的意义是“恒也”，即是客观必然的存在。通过这样的表述，老子在这里明确地界定了他所提出的“无”和“有”的概念，既有主观概念“可无”“可有”，还有另外一对客观概念“常（恒）无”“常（恒）有”，而这恰恰就是下面一句“故常（恒）无”“常（恒）有”之中“故”字所提示的前后句子的因果关系。三是由于事物“常（恒）无”“常（恒）有”的客观存在状况和其与事物本身存在状况相反因素的不断的客观积累，因而客观事物本身的存在状况总是动态地不断演变为其客观存在的反面，这即是所谓的“反者道之动”，而圣人正是据此关系或原则来待人处事。在老子的论述中，这一点则未必是“恒也”（即客观必然的），因为那只有圣人才这样做或才能做得到。

至此，老子为了不被人误解，特意在《道德经》第二章里解释清楚了，在他的概念系统中，“无”“有”的概念既有天地万物的客观存在状况的一面，还有对客观事物表述或描述的主观状况的一面，正如前面分析的一样，在界定出“无”与“可无”“有”与“可有”之后，老子强调其关注和探讨的是“常（恒）无”与“常（恒）有”。接着，“常（恒）无”“常（恒）有”则是客观事物自身的存在状况及其所具有因素的客观概念，而且这些客观事物自身存在状况及其所具有因素的逐渐积累，使客观事物处在不断动态演变之中，即客观事物还有自身的“有无相生（灭）”的一面。如果没有这一章的特意解释，那么，除了明确界定“无”“有”既有主观概念“可无”“可有”，还有另外一对客观概念“常（恒）无”“常（恒）有”之外，另外两层意思就很难说清楚了。其实，如果我们联系下面一句开头的“故”字，老子在行文上省略了这一句，大致也能够明白一多半了。

我们如果把老子省略了的“无可无，非恒（常）无；有可有，非恒（常）有”这句话补上，就可以由此而明白在老子提出“无”和“有”的概念的时候，他同时还界定了用语言文字表述客观事物存在状况的概念“可无”“可有”，与客观事物本身存在状况的概念“常（恒）无”“常（恒）有”，是完全不同的两个概念。这其实又是老子提出的另外两个重要概念，其含义待分析下一句的时候再说，而这恰恰是紧承着《道德经》第一章第二句的句意：客观事物本身的存在状况与客观事物的主观描述状况，两者是并不等同的。不仅如此，我们还已经明白了，在老子的论述中，他还将把这两种并不等同的存在状况具体化，之后还将回答“天地万物”本身的客观存在状况的问题。所以论述至此，老子提出“无，名天地之始；有，名万物之母”和下一句“故常（恒）无”，这很明确是对省略句的具体展开，还有更明确的是展开的重点在下一句，而前一句其目的无非就是为了引出下一句的论述，其标志就是下一句开头表示前后语句因果关系的“故”字。

在把老子省略了的一句话补上，然后按老子的论述思路解释并界定了相关概念之后，我们再回到刚才的话题上来。我们再看“无，名天地之始；有，名万物之母”这一句，由于没有像下一句那样句首带有“故”字以示结论和强调之意，因此这一句明显是承前省略了的一句话之后跟着而来具体展开的一个假设推论，所以这一句更完整准确的句式应该是“可无，名天地之始；可有，名万物之母”。这一句表达的意思是：我们可以用“无”（可无）这个语言文字的主观概念来表述或描述天地万物的初始状况（名天地之始），可以用“有”（可有）这个语言文字主观概念来表述或描述天地万物的存在状况（名万物之母）。这一句之中的“母”字与“模”字通假，我们在上面已经作了解释；相应地，这里的“可无”和“可有”都是文字符号、主观概念，是人的思维意识对天地万物的观照，说白了就是人对天地万物“无”和“有”两种存在状况的主观反映描述而已，并且这种主观表达或描述的结果，并不等同于客观事物本身存在状况，因此这里的“始”其实并不就是客观事物被主观概念“无”所表述或描述的状态；而客观事物的存在其实也并不就是主观概念“可有”表述或描述一下，就那么容易被完全模拟了。对这一句这样一分析，从句子结构和表达的语意看，就更明确显示了这一句是承前省略了的一句话之后跟着而来具体展开的一个假设推论，这一句的假设推论不是老子论述的重点，重点在于下一句由此假设推论而得出老子想要得出的重要结论。这个重要结论就是，老子并不认同客观事物的存在状况被主观描述或模拟的一面，这种描述和假设说到底是揭示不了客观事物的存在状况及其本质的，他认同的是客观事物的存在状况自身的客观必然的演变一面，这一面现在看是分析点评下一句的事情了。当然，按目前的标点来解读，“无名”“有名”一句与“故常（恒）无”一句被断开了，其实从句子结构和表达的语意看，这两个句子是不应该断开的。

老子对自己所提出的概念作如此专门的解释，这样的做法，其实我们自己在展开论述的时候，也经常会采取这样的做法。就是如果遇到在论述某一要点时，只需要用到概念的某一层含义，而该概念却含有多层含义，为了不致遗漏概念的多层含义，就会专门对概念的含义加以详细的阐述说明。就老子这里的省略而言，一方面其省略仍然可以由后面展开论述的脉络反映出来；另一方面，如果这里不作省略而写出了这一句话，那么，后面就不但要说明这里只是“无”“有”的某一点含义，还得再找个合适的地方说明“无”“有”另外的多层含义。总之，老子这样的做法，非常简洁明了，可惜的是，后来的解读者没有看明白而已。

在西方古典哲学中，黑格尔也曾经对“有”和“无”的概念加以界定，他甚至把对“有”的概念的探讨界定作为其《逻辑学》的起点。他是这样论述的：“有、纯有，——没有任何更进一步的规定。有在无规定的直接性中，只是与它自身相同，而且也不是与他物不同，对内对外都没有差异。有假如由于任何规定或内容而使它在自身有了区别，或者由于任何规定或内容而被建立为与一个他物有了区别，那么，有就不再保持纯粹了。有是纯粹的无规定性和空。——即使这里可以谈到直观，在有中，也没有什么可以直观的；或者说，有只是这种纯粹的、空的直观本身。在有中，也同样没有什么可以思维的；或者说，有同样只是这种空的思维。有，这个无规定的直接的东西，实际上就是无，比无恰恰不多也不少。”（《逻辑学》上册第69页）所以，黑格尔得到的结论就是“纯有”等于“纯无”。黑格尔对“有”“无”概念的界定，其实就是把与概念相关的规定、内容、物性等全部排除干净，在黑格尔看来任何客观事物发展变化的最终结果是一样的，与事物相关的规定、内容、物性等“形体”部分最终都会完全消失，最终还存在的只有客观事物的“有”“无”“理念”部分，在这个意义上讲“有与无是同一的”，这是黑格尔在《逻辑学》中的一个重要结论。进一步而言，黑格尔在逻辑学的“有论”或者“存在论”中对此问题给出的结论是“有无同一论”——“纯有就是纯无”，纯粹存在就是非存在这一结论，解构了我们所经验的物理世界；但是严格地说，黑格尔的这种解构是一种主观概念化的解构，有一些论者很不恰当地把这种解构与老子的“有生于无”以及“有无相生”的命题相提并论了，而其实老子对经验的物理世界作的是辩证的客观化的解构。老子提出的“可名”与“常（恒）名”的区别，在黑格尔那里是没有相应的表述的，同样，老子的“可无”与“可有”和“常（恒）无”与“常（恒）有”的区别，在黑格尔那里也是没有相应的表述的，而这一点正是老子接下来将要阐述的问题。黑格尔对“有”“无”概念的界定，其结果就是老子所界定的表现在语言文字之中的抽象概念“可无”与“可有”，老子没有否认这种表现在语言文字之中的抽象概念“可无”与“可有”的存在，但是老子并不认同这种概念的合理性，因为这种表现在语言文字之中的抽象概念“可无”与“可有”，不过是对客观事物的主观描述或抽象，其先天缺陷是对客观事物的描述或抽象所得并不等同于客观事物本身。与老子相比，这正是黑格尔哲学的不足之处。更有甚者，黑格尔这种“纯有”等于“纯无”“有与无是同一的”论述，还与他自己对客观事物的论述相矛盾。因为黑格尔已经认识到了客观事物总是“某物在自身的否定中，规定其自身仍为同一物”

（参看黑格尔《小逻辑》“有论”），其实这里客观事物本身的存在状况是处在对自身的不断的否定之中，即客观事物的存在状况时刻表现出既是自身而又是他物的特点。请注意，如果这是黑格尔的论述，那就与老子对客观事物存在状况的论述一致了。可惜的是，黑格尔在这里又认为：“有假如由于任何规定或内容而使它在自身有了区别，或者由于任何规定或内容而被建立为与一个他物有了区别，那么，有就不再保持纯粹了。有是纯粹的无规定性和空，即使这里可以谈到直观，在有中，也没有什么可以直观的；或者说，有只是这种纯粹的、空的直观本身。在有中，也同样没有什么可以思维的；或者说，有同样只是这种空的思维。”可见这里的“有”或“无”只是“思维”或“理念”而已，由于其存在先天缺陷，虽然可以用来表述或描述客观事物，但最终是无法揭示客观事物的本质的。

分析至此，体现在语言文字之中的主观概念“可无”“可有”或“纯有”等于“纯无”，虽然可以用来表述或描述客观事物，但最终不能揭示客观事物的存在状况及其本质。那么，老子是用什么方法来揭示客观事物的存在状况及其本质的呢？老子是通过提出“无可无，非常（恒）无；有可有，非常（恒）有”这句话，然后界定出其中的客观概念“常（恒）无”与“常（恒）有”来揭示客观事物的存在状况及其本质的。

再回到陈先生的解读中，有两点还是可取的，一是标点事实上偏向了把“无名”与“有名”直接点开，但对于为什么要点开则仍然是没有理解的问题；二是看到了“无”“有”是中国哲学本体论或宇宙论中的一对重要的范畴，创始自老子，但可惜又没有理解老子这里的“无”“有”是不应该直接说成“是中国哲学本体论或宇宙论中的一对重要的范畴”的。由于有上面的两点可取之处，而又存在没有理解老子表述的意思的地方，所以在陈先生的解读中，在“无名”“有名”点开也可，不点开也可的情况下，两个“名”字均无法解释落实了。其实这里两个“名”字与上面已经出现的“名”字之中可以用作动词的意思一样，就是用语言文字表述或描述，或者从意识上去认识把握，而问题恰恰是用语言文字表述或描述，或者从意识上去认识把握，那只能是人的思想或行为，而本质上与客观的“天地万物”没有直接必然的联系。所以，这里的“无”“有”是对“天地之始”“万物之母”的主观认识，也就是“无”“有”还只是主观认识的概念而已。老子的深刻之处是，他在人的意识或思想上提出了“无”和“有”两个主观概念，就把“天地万物”的客观存在状况是怎样如何的问题几乎完全概括穷尽了，就这点而言，“无”“有”是中国哲学本体论或宇宙论中的一对重要的范畴，创始自老子，可能是非常确切的。而且，就“有”“无”与《易经》之“阴”“阳”相比，一方面把“天地万物”的客观存在状况是怎样的问题几乎完全概括穷尽了，另一方面更是把“天地万物”的客观存在状况是怎样的加以确切的阶段或类的划分，把人的思维意识试图能够更方便也更确切地把握“天地万物”，提到了一个新的高度；但是，这里千万不能把“无”“有”所表述或描述的客观事物存在状况直接理解为客观事物本身如何发展变化的意思。在老子的表述中，单纯的“无”“有”主观概念与客观事物“有无相生（灭）”并没有必然联系，“无”“有”在这里还只是两个主观概念而已，仅仅是思维或意识对客观存在的天地万物的主观观照而已，至多是人在思维或意识之中对客观存在的天地万物的虚拟和描摹、模拟，说到底，这种主观观照并不等同于客观的天地万物的自身存在状况。如果可以这样解读的话，那么，我上面说的"'无''有'是中国哲学本体论或宇宙论中的一对重要的范畴，创始自老子"，其中"创始自老子"是确切的，但不可以直接就说成是"中国哲学本体论或宇宙论中的一对重要的范畴"，理由就是"无""有"只是主观概念，并不就是本体论或宇宙论中的一对重要的客观范畴。当然，由于老子在第二章对"无""有"作了客观必然性的含义解释之后，那么之后的"无""有"就是"恒也"即客观必然性的概念了；但是第一章的这一句"无""有"其实不过就是"可无""可有"，还只是主观概念而已。其实，如果与第一章这一句之后一句联系起来看，那么后一句中的"常（恒）无""常（恒）有"才是客观必然性的概念，这一点后文再详细说。

由于"天地"与"万物"是对举句式，有的版本两句均是"万物"，这在语言文字的表述上没有多大的差异。在这里"天地"与"万物"均为客观存在，是人的语言文字或者意识所表述观照的对象。陈先生直接就把整个句子解读为："无"是天地的本始，"有"是万物的根源。"无""有"是指称"道"的，是表明"道"由无形质落实向有形质的活动过程。这样一解读，"无""有"一方面"是天地的本始""是万物的根源"，另一方面又是"道"由无形质落实向有形质的活动过程，那么"天地""万物"与"道"在概念上就混在一起没有区别了，这显然有违老子写下《道德经》一书的初衷。

总之，如果把这一被老子有意或无意省略了的句子补上，那么前后语句之间的因果关系、所表达的意思就非常贯通。当然，如果能够把"无"与"有""可无"与"可有"和"常（恒）无"与"常（恒）有"概念之间的不同区别清楚了，那么，这一句“无，名天地之始；有，名万物之母”，仅仅只是主观对天地万物的描述和假设推论也就没有问题了，而老子将要论述的天地万物自身存在状况的问题，就有待下一句了。

四、对《道德经》第一章第四句“故常无欲以观其妙，常有欲以观其徼”解读的分析探讨

我们继续看陈先生对下面一句的解读。

④故常无，欲以观其妙；常有，欲以观其徼。

常从“无”，以观照“道”的奥妙；常从“有”，以观照“道”的边际。“徼”，前人有几种解释：一、归结；如王弼注：“徼，归终也。”二、作“窍”，如黄茂材本为“窍”。马叙伦说：“徼当作窍，《说文》：‘窍，空也。’”（《老子校诂》）。三、作“曒（皎）”解，如敦煌本为“曒”。朱谦之说：“宜从敦煌本作‘曒’。……‘常无观其妙’，‘妙’者，微眇之谓，荀悦《申鉴》所云：‘理微谓之妙也。’‘常有观其曒’，‘曒者’，光明之谓，与‘妙’为对文，意曰理显谓之曒也。”四、边际；陆德明说：“徼，边也。”（《老子音义》）董思靖说：“徼，边际也。”（《道德真经解》）陈景元说：“大道边有小路曰徼。”吴澄说：“徼者，犹言边际之处，孟子所谓端是也。”今译从四，姑译为“端倪”。

“常无欲以观其妙，常有欲以观其徼。”有以“无”“有”为读，有以“无欲”“有欲”为读。王弼以“无欲”“有欲”作解，后人多依从，然本章讲形而上之“道”体，而在人生哲学中老子认为“有欲”妨碍认识，则“常有欲”自然不能观照“道”的边际。所以，这里应承上文以“无”“有”为读。再则《庄子·天下篇》说：“老聃闻其风而悦之，建之以常无有。”

庄子所说的“常无有”就是本章的“常无”“常有”。兹列举自宋代王安石至当代高亨各家见解于下，俾供参考。

王安石说：“道之本出于无，故常无，所以自观其妙。道之用常归于有，故常有，得以自观其徼。”

苏辙说：“圣人体道以为天下用，入于众有而‘常无’，将以观其妙也。体其至无而‘常有’，将以观其徼也。”（《老子解》）

王樵说：“旧注‘有名’‘无名’，犹无关文义；‘无欲’‘有欲’恐有碍宗旨。老子言‘无欲’，‘有欲’则所未闻。”（《老子解》）

俞樾说：“司马温公，王荆公并于‘无’字‘有’字终句，当从之。下云：‘此两者同出而异名，同谓之玄。’正承‘有’‘无’二义而言，若以‘无欲’‘有欲’连读，既‘有欲’矣，岂得谓之‘玄’”（《诸子平议》）

易顺鼎说：“按《庄子·天下篇》：‘老聃闻其风而悦之，建之以常无有。’‘常无有’即此章‘常无’‘常有’，以‘常无’‘常有’为句，自《庄子》已然矣。”（《读老札记》）

高亨说：“‘常无’连读，‘常有’连读。‘常无欲以观其妙’，犹云欲以常无观其妙也。‘常有欲以观其徼’，犹云欲以常有观其徼也。因特重‘常无’与‘常有’，故提在句首。此类句法，古书中恒有之。”（《老子正诂》）（《老子今注今译》第 75、76 页）

分析探讨：陈先生解读这一句，可以说是引用历代解读者的解读最多，而且也可以说是引用这些解读者时间跨度最大的一句。因此，对这一句的解读，也直接可以看出历代解读者对老子《道德经》第一章及全文的理解程度。

如果把陈先生与历代解读者对这一句的解读加以梳理，大致有如下几点。

（一）断句问题，是常无常有连读，还是无欲有欲连读。其实，这个问题不是简单的断句，而是牵涉到对“无”“有”与“常无”“常有”两种完全不同的概念的理解问题，往深一点说就是有没有看到“常无”“常有”也是两个概念，而且这两个概念是与另外两个概念“无”“有”不能相混的概念。由于陈先生与历代解读者对这一点没有理解，只是觉得无欲有欲连读，就无法解释后面的“玄”字，而常无常有连读，又不知道这“常无”“常有”与“无”“有”有什么区别，正如易顺鼎说，“按《庄子·杂篇·天下》：‘老聃闻其风而悦之，建之以常无有。’‘常无有’即此章‘常无’‘常有’，以‘常无’‘常有’为句，自《庄子》已然矣。”（《读老札记》）于是就仅仅把常无常有连读理解为古人的“为句习惯”而已。这里易顺鼎其实没有理解庄子的意思，当然就更没有理解老子的意思，但是翻看《庄子·杂篇·天下》相关的语句：“以本为精，以物为粗，以有积为不足，淡然独与神明居。古之道术有在于是者，关尹、老聃闻其风而悦之。建之以常无有，主之以太一。”由此可以明白，这种“以本为精，以物为粗”的“古之道术”在关尹、老聃“闻”之前应该已经存在了，不过对这种“古之道术”“以常无有”重新加以“建之”的，也就是第一次提出可以用“常无有”来解释这种“古之道术”的，应该是关尹和老聃。因此，庄子在这里说“常无有”也不应该如易顺鼎理解的那样，仅仅是古人的“为句习惯”，而是庄子理解并提出了关尹和老聃用来解释“古之道术”的一个重要概念；但可惜的是，也许是庄子理解不深刻或不认同，他在对“古之道术”本身认同的情况下，却对关尹、老聃这种对“古之道术”“以常无有”重新加以“建之”的做法并不认同，因此而提出的是“常无有”这个模糊的概念，而不是如老子那样明确的“常无”“常有”的客观概念。所以，庄子在《庄子·杂篇·天下》对关尹、老聃的最后点评是：“虽未至于极，关尹、老聃乎，古之博大真人哉！”用我们现在的话说：关尹、老聃“以常无有”来解释“古之道术”的做法算不上完美，只是勉强说得通而已，至于关尹、老聃两位，倒可以算是从古至今知识渊博的人吧。

那么，庄子为什么会出现对“古之道术”“以常无有”重新加以“建之”的做法理解不深刻或不认同的问题呢？这其实只要通过分析《庄子·杂篇·天下》对关尹、老聃相关的点评语句就可以明白了。《庄子·杂篇·天下》对关尹、老聃相关的语句是：“以本为精，以物为粗，以有积为不足，淡然独与神明居。古之道术有在于是者，关尹、老聃闻其风而悦之。建之以常无有，主之以太一，以濡弱谦下为表，以空虚不毁万物为实。关尹曰：‘在己无居，形物自著。’其动若水，其静若镜，其应若响。芴乎若亡，寂乎若清。同焉者和，得焉者失。未尝先人，而常随人。老聃曰：‘知其雄，守其雌，为天下谿；知其白，守其辱，为天下谷。’人皆取先，己独取后，曰受天下之垢。人皆取实，己独取虚，无藏也故有余，岿然而有余。其行身也，徐而不费，无为也而笑巧。人皆求福，己独曲全，曰苟免于咎。以深为根，以约为纪，曰：‘坚则毁矣，锐则挫矣。’常宽容于物，不削于人，虽未至于极，关尹、老聃乎，古之博大真人哉！”在这段点评关尹、老聃所谓道术的话中，第一层意思是概括了“古之道术”，其核心是两点：“以本为精，以物为粗”、“以有积为不足，淡然独与神明居”。其中，

“以本为精，以物为粗”即是“古之道”，重点就是“本精为无”“物粗为有”；“以有积为不足，淡然独与神明居”即是“古之术”，重点就是“淡然（无为）”。第二层意思是“关尹、老聃闻其风而悦之，建之以常无有”，也就是用“常无有”对“古之道术”重新加以解释甚至系统化；但是跟前面的文字一对比就很清楚了，之后的文字，包括庄子引用关尹、老聃的话，都是与“古之术”相应的“淡然（无为）”内容。第三层意思就是对关尹、老聃的总结点评：“虽未至于极，关尹、老聃乎，古之博大真人哉！”这里“未至于极”四个字表明了庄子对关尹、老聃的新系统并没有从内心加以认同，而问题恰恰就出在庄子漏掉了最重要的一点，就是关尹、老聃的“常无有”与“古之道”的“以本为精，以物为粗”究竟有何区别，这一点庄子没有说。而我们现在只有通过对比“古之道”的“以本为精，以物为粗”的“无”“有”之意，与老子的“常无有”之意，即“万物生于有，而有生于无”“有无之相生（灭）也”，以此来区别两者的不同了。至于庄子没有说这关键的一点的原因，我们现在只能说，可能是庄子理解不深刻或不认同。其实，这一点也难怪庄子，因为与庄子熟悉且认同的“古之道术”相比，老子借由“常无有”而提出的是与之前完全不同的思维方法，这就是我们现在已经熟悉且认同的辩证思维方法。而比我们现代人更深刻的地方可能还在于，在老子的系统中的辩证思维其实就其本质而言不是所谓人类的思维方法，而是客观事物演变的必然性之“道”。

在这一点上，从历代的解读者那里，我们现在大致还可以看到“古之道术”与老子的“常无有”之间的前后传承关系。这些解读者一方面先把老子的“常无”“常有”理解为“常无有”，接着又把“常无有”理解为不过是古人的为句习惯而已，这样一来老子的“常无”“常有”至此也只剩下了“无”“有”而已；另一方面，这些解读者为与老子相对应，把“古之道术”的“以本为精，以物为粗”，理解为“本精为无，物粗为有”，这样一来“本精为无，物粗为有”之中的“无”“有”，就与老子的“无”“有”并无二致了。殊不知这些历代解读者，正如庄子一样都没有理解，老子以“常无”“常有”对“古之道术”重新加以“建之”，从而提出的是一种完全不同于以往的全新的思维方法，即客观辩证法。

这一点，我们在列宁的《哲学笔记》中可以看到，在分析黑格尔哲学中“辩证法”概念的时候，列宁指出黑格尔的“辩证法”有两种不同含义，或者说“辩证法”具有双重意义：“（α）思维在概念中的纯粹运动；（β）在对象的本质（自身）中（揭露）（发现）它（这本质）自身所具有的矛盾（本来意义上的辩证法）。”（《列宁全集》38卷第277页）也就是说，“辩证法”：第一，是指思维中运用概念的主观辩证法，即辩证逻辑；第二，又是指客观世界中事物的矛盾发展规律，即客观辩证法。这里列宁明白了客观辩证法才是本来意义上的辩证法，而这个问题，2500多年前老子在《道德经》第一章通过“常无”“常有”的客观概念，不但表达了这种本来意义上的辩证法，而且已经尝试着把这种本来意义上的辩证法具体化了。

（二）两个“其”字，指“物”还是指“道”的问题。这里陈先生的解读，一是把“常无”与“常有”断开来理解，二是把“无”“有”也理解为“道”，这样一来其中的两个“常”字就无法落实了，所以接下来的两个“其”自然就被理解为“道”了。问题是这样一路解读下来，除了是“道”的同义反复之外，好像就没有别的意思了，这样的话“道”到底是什么反而成了问题。当我们在已经明确了“常无”与“常有”是老子用来指代客观事物及其演变状况的两个概念之后,那么,对这两个“其”字应该怎么理解？其实还有一个很简单的方法，如果这个句子是相对于前面一句“无，名天地之始；有，名万物之母”的，那么这里两个“其”字，就应该理解为指代“天地万物”即客观事物；反过来，如果按陈先生解读的那样，把“无”“有”一路解读为“道”的话，一方面把“道”与物相混了，另一方面这样解读与之后一句的“出”字连起来解读，“出”字就又无法落实了。其实，这一句中的两个“其”字应该解读为“天地万物”即客观事物，而不应该解读为“道”。在老子的论述中，这里其实还包含一个潜在的意义，就是一方面当然可以是“欲以观其”“妙”与“徼”，另一方面必然还存在着“不欲以观其”“妙”与“徼”的状况，即不排除“芝兰生于幽谷，不以无人（欲以观其）而不芳”的状况出现，所以问题的关键不在“欲以观”还是“不欲以观”，而在于离开人的直观却又客观必然存在的芝兰的芳与不芳的状况。所以，陈先生一路解读下来的“道”，其实都是客观事物及其演变。再者由于这个句子是相对于前面一句的，而前面一句只是对客观事物的主观描述或模拟，在老子的论述之中，这种对客观事物的主观描述或模拟，最终并不等同于客观事物本身的存在状况。相比而言，只有这一句才是客观事物本身存在状况的自我显现，因此这一句开头的“故”字，既含有老子论述得出结论的意义，同时还含有客观事物本身具有的“因果关系”或“因果律”的意义。所以，“常无欲以观其妙，常有欲以观其徼”，用现代语言解读就是：客观事物无的状况并非确定不变的不存在，而是一个有的因素逐渐积累的过程（常无），由此我们可以看到客观事物产生的微妙（欲以观其妙）；客观事物有的状况并非确定不变的存在，而是一个无的因素逐渐积累的过程（常有），由此我们可以看到客观事物归于消亡的边际（欲以观其徼）。其中的两个“其”字的含义，就是天地万物或客观事物。这就是老子“天下万物生于有，而有生于无”的含义，也是老子所揭示的客观事物自身存在状况变动不居的本质。

（三）“故”字问题。就这一句来说，可能对这个“故”字的解读才是解开所有问题的关键点。陈先生的解读前面正文此句之前有一“故”字，而解读这一句的时候，句子开头的“故”字，被陈先生有意无意地略掉了。其实这个“故”字，在前面所列的历代解读者那里，除了王安石有所解读之外，其余各位也都没有给出符合前后句子之间因果关系的解读。

我们先来看王安石的解读。陈先生引用了王安石所说：“道之本出于无，故常无，所以自观其妙；道之用常归于有，故常有，得以自观其徼。”其实王安石后面还有话，而陈先生没有引用，王安石说：“……盖不能常无也，无以观其妙；不能常有也，无以观其徼。能观其妙，又观其徼，则知乎有无者同出于玄矣。”（《老子集成》第二卷第 559 页）从引文可以看出在老学史上，王安石一改之前“无欲”“有欲”断句，而改为“无”“有”断句，虽有其新意，但由于不知道“无”“有”断句后，是否应该与前面的“常”字相连，所以引文中虽然出现了“故常无”与“故常有”的文字，但从“道之用常归于有，故常有”“则知乎有无者同出于玄矣”看，王安石并没有理解“常无”与“常有”是两个概念，而且是两个完全不同于“无”与“有”的概念，所以他解释两个“常”字的含义就很难落实了。看“道之用常归于有”，应该不排除“道之用有时不常归于有”，而“故常有，得以自观其徼”与“盖不能常无也，无以观其妙；不能常有也，无以观其徼”，这里的“常”字则是必不可少的，同样的“常”字含义就显得飘忽不定了。另外，由于老子并没有“不能常无”与“不能常有”的表述，因此王安石的解读中出现了与其相对应的“自观”与“观”的不同表述，而这里有谁在“自观”与“观”的所指就很费解，甚至难以理解。

再回到本题。王安石对“故”字的解读，还是由于他并没有理解“常无”与“常有”是两个完全不同于“无”与“有”的概念，所以他在解读这个“故”字含义的时候，就没有一点前后语句之间的因果关系了。更准确地说，可能是他无法理解前后语句之间应该具有的因果关系，至于客观事物本身所具有的“因果关系”或“因果律”的意义就更无从说起了。因为前面一句“无，名天地之始；有，名万物之母”，很明显“无”“有”相对应观照的是天地万物的状况，而根本不是所谓“道之本出于无”“道之用常归于有”，前后语句之间实在难以构成因果关系。所以，王安石对“故”字的解读，虽然进行了解读，但其含义实在非常牵强。

相应的，如果把老子省略的那句话补上，完整的表述就是“无可无，非常（恒）无；有可有，非常（恒）有。无，名天地之始；有，名万物之母。故常（恒）无欲以观其妙，常（恒）有欲以观其徼”，这里这个“故”字所提示的前后语句之间的因果关系就非常清晰了。当然更重要的是，这样表述的意义就把客观事物本身的存在状况的自我显现，与客观事物的主观描述或模拟的状况完全区别开了。就这一区别而言，这一句中的

“妙”与“徼”，把客观事物由“无”到“有”产生的微妙过程，和客观事物由“有”到“无”复归的消亡过程，非常明确地显现出了客观事物本身演变的客观必然性，这种客观必然性其实就是客观逻辑。在老子的论述思路之中，只有当解决了客观之道（客观逻辑）之后，然后才有提出“众妙之门”（主观逻辑）的可能。也就是只有当解决了客观逻辑之后，然后谈主观逻辑才是有价值和意义的，这一点恰恰又是老子在这一章的结论部分，所提示我们分析事物的方法和途径（“众妙之门”）即主观思维、主观逻辑的基础。这是后话。

（四）“常（恒）无”“常（恒）有”的概念问题。这里毫无疑问，陈先生的解读也是不把“常（恒）无”“常（恒）有”看作两个核心概念的。我们之前分析这一句的“故”字时，提到对这个“故”字的理解十分关键，由于这个“故”字牵连到前后句子的因果关系、假设与结论的关系，而问题的真正核心却在于对“常（恒）无”“常（恒）有”的概念的认识与否上。

我们已经知道了自从《道德经》问世2500多年以来，虽然庄子提到了关于“古之道术”“关尹、老聃闻其风而悦之，建之以常无有”的话，但庄子接着又说了“虽未至于极”的话，表明了庄子并不认同甚至否定“常无有”这个概念及其意义。在之后的解读中，从陈先生的引文看还比较明确地提到“常无”与“常有”概念的就只有苏辙了。苏辙说：“圣人体道以为天下用，入于众有而‘常无’，将以观其妙也。体其至无而‘常有’，将以观其徼也。”（《老子解》）很可惜的是苏辙对这两个概念更多是从“道”的角度来理解，而没有从客观事物本身的两种演变角度来理解。还是从陈先生的引文看，从此之后，那些解读者要么把这两个概念前面的“常”字理解成古人为句习惯，要么理解成强调之意，就是想尽办法要把“常”字去掉，为的就是要与“古之道术”已有之“无”“有”概念相一致，直到现在所有解读者中，就没有一个解读者认为“常（恒）无”“常（恒）有”是老子《道德经》的两个核心概念。

对“常（恒）无”“常（恒）有”是否两个核心概念，前面已经多有涉及了，这一点就不再多说了，我们现在看老子自己是如何界定这两个概念的含义的。老子在《道德经》第二章中说：“天下皆知美之为美，斯恶已；皆知善之为善，斯不善已。有无相生，难易相成，长短相形，高下相倾，音声相和，前后相随，恒也。是以圣人处无为之事，行不言之教；万物作而弗始，生而弗有，为而弗恃，功成而弗居。夫唯弗居，是以弗去。”除了前面已经提到过的“恒也”即强调这里的“有无”是具有客观性的概念，从而才会有第一章之后的“故常（恒）无”提法相合之处之外，这里的“有无”还具有揭示客观事物动态演变的概念意义，而这一点才是老子提出“常（恒）无”“常（恒）有”概念最深刻的地方。同样，如《道德经》第四十章说：“反者道之动，弱者道之用。天下万物生于有，有生于无。”这里的“有无”概念揭示客观事物本身存在状况的动态演变就更明白了。

我们上面已经分析了“可无”与“可有”这两个用来表述或描述甚至称名天地万物的主观概念，这两个主观概念并不能揭示客观事物本身的存在状况，那么“常（恒）无”与“常（恒）有”这两个客观概念是如何揭示客观事物本身的存在状况的呢？在《道德经》第二十一章，老子说：“道之为物，惟恍惟惚。惚兮恍兮，其中有象；恍兮惚兮，其中有物。窈兮冥兮，其中有精；其精甚真，其中有信。自今及古，其名不去，以阅众甫。

吾何以知众甫之状哉！以此。”这一章分析论述的问题是，就客观必然性而言，在客观事物处于“常（恒）无”状况的时候，客观事物本身可以说是“无”或“不存在”，但这种客观事物本身的“无”或“不存在”并非是客观事物确定无疑的“不存在”，而是同时包含着客观事物产生即“有”的因素积累的动态状况。也就是说，这个时候是“象”“物”“精”“信”等因素的积累，并且随着这些因素的进一步积累，这个客观事物“常（恒）无”状况迟早会被打破，打破就意味着新事物的产生，这就是所谓的“有生于无”；同样，反过来的状况就是，在客观事物处于“常（恒）有”的状况的时候，事物也并非是确定无疑的“存在”，而是同时包含着“无”的因素积累的动态状况，并且随着这些因素的进一步积累，那么这个“常（恒）有”的状况也迟早会被打破，否则旧事物就不可能“灭”了，这就是客观事物“无”与“有”相生（灭）的客观必然性。这就是老子提出这两个客观概念，从而揭示客观事物本身存在状况本质的意义。

这里我们仍然以上面所举的具体天气“晴天”为例，解释“常晴”或“恒晴”的概念含义。在老子的表述系统中，“晴”可以表述为“晴可晴，非常晴”或“晴可晴，非恒晴”。就“晴”而言，“可晴”不是问题的关键，其只不过是对“晴”的主观模拟或描述而已。那么，客观概念“常晴”或“恒晴”显示了怎样的演变状态呢？老子对此的表述是，当客观天气处于“常（恒）晴”状况的时候，其实天气并非是确定无疑的“晴”，而是同时包含着相反因素“雨”的积累的动态状况，并且随着这些“雨”的因素的进一步积累，那么这个“常（恒）晴”的状况也迟早会被打破，否则原有客观的“晴”就不可能“灭”

了，这就是客观事物“有”（晴）与“无”（雨）相生（灭）的客观必然性。所以，在老子看来“可晴”只是一种主观的模拟或描述而已，搞清楚“常晴”或“恒晴”才是问题的关键。

在老子的论述中，这两个客观概念的意义还不止此。正是因为这两个客观概念揭示了客观事物本身存在状况的本质，那么，就我们能够看到的任何事物而言，其实都是事物处在“常（恒）无”与“常（恒）有”的暂时的动态平衡状况而已，这一点比较完整的表述在《道德经》第四十二章中，老子说：“道生一，一生二，二生三，三生万物。万物负阴而抱阳，冲气以为和。人之所恶，唯孤、寡、不谷，而王公以为称。故物或损之而益，或益之而损。人之所教，我亦教之。强梁者，不得其死，吾将以为教父。”“道生一，一生二，二生三，三生万物（这里要注意，我们之前已经说过，“天地”“万物”是对举关系，所以这里的“万物”即指“天地万物”）。万物负阴而抱阳，冲气以为和”的意思是，“一”可以是“太一”，可以是“某一事物”，甚至可以是“天地万物”。“道生一”就是“一生于道”，就是某“一”客观事物产生或存在是由“道”的本质所决定的，也就必然是客观事物先处于“常（恒）无”状况与客观之“有”的因素逐渐积累而成的结果。“一生二”即“二生于一”，就是某“一”客观事物产生或存在了之后，其内部必然包含着“常（恒）有”客观存在状况与客观因素“无”的逐渐积累，这样构成动态平衡状况的两部分，就是“二”。“二生三”，就是“三生于二”的意思，当客观事物产生或存在之后，其内部必然是“常（恒）有”客观存在状况与客观因素“无”的逐渐积累，从而构成客观事物动态平衡状况的两部分，但这两部分并不是截然分开的，而是共同构成客观事物的动态平衡的存在状况，这种客观事物的存在状况，虽然是由两部分构成，但却又是不可分的完整整体，只不过这个完整整体无时无刻不处在变化的动态平衡之中。所以，就这个角度而言，这种客观事物的动态平衡的存在状况，是由客观事物内部必然包含着的“常（恒）有”客观存在状况与客观因素“无”的逐渐积累两部分构成，准确地说就是客观事物处在“既非有也非无”的第三种状态。“三生万物”，就是“万物生于三”，意思就是天地万物均存在于“既非有也非无”的第三种状态。同样的，“常（恒）无”的存在状况与客观因素“有”的逐渐积累的情况，反之亦然。老子为了更明白地表达他的这种概念含义，甚至还借助既有的“阴阳”概念来加以类比表达，“万物负阴而抱阳，冲气以为和”，其中“万物”即是“一”，“负阴而抱阳”即必然包含“阴阳”之“二”，“冲气以为和”则是“阴阳”之融合、和合，构成“既非阳又非阴”或“既是阳又是阴”的动态平衡状况，这种动态平衡状况就是完整的或整体的不可分割的客观事物的存在状态。由于这种客观事物的存在状态是在必然包含“阴阳”之“二”之后，而融合了“阴阳”构成“既非阳又非阴”或“既是阳又是阴”的动态平衡状况，老子就把这种客观事物的动态平衡存在状况称为“三”，而万物无不存在于这种动态平衡存在状况“三”之中。老子说的“三生万物”，即客观事物无不存在于这种动态平衡存在状况“三”之中，实际就是我们现在所谓的辩证法揭示的客观事物对立统一的本质，即事物存在的过程随着每一个时间瞬间的消逝，同时改变着自己的形态，作为一种状态的存在物，在每一个瞬间之后，都呈现新的状态，而旧的状态随时间的消逝则不复存在。天地万物的存在，就是在时间的连续性之中的变化进程，这种连续性其实质就是对立统一或同一性。笔者私心以为，老子的这种对客观事物及其发展变化的论述比我们现在的论述更具体更明确，只是无数的解读者之前一直没有读懂而已。另外，老子的这种论述应该还揭示了我们现在所称的“同构”概念最本质的意义，由于这种“同构”本质对客观事物而言，可以说“大无其外，小无其内”，都是同样成立的。这一点，在哲学层面而言，其对人们认识客观事物及其发展变化的本质所提示的价值与意义，至今无人能及。

这里可以稍微扯开一点，我认为我国的中医理论的核心，就来自这种对客观事物的存在状态是在必然包含“阴阳”之“二”之后，而融合了“阴阳”构成“既非阳又非阴”或“既是阳又是阴”的动态平衡状况的哲学思想。相应的，人的身体出现问题，就是由于这种动态平衡状态的失衡，而中医的治疗原则就是要把这种失衡状态调整过来，使之重新恢复到动态平衡状态，这也就是中医理论中“中和”的实质。中医在治病的时候，采取的是什么方法呢？就是调和阴阳，使之归于平衡。张仲景《伤寒论》第58条说：“凡病，若发汗，若吐，若下，若亡血、亡津液，阴阳自和者，必自愈。”这一条的意思就是，凡是各种疾病，或者经过汗法，吐法，下法，这个时候，致病的邪气虽然已经过去，可是正气有所损伤，在这种情况下，只要通过肌体的生活调节和适当调养，体内阴阳和谐了，自调了，剩下的不舒服自己就好了。

再回到正题，《道德经》第十六章：“致虚极，守静笃。万物并作，吾以观其复。夫物芸芸，各复归其根。归根曰静，静曰复命。复命曰常，知常曰明。不知常，妄作凶。知常容，容乃公，公乃王，王乃天，天乃道，道乃久，没身不殆。”这里“归”就是动态演变状况，而“根”就是“静”，就是动态演变状况的打破，而“静”又将是另一个动态演变状况的开始。这个过程就是“复命曰常”，之后才是“知常曰明，不知常，妄作凶。知常容，容乃公，公乃王，王乃天，天乃道，道乃久，没身不殆”。这一点同样是就客观事物本身及其存在状况的动态演变而言。老子的深刻之处在于，他不但解释清楚了客观事物的生灭动态演变过程及其原因，而且还揭示了客观事物存在状况的本质，无非是客观事物存在状况与其自身所具有的相反客观因素“无”和“有”的积累而构成的动态平衡而已，而这个客观事物存在状况的动态平衡，迟早会由于客观因素“无”和“有”的不断积累而打破，所谓“万物并作，吾以观其复。夫物芸芸，各复归其根。归根曰静，静曰复命。复命曰常，知常曰明”，这里“作”可以看成“生”，“静”可以看成“灭”，而“生”与“灭”之间就是客观事物存在的动态平衡，这个“复归”过程即是动态平衡的过程，而这个过程是“常”即客观必然的。

此外，由老子“三生万物”的动态演变进一步推论，如果我理解没错的话，其实客观事物之间的关系也是这样一个动态演变的平衡状况，那无非是一个更大范围或更大事物的动态演变平衡状况而已。这个更大范围的动态平衡状况，老子在《道德经》第三十二章有如下表述：“道常无名、朴。虽小，天下莫能臣。侯王若能守之，万物将自宾。天地相合，以降甘露，民莫之令而自均。始制有名，名亦既有，夫亦将知止，知止可以不殆。譬道之在天下，犹川谷之于江海。”这里的“万物自宾”“天地相合”和“民莫之令而自均”，都是涉及的更大的客观事物之间的动态平衡而已。老子这里所表述的思想，揭示的客观事物本身存在状态及客观事物之间关系的本质，其意义是无论怎么说都不会过的。例如，我们如果把某一客观事物的存在状态，理解为是其自身所具有的客观因素“无”和“有”的动态平衡，从而其内部因素之间就将构成一个“统一场”的话，那么客观事物之间所形成的关系，就将构成一个更大的“超统一场”。如此一来，我们在搞科学研究之前，就已经对所研究的客观事物有了初步的客观必然性的把握。

这里，我们可以根据老子的论述，进一步对老子所提出的客观概念“常（恒）无”“常（恒）有”加以更细致的界定。在老子的客观概念中，一是当客观事物处在“常（恒）无”存在状况的时候，这个时候的客观事物并非不存在，这个时候的客观事物之“有”是作为“因素”而出现的。当事物处在“常（恒）有”存在状况的时候，这个时候的客观事物之“无”也相应地作为“因素”而出现的。就“常（恒）有”来说，我们能够看得到的客观事物而言，即当事物处在“常（恒）有”存在状况的时候，同时也即是客观因素“无”的积累过程，这时候“常（恒）有”存在状况与客观因素“无”的积累两者构成动态平衡状况，这种动态平衡状况最终会由于客观因素“无”的逐渐积累而打破，这就是客观事物必然向其相反的方向运动的本质，这就是老子说的“反者道之动”的真正意思。所以，客观概念“常（恒）无”“常（恒）有”，既有指客观事物存在状况的意义，又有指与其存在状况相反的因素的意义，这两方面的意义合起来，揭示了客观事物自身“有无”演变的客观必然性，更是直白地揭示出了客观事物自身内部动态演变的本质，而这就是老子论述的“客观之道”。这里黑格尔相应的表述是“某物在自身的否定中，规定其自身仍为同一物”，与老子相比，显然，黑格尔的表述既没有老子的深刻，也没有老子的具体。老子在说“反者道之动”的同一章，老子还说了“弱者道之用。天下万物生于有，有生于无”，这里老子同样强调了“有无”是事物动态平衡的演变过程的意思，另外还强调了要求人们看待事物处于新生弱小之时的重要性，因为事物新生弱小之时正是事物发展潜力无穷的时候，这样做就是对“道”的运用。

在把这一句的概念界定清楚和一些重点词语落实之后，那么，“故常（恒）无”这一句完整的意思就是：因此，当客观事物处在“常（恒）无”存在状态的时候，这时候客观事物并非不存在，而是新事物产生的因素在不断积累的过程之中，积累的结果就是原来状况被打破，这时候我们可以看到新事物产生的微妙之处；同样，当客观事物处在“常（恒）有”存在状态的时候，这时候客观事物并非固定不变的存在，而是客观事物走向反面的因素在不断积累的过程之中，积累的结果就是原来状况被打破,这时候我们可以看到原有事物走向完结的边际。在老子的论述及结论中，客观的天地万物自身动态演变状况基本的就是这两种。

我们在前面说过，在老子提出“道”有客观之道与主观之道的区别之后，老子强调了他想要探究的是“客观之道”究竟为何的问题，然而要回答这个问题却又不能脱离“天地万物”或“天地万物”究竟为何的问题,所以老子就暂时把“客观之道”究竟为何的问题放在一边，接着着手解决“天地万物”客观存在状况的问题。老子在解决“天地万物”客观存在状况的问题的时候，他所得到的结论之一是“天地万物”即客观事物本身与对客观事物的主观描述、模拟两者并不等同，结论之二是客观事物本身的存在状况与对客观事物存在状况的主观描述、模拟两者并不等同，结论之三是“天地万物”即客观事物就是一个“常（恒）无”与“常（恒）有”的两种基本的动态演变必然过程。至此，老子就把“天地万物”本身客观存在状况的问题解决了，也就是把“现实事物”“物质的东西”问题搞清楚了。因此，这里有一点必须强调又强调，这一句之中的“故”字，表明了在老子的表述中，他已经把“天地万物”即“现实事物”客观存在状况的问题解决了，这里不应该再有什么模糊不清的问题了。老子接着就要回到论述的本题，即“客观之道”究竟为何的问题了。

如果把老子省略的那句话补上，完整的表述就是：“无可无，非常（恒）无；有可有，非常（恒）有。无，名天地之始；有，名万物之母。故常（恒）无欲以观其妙，常（恒）有欲以观其徼。”这里这个“故”字所提示的前后语句之间的因果关系就非常清晰了，当然更重要的是，这样表述的意义就把客观事物本身的存在状况的自我显现，与客观事物的主观描述或模拟的状况完全区别开了。就这一区别而言，这一句中的“妙”与“徼”，把客观事物由“无”到“有”产生的微妙过程，和客观事物从“有”到“无”复归的消亡过程，非常明确地显现出了客观事物本身演变的客观必然性。这种客观必然性其实就是客观逻辑。在老子的论述思路之中，只有当解决了客观之道（客观逻辑）之后，然后才有提出“众妙之门”（主观逻辑）的可能。也就是只有当解决了客观逻辑之后，然后谈主观逻辑才是有价值和意义的，这一点恰恰又是老子在这一章的结论部分，所提示我们分析事物的方法和途径（“众妙之门”）即主观思维、主观逻辑的基础。

五、对《道德经》第一章“此两者，同出而异名，同谓之玄”解读的分析点评

⑤此两者，同出而异名（注：之后一句“同谓之玄”，在北京商务印书馆 2017 年出版的《老子今注今译》上解读这一句时没有，兹据《老子》原文补上）：帛书本作“两者同出，异名同胃（谓）”。“此两者”，指上文“无”和“有”。

王安石说：“‘两者’，有无之道，而同出于道也。世之学者，常以‘无’为精，以‘有’为粗，不知二者皆出于道，故云‘同谓之玄’。”

童书业说：“‘无’和‘有’或‘妙’和‘徼’，这是‘同出而异名’的。从‘同’的方面看，混沌而不分，所以称之为‘玄’。”（《老子今注今译》第 77 页）

分析探讨：由于历代以来包括陈先生在内的解读者都没有理解“无”“有”与“常（恒）无”“常（恒）有”分别是两个完全不同的概念，更没有理解前者是主观概念，后者是客观概念，当然就更没有理解在老子的论述之中，在用“无”“有”这两个主观概念描述、模拟天地万物的时候，老子表述的是客观事物的主观存在状况；在用“常（恒）无”“常（恒）有”这两个客观概念的时候，则显示或可观的是客观事物本身的存在状况。从老子的论述倾向性而言，在表明两种存在状况并不等同的基础上，老子想要探究的是客观事物本身的存在状况，而非主观描述、模拟的存在状况，由此可见主观描述仅仅是作为一种假设与铺垫，目的就是提出并强调客观概念“常（恒）无”“常（恒）有”，并进一步论述“常（恒）无欲以观其妙，常（恒）有欲以观其徼”的客观事物动态演变的两种必然状况。所以，“此两者”所指就是客观事物“常（恒）无”“常（恒）

有”演变的两种状况。而这两种客观事物动态演变的状况，就是我们在之前已经说过的，就老子用“故”字的表述而言，表明了在老子的表述中，他已经把“天地万物”即客观事物本身的存在状况问题解决了，也就是把“现实事物”“物质的东西”问题搞清楚了，这里不应该再有什么模糊不清的问题了。老子接着就要回到论述的本题，即“客观之道”究竟为何的问题了。

但是，陈先生和历代的解读者一样，在解读这一句的时候，仍然存在着许多模糊不清的问题。

第一个问题，对“此两者”的理解。陈先生说，“此两者”指上文“无”和“有”，而上文出现“无”和“有”的又分明有不同的两处，即“无”和“有”“常（恒）无”和“常（恒）有”，按照一般的论述习惯来说，“此两者”，应该是指紧承上文前一句之“常（恒）无”“常（恒）有”，而不应该是指跳前一句的“无”和“有”，更何况前一句还有一表示因果关系的“故”字，显然这里的“此两者”应该紧承由“故”而来的因果之果。这样一来“无”和“有”就可以排除了，而“常（恒）无”和“常（恒）有”才是真正的“此两者”了。

这个问题还不止此。如果“此两者”指的是“常（恒）无”和“常（恒）有”，而排除了“无”和“有”，那就又有必要对此不同的两者加以区别了。我们在前面已经分析了，在老子的表述中这两者的意义确实是不一样的，但是历来的解读者包括陈先生在内，只是把“常（恒）无”和“常（恒）有”理解为为句习惯而已，简单地把“常（恒）”字抹去，于是又很简单地把前面表达意义完全不同的两个句子，不加区别地理解为“此两者”指上文“无”和“有”。在老子已经用“故”字提示上下文语句之间因果关系之下，还如此误解“此两者”，实在有点说不过去了。

其实这里把“此两者”理解为“常（恒）无”和“常（恒）有”还不是最准确的，把“此两者”理解为“常（恒）无”和“常（恒）有”，还只是认同了这“常（恒）无”和“常（恒）有”是有别于“无”和“有”的两个完全不同的概念而已。因为在老子的论述之中，他的目的不仅仅是为了提出这两个概念，而是为了论述客观事物本身的存在状况，最后达到回答客观之道究竟为何的目的。所以，“此两者”更准确的理解应该指“常（恒）无欲以观其妙，常（恒）有欲以观其徼”的客观事物动态演变的两种必然状况，而陈先生的那种理解，其原因就是没有理解“常（恒）无”“常（恒）有”也是两个概念；同样由于这个原因，陈先生就把“常（恒）”与“无”“有”拆开理解了，以致“常（恒）”字的含义无法落实；还是由于这个原因，陈先生在解读“故常（恒）无”这一句的时候，对句前的“故”字所提示的前后语句之间的因果关系也就无法理解了。

陈先生接着引用王安石的话：“‘两者’，有无之道，而同出于道，故云‘同谓之玄’。”“两者，有无之道，而同出于道也。言有无之体用皆出于道。世之学者，常以无为精，以有为粗，不知二者皆出于道，故云‘同谓之玄’。”显然王安石也没有理解在老子的论述中，道与物或物的“有”“无”两种状况，是完全不同的两类概念，如果“‘两者’，有无之道”还可以说得通的话，那么接着说“而同出于道”就很难说得通了，因为这样一来就成了“道”出于“道”了。后来王安石大概也感觉这样表达难以成立，所以又加了一句“世之学者，常以‘无’为精，以‘有’为粗，不知二者皆出于道”，这样一来“‘两者’，有无之道”就被他自己否定了，他的表达成了

"两者、有无，二者皆出于道"，这样就把"有""无"与道区分开了，也终于回到了老子的论述思路；但同样王安石也是没有看到"此两者"，指紧承上文前一句之"常（恒）无""常（恒）有"，更准确地说应该指"常（恒）无欲以观其妙，常（恒）有欲以观其徼"的客观事物动态演变的两种状况。最后，王安石解读这一句所得的结论是"故云'同谓之玄'"，在这里"玄"即"道"的代称，但是老子在"故常（恒）无"之下解决的是天地万物即客观事物动态演变之"玄"，所以这里的"玄"即是"微妙"之意，包括了客观事物产生之"妙"和客观事物归于消亡之"徼"的两种客观必然性状况。我们再看王安石分析《道德经》第一章后面的话："有无不能以并存，此所以蔽而不能自全也。夫无者，名天地之始；而有者，名万物之母，此为名则异，而未尝不相为用也。盖有无者，若东西之相反而不可以相无也，故非有则无以见无，而非无则无以出有。"这里"有""无"既不能并存又不可或缺，这样到底何为"两者"都成问题了。

所以，"此两者"一是并非"无""有"，甚至也不全是"常（恒）无""常（恒）有"，而是"常（恒）无""常（恒）有"的两种客观事物的演变情况；二是"此两者"并不涉及"道"，否则之后的"同出"之"出"就无法解读落实了。

第二个问题，对"同出而异名"的理解。陈先生把这一句解读为"同一来源而不同名称"，就一般而言，这里只说"来源"而不直指"道"，也是可以成立的，但对照前后，这里就有两点问题了。其一，既然"此两者，同出而异名"，那么，不管这两者是不同名称的"无""有"，还是"常（恒）无""常（恒）有"，其上还有一个"同一来源"，因此之前，陈先生说"无""有"

是指称“道”的话，就有了矛盾；而王安石说“‘两者’，有无之道，而同出于道也”，成为“道”出于“道”了，也就同样是有问题了。其二，既然两者只是名称不同，只不过是称为“无”“有”还是称为“常（恒）无”“常（恒）有”之别。“同出”即两者同样出于、同样源于的意思，那么这里就有一个到底同样出于、同样源于什么的问题了。这个问题我们仍然要回到老子的表述之中，才有可能得到明确的答案。在老子的表述中，他在第一章开篇提出其想要探究的是“道”的问题，并且在区分了“道”的客观与主观属性之后，明确其想要探究的是“客观之道”究竟为何的问题；但之后老子却离开了这个“本题”转而去论述天地万物的问题了，在这里老子又把天地万物的本身存在与主观描述、模拟加以区别，明确其探究的重点是客观事物本身的存在状况。接着老子又论述了客观事物本身的存在状况，仍有主观描述、模拟与本身演变呈现的区别。同样，老子强调了他探究的重点是客观事物本身的演变状况，他得到的结论是客观事物本身的演变状况就是“常（恒）无欲以观其妙，常（恒）有欲以观其徼”两种，论述到此，老子才用了“故”字加以强调明确，这种强调明确同时包含着之后的论述再也没有模糊不清的意思了。现在我们看到“此两者，同出而异名”这一句，那么其中的“出”字就意味着老子的论述又回到了他论述的本题，即“客观之道”究竟为何的问题，至此答案也应该是明确的，“客观之道”就是两种客观事物动态演变的本质抽象或规定，之后不管是帛书本作“异名同胃（谓）”，表述的是两者只是名称不同，本质都是一样的意思。还是“同谓之玄”，表述的是之前两种客观事物的演变状况都是确定而又客观微妙的意思；反之，如果没有理解老子的论述思路，至此还停留在混沌不分、幽深难解的状况，那么，老子那样明确强调的结论，明白无误地摆在那里，却仍然视而不见，那就无话可说了。

至此，老子在第一章的论述，把主观之道与客观之道界定清楚了，把事物的主观存在状况与事物的客观存在状况也界定清楚了。接着在此基础上，把客观之道究竟为何也论述清楚了，即客观之道就是对客观事物及其“常（恒）无”“常（恒）有”两种动态演变状况的本质抽象或规定（两者同出），用我们现在的表述，客观之道就是对客观事物及其“常（恒）无”“常（恒）有”两种动态演变状况的本质抽象。那么，客观事物及其“常（恒）无”“常（恒）有”两种演变状况是必然的，客观之道也是确定的，老子最终将得出什么样的结论呢？

六、对《道德经》第一章“玄之又玄，众妙之门”解读的分析探讨

陈先生解读这一句，只解释了“玄”和“众妙之门”。

⑥玄：幽昧深远的意思。

苏辙说：“凡远而无所至极者，其色必玄，故老子常以玄寄极也。”（《老子解》）

范应元说：“玄者，深远而不可分别之义。”（《老子道德经古本集注》）

吴澄说：“玄者，幽昧不可测知之意。”（《道德真经注》）

张岱年说：“‘玄’的观念，亦即道的观念之变相。”（《中国哲学大纲》）

⑦众妙之门：一切奥妙的门径，即指“道”而言。（《老

子今注今译》第 77 页）

分析探讨：这是老子《道德经》第一章的最后一句，也是这一章由前面的推论而得出的结论性的一句。如果考虑到第一章在《道德经》全文之中是总纲性的一章的话，那么，这第一章结论性的一句，对《道德经》全文的意义就是不言而喻的，这一点无论怎么说可能也都是不会过分的。

我们先看陈鼓应先生的解读，陈先生的解读关键之处有两点。

一是解释了“玄”的含义，即幽昧深远的意思。之后所引用的语句，无论是“凡远而无所至极者，其色必玄，故老子常以玄寄极也”，还是“玄者，深远而不可分别之义”，以及“玄者，幽昧不可测知之意”，用现在的大白话说大概就是模糊难以说清楚的意思。如果加上张岱年解读的“‘玄’的观念，亦即道的观念之变相”，那问题就更复杂了，那无异于说道是模糊难以说清楚的意思了。显然，这样解读前半句中“玄”字的意义，与下面后半句“众妙之门”的明确表述是无论如何也无法连起来的，当然更与老子在前面已经作了结论之后，还在表达这么模糊甚至难以说清楚的意思的话，这样解读实在有点说不过去。

二是解释了“众妙之门”，意思是一切奥妙的门径，即指“道”而言。这里的“众”应该就是前面的“其”也即之前的“天地万物”，把“天地万物”理解为“一切”是确切的，但把“妙”理解为“奥妙”就有一点表示模糊不清的意思，而这样表达是有问题的。

我们如果把陈先生解读的这两点作为一个完整的句子放到一起，前一句表述的是这幽昧是不可测知的、模糊难以说清楚的，后一句表达的是一切奥妙的门径，而这就是“道”。在陈先生的解读之下，老子给出的整章结论一会儿是幽昧不可测知的、模糊难以说清楚的东西，一会儿又是一切奥妙的门径，而这就是“道”，仿佛又变成非常清楚的东西了。按陈先生的白话翻译，就是“幽深又幽深，是一切奥秘的门径”，正如钱锺书先生所说“道难以解释详述”了。

这是陈先生解读的《道德经》第一章的最后一句。刚才我们已经说过，如果考虑到第一章在《道德经》全文之中是总纲性的一章的话，而这一句又是这一章结论性的一句，那么，这结论性的一句还必然包含着其对《道德经》全文的决定意义，或者说就是老子探讨“道”的价值所在，这与陈先生的解读相比，两者差距实在有点大。

我认为老子在《道德经》第一章所得出的这个整体性结论，至少也要符合与一般论述类文章一样的一些基本要求：一是这个结论必须是清楚明白的，绝对不应该有前后模糊不清，甚至矛盾的地方出现；二是《道德经》第一章不但是全文的总纲，而且当这一章在已经明确了所有论述问题之后，即提出并且界定了客观之道与主观之道、事物的客观存在状况与主观存在状况的区别之后，同时还明确了客观事物及客观事物之间如何演变的问题，最后把客观事物及客观事物之间如何演变归结为客观之道的本质抽象或规定，那么，这个结论就不应该再囿于对“客观之道”的论述了，而应该是在论述清楚“客观之道”之后，揭示“道”的价值与意义了，否则老子就没有论述“道”的必要可言了；三是这个结论应该是对《道德经》第一章之后的全文论述起着提供指导性建议或衡量标准的基础性甚至关键性作用。

如果要符合上面这些要求，那么，老子这一句得出了什么样的结论呢？显然，陈先生解读的两点是难以符合这些要求的。我们知道结论必须回到前提之中去寻找，也就是“玄之又玄，众妙之门”这个结论必须结合前面的论述来理解。第一，这里的“玄”字不能如一般的理解那样，含有幽昧不可测知的、模糊难以说清楚的意思，相对于结论而言，这里的“玄”字则必须解读为清楚、明确的意思。那么，接下来的问题是这个清楚、明确的意思指什么呢？在前面的论述中，与“玄”字相关而又表述了这个清楚、明确的意思，就是“故常（恒）无欲以观其妙，常（恒）有欲以观其徼”这一句，因此这里的“玄”字就应该理解为“微妙”。又因为这个句子是对举关系，这里的“徼”字也是可以包含在“微妙”之内的。第二，如果对“玄”字的理解还含有再次重复强调前面论述之意的话，那么老子结论的重点其实落在“众妙之门”的“门”字之上。这个“门”字陈先生理解为“门径”是对的，我们现在一般也理解为“途径”，甚至还可以理解为“方法”；但后面即指“道”而言则是错的，如果一定要把它理解为“道”的话，这里的“道”与之前老子竭力想要揭示的“道”在性质上已经大变了。因为之前老子想要论述的问题是客观之道究竟为何的问题，当老子把“现实事物”“天地万物”搞清楚弄明白之后，在说了“此两者，同出”之后，应该说老子已经回答了客观之道究竟为何的问题，也相应地把黑格尔毕生想要解决的“逻辑与历史的一致”问题中的“历史”部分即客观事物的必然性问题解决了。老子接着想要告诉人们的已经是可以在客观之道的指导之下，如何展开对客观事物的思考，甚至行动的结论问题了，而这其实就是黑格尔毕生想要解决的“逻辑与历史的一致”问题中的“逻辑”部分了，而这里的“逻辑”其实就是“主体逻辑”或“主观逻辑”，也即“主观之道”，也即俗称的“门道”之道。论述至此逻辑与历史才达到了真正的一致，也只有论述至此，谈论“主观之道”或“主观逻辑”才是有可能和价值的。所以，老子论述清楚了客观之“道”究竟为何之后，进入下一步揭示“道”的意义与价值所在。这一结论也可以说就是《道德经》之后的全部文字得以成立的基础，否则老子通过论述客观之道，而想要给人们提供如何思考客观事物并据以行动的指导性建议，或衡量标准的目的就会落空。

结合上面符合这些要求和两点理解，那么，老子在这一句得出的结论就是客观事物自身动态演变的两种基本状况是微妙而又必然的，这正是我们理解和把握一切事物奥秘的途径或方法。这一点恰恰就是老子著述《道德经》的目的所在，他提供给我们理解和把握客观事物的一种根本的哲学思维方法。

通过上面列举对陈先生解读《道德经》第一章的分析探讨，我们已经大致清楚了陈先生以及历代以来无数解读者解读这一章的缺陷所在，为此我们也已经厘清了老子在《道德经》第一章提出的几个重要概念及其区别问题，补上了被老子在行文上有意或是无意省略了的一句话，分析了老子省略这句话的一些原因，接着也大致梳理出了老子的哲学思维体系。这里可以用最简单的几句话加以概括，老子提出和强调的几个核心概念是：“常（恒）道”“常（恒）名”“常（恒）无”和“常（恒）有”；由这些核心概念所形成的哲学思维体系是：“常（恒）道”即“客观之道”，是就“常（恒）名”即天地万物的“客观事物”而言的，继而“常（恒）名”即天地万物的“客观事物”没有绝对的固定不变的状态，当处在“常（恒）无”即“客观之无”的存在状态时，意味着新生事物产生因素的积累；当处在“常（恒）有”即“客观之有”的存在状态时，意味着原有事物走向消亡因素的积累。再简而言之，客观事物就是这么两种基本的动态演变状况，而这就出自“客观之道”的本质抽象或规定，或者说这就是“客观之道”。最后“玄之又玄，众妙之门”，这些明确的微妙而又微妙之处，就是我们观察和分析一切事物的途径或方法。老子的思维体系认为，天地万物及其发展变化，是一种动态演变的过程，其本质是一个必然走向反面的动态过程，而对这种本质的必然性抽象或规定，就是“客观之道”。老子同时认为，这种必然性抽象或规定又是从天地万物及其发展变化中抽象出来的，“道法自然”，道无处不在，但道并不是外加的。在明确了“客观之道”的必然性之后，老子又通过客观事物必然的“有”“无”动态演变，从而又把“客观之道”具体化，这就是“两者同出（于道）”。我们现在一般把客观事物及其发展变化的这种必然性，称为自然理性、客观理性、客观逻辑、自然辩证法或唯物辩证法，可贵的是老子在《道德经》第一章就通过客观事物的“有”“无”动态演变，就把自然理性、客观理性、客观逻辑、自然辩证法以及唯物辩证法具体化了，而这些正是包括黑格尔在内的西方哲学所欠缺的。老子在这一章的最后用一句“众妙之门”，就给人们指出了认识客观事物奥秘的方法和途径。

再次重复这些话，笔者是想表明通过列举陈先生对《道德经》第一章解读的分析探讨，目的并不是揭陈先生解读的缺陷之短，而是想通过作这样的分析探讨，以期引起我们对老子提出的核心概念及其思维体系的再思考、再探讨。此外，还有非常重要的一点，如果笔者之上的分析探讨可以成立的话，那么，认为中国古代没有成系统的哲学思想的看法或主张，那就仅仅是因为没有读懂诸如《道德经》之类的经典而产生的笑话而已。

最后，笔者在开始的时候说过，如果有人质疑所列举的陈先生解读《道德经》的代表性意义，那么只需把另外比较著名的解读者的解读翻译列举一下，即使不加分析探讨，直接摆在那里，有意者只要稍加对比就可以明白其解读的缺陷所在了。为不致引起食言之误，在这里就郑重附上几家在学术界均有巨大影响力的对《道德经》第一章的解读翻译，可以作为上面对陈先生解读的分析探讨的比较，至于这些解读翻译的矛盾缺陷之处，就不再一一作分析探讨了。

钱锺书《管锥编·老子》一章：

“道可道，非常道；名可名，非常名。”可道之道、可名之名，指事造形，非其常也，故不可道、不可名。按《韩非子•解老》解首二句谓物之存亡、死生、盛衰者，不可为常。常者，无攸易，无定理，是以不可道。“道可道，非常道”，第一、三两道字为道理之道，第二道字为道白之道，即文字语言。“名可名，非常名”，两句申说可道。第二十五章云“吾不知其名，字之曰道”，第三十二章云“道常无名”，第四十一章云“道隐无名”，可以移解。“名”，名道也；“非常名”，不能常以某名名之。“无名，天地之始”，复初守静，则道体浑然而莫可名也；“有名，万物之母”，现迹赋形，则道用粲然而各具名也。首以道理之“道”，双关而起道白之“道”，即转而以“名”释道白之“道”，道理之见于道白者，即“名”也，遂以“有名”“无名”双承之。由道白之“道”引入“名”，如波三折，有“名”分为“有名”“无名”，如云之展，而始终贯注者，道理之“道”。道之全体大用，非片词只语所能名言，多方拟议，但得梗概之略，迹象亦粗，不足为其定名，亦即“非常名”，故“常无名”。苟不贰不测之道而以定名居之，是为致远恐泥之小道，非大含细入、理一分殊之“常道”。（《管锥编》第二册403页至410页，中华书局1979年版）

已故钱锺书先生可以说声名远扬，其对《道德经》第一章的解读翻译，再加上其别具一格的行文风格，附上并且放在前面，应该是必需的。

季旭升《老子点津》第一章译文：

“道”如果可以用言语来解说的话，就不是永恒不变的“道”；“名”，如果可以用名称来界定的话，就不是永恒不变的“名”。“无”，称作天地形成的本始；“有”，称作万物创生的根源。所以常处于“无”，想要观照道体的奥妙莫测；常处于“有”，想要观照道用的广大无际。“无”和“有”，虽然名称不同，却都来自于道，都是幽远奥妙。幽远奥妙到了极点，就是所有的道理和一切变化的根本了。（《老子点津》第2页，广西人民出版社2009年2月第1版）

这是台湾国学大师季旭升的解读，毋庸置疑，他的解读在台湾学术界也应该是占有一席之地的。

李湘雅解读翻译《道德经》第一章：

道是可以表述的，不是通常意义的道；名是可以指称的，不是通常意义的名。无名，是天地初始的状态；有名，是万物形成的根据。常要从“无”中来领悟道的微妙存在；常要从“有”中来认识万物外貌轮廓。此两者，来源同而名各异，都可以说是玄妙而精深的。极其深奥，极其玄妙，是理解天地万物深奥玄妙变化的门径。（《道德经解读》第3页，人民文学出版社2006年版）

此书由中国道教协会会长任法融作序，人民文学出版社出版，其解读对道家道教来说分量自是不言自明。

张其成全解《道德经》第一章译文：

道如果可以说出来，那就不是永恒不变的道了；名，如果可以叫得出来，那就不是永恒不变的名了。无，是天地的开始；有，是万物的母亲。所以，从永恒的“无”中可以观察出道的奥秘，从永恒的“有”中可以观察到自然的边界。“无”和“有”这两者有相同的来源，但名称却不相同，它们共同叫作玄妙。玄妙又玄妙，是一切奥秘的大门。（《张其成全解道德经》第30页，华夏出版社2017年6月第2版）

张其成先生是一位家学渊源深厚、个人建树极多的学者，所以附上他的解读翻译也是不言而喻的事情。张其成先生是享受国务院特殊津贴的专家，是国家社会科学基金重大项目首席专家，编写了《易学大辞典》《易经应用大百科》《易道主干》等多部专著；现任全国政协委员，北京中医药大学国学院院长、教授、博士生导师，北京大学、清华大学国学课程特邀教授，中国人民大学国学院客座教授，人民政协讲坛特聘教授，国际易学联合会常务副会长，中国自然辩证法研究会易学与科学专委会理事长，全国老子道学文化研究会副会长，国际儒学联合会理事。

上篇　道经

第一章

道可道[1]，非常道[2]；名可名[3]，非常名[4]。无，名天地之始[5]；有，名万物之母[6]。故常“无”，欲以观其妙[7]；常“有”，欲以观其徼[8]。此两者，同出而异名，同谓之玄[9]。玄之又玄，众妙之门[10]。

【注释】

[1] 道可道：之前一般的注解是，第一个“道”是老子哲学的专用名词和中心范畴，指的是宇宙的本原和实质，引申为原理、原则、真理、规律等，它在《老子》一书中频频出现，但在不同的地方有不同的涵义。这其实不够准确。这有先入为主之嫌，虽然就后文看并无不妥，但在老子的表述中，他一开始提出“道”这个概念，其实并没有这么多的含义，也无所谓专用名词和中心范畴。老子只是觉得在天地万物的发展变化之中存在着“可以为天地母”的东西，“吾不知其名，强字之曰道”而已。因此，老子提出“道”这个概念，只是表明了这个概念既有客观存在的一面，又有被命名的一面；而在老子看来，这里被命名为什么其实并不重要，而客观的一面则是老子所强调的。接着是对第二个“道”的解读。第二个“道”一般解作动词用，描述、解说、表述的意思，犹言“说得出”。这其实也是不够确切的，因为这里还有一个你怎么描述、称说、表达的问题。显然，这里的“道”应该解为语言概念或主观概念之“道”，然后才是可以用这个语言概念或主观概念之“道”来描述、称说、表达那第一个“可以为天地母”的东西，“吾不

知其名，强字之曰道”之“道”。因此，“道可道”界定出了“道”与“可道”的区别。有些版本这句表述为“道，可道也”，表述得更为清晰些。

[2] 非常道：之前一般的注解是：非，不是；常，恒常、永远。这句说“道”（如果是可以表述的），那么就不是永恒的“道”。这句话以否定句形式说明了作为宇宙万物本原的“道”是不可描述的。“常”，在长沙马王堆出土的汉代帛书《老子》（以下简称帛书本或帛书甲、乙本）作“恒”，以避讳汉文帝刘恒名字，下句“非常名”亦然。那么，现在问题又来了，既然“道”如果是可以表述的，为什么永恒的“道”就不可以表述呢？显然，“非常道”，是对“道可道”的陈述判断。当老子提出“道”这个概念的时候（道），老子认为可以用语言概念或主观概念之“道”来描述、称说、表达的（可道）；但是，老子同时认为这种语言概念或主观概念的描述、称说、表达的结果，说到底并不等同于第一个被描述之“道”，而这第一个被描述之“道”的最重要之处就是其客观存在性，因此这里的“常道”或“恒道”应该解读为我们现在习称的客观之道的含义，除此之外的解读，都难以避免表达上的逻辑矛盾，以及由此而带来的概念不清的问题。由此，通过解读《道德经》第一章的第一句，我们就可以明白老子在整部书的开篇，他是要界定“道”这个概念的属性区别。从他的表达中，我们可以看到，他所强调和要探讨的并非由描述或表述而来的“道”的主观概念的属性一面，而是“道”这个概念本身就客观存在的属性一面。有些版本这句表述为“非常（恒）道也”。

综合全句“道，可道也，非常（恒）道也”看，只有把“道可道，非常（恒）道”连起来分析，才有可能把“道”的概念属性搞清楚。第一个“道”是客观存在而又被“强字之曰道”，所以这个“道”既有客观存在的一面，又有被命名为概念的一面（这一面并非重点，所以也无所谓专用名词之必要）。第二个“道”则是主观名词概念，即可以用“道”这个主观名词概念来对第一个客观存在之“道”加以描述、称说、表达，所获得的结果是体现在人的语言概念或思维意识之中的“主观之道”。而“非常（恒）道”则是对前一句的陈述判断，这里的难点是“常”或“恒”怎么解释，如果要使整个句子表述没有逻辑矛盾的话，那么“常”或“恒”只有唯一的解释，就是这两个字是通用关系，意思是“恒常自在”即客观之意。整个句子连起来的意思就是：客观存在之道（道），是可以用语言概念“道”来加以描述、称说、表达的（可道），但描述、称说、表达而得到的体现在语言概念或思维意识之中的结果，这个结果就是我们现在所说的“主观之道”，并非那个被描述、称说、表达的客观存在之道（非常道或非恒道）。这“常（恒）道”可以说是老子提出的第一个核心概念，后面老子将探讨的“道”就是这个概念。

这里重要的是老子通过这一句，界定了“道”的概念有主观与客观之别，而从老子的表述看，他所强调和要探讨的就是这个“客观之道”。与历来的解读者不一样，这里确定了“常道”或“恒道”是一个固定名词概念，即我们现在习称的“客观之道”。老子下文所称之“道”均为“客观之道”。与此相应，下文出现的“常（恒）名”，“常（恒）无”与“常（恒）有”，也是一样的解读。在界定了“道”的概念属性及区别之后，《道德经》接着的就是对客观之“道”的涵义及特点的探讨。

[3] 名可名：之前一般的注解是：第二个“名”为动词，

称呼、称谓的意思。第一个“名”，一般有两种解读，一指代事物之名，二指代老子哲学的专用名词，它指对“道”的具体称呼，含有概念的意思，但比概念更高，具有名称与内容相统一的意义。现在问题来了，在前面一句已经对“道”的概念属性区别清楚之后，这里再把第一个“名”解读为老子哲学的专用名词，它指对“道”的具体称呼显然已经不妥。如果考虑到在前面一句之后接下来应该要做的就是老子对其所强调的“客观之道”的涵义或特点的论述探讨，以及这同一章之后出现“此两者，同出而异名”这一句之中“出”这个字的时候，这里就不应该再有“名”是指称“道”还是“事物”的问题了，这样说，第一个“名”应是指代事物之“名”。当然其中的第二个“名”的含义也需要重新作解释了，这第二个“名”应与“可”连解，意思是“可以用名称、概念来描述或称谓客观事物”，因此“可名”应为主观的语言文字概念。这里“名”与“可名”界定出了客观事物与主观描述或称谓的区别。

[4] 非常名：之前一般的注解是，如果“名”可以根据实物的内容而加以命名，就不是永恒的“名”。由于“道”是一个无形无象的形而上实存体，因此是无法用一个固定的概念对它进行命名、称呼的，任何名称一旦确定，能指和所指的关系就确定了，而“道”是一个永恒的、不可限定的存在，所以不能用一个具体概念去指称。一句话，由于“名”之前的“常”或“恒”字，就无法确定把“名”理解为“物”还是“道”了，再是把“道”称为“无形无象的形而上实存体”，这种说法令人费解。这一句其实是对前面半句界定所得的结果的陈述判断，即“可名”并非“常名”或“恒名”，用白话表述就是，对客观事物用名称概念加以主观描述的结果，并非客观事物本身(这

即是西方哲学所谓的“二律背反”）。因此，“常名”或“恒名”可以说是老子提出的第二个核心概念，表明老子将探讨的是客观事物本身，而非主观描述或称谓之中的事物（传统表述为“相”）。

就东西方哲学历史发展的背景而言，我国应该就在老子所处前后时期，曾经有过一个学术流派“名家”，而“名家”所探讨就是所谓的“刑名”或“形名”的问题，其实就是“名”与“实”的关系问题。而老子超越“名家”之处在于，“名”与“实”的关系只是问题的表象，而问题的本质在于把“实”即客观事物搞清楚，当把“实”即客观事物搞清楚了之后，“名”与“实”的关系就不再是问题了。相类似的，在西方哲学中也有“名”与“实”的关系问题，即近代西方哲学中“思”与“有”的问题。德国哲学家康德发现了“思”与“有”之间的“二律背反”问题。在康德之后，也是德国的哲学家黑格尔则发现了“思与有”的“二律背反”的普遍性问题；但黑格尔解决“二律背反”问题的方法，是让“思”即概念运动起来，最后黑格尔得到了“绝对理念”，使“思与有”的“二律背反”的普遍性问题得到所谓“逻辑与历史的一致”。而我们从老子那里明白，其实“思”并不等同于“有”。相比较而言，不客气地说，在这一点上，黑格尔的哲学可能还停留在我国古代“名家”的水平。

[5] 无，名天地之始：之前一般注解为：名，动词，命名、称呼。天地之始，天地形成的开端。用“无”来称呼天地形成的开端。这句话说的是天地形成之际的一种状态“无”。这个“无”并非空无一切，而是形容“道”生成宇宙万物过程中混沌一片、无以名状的一种特殊的状态。这样解读是有问题的，

由谁来命名、称呼？怎么命名、称呼？显然这句只是主观表述或描述而已。

[6] 有，名万物之母：之前一般注解为：有，可以叫做万物的根源。母，根本、根源。有，指天地形成以后，万物竞相生成的状况。古代中国人认为，先有天地的分化，然后才有万物的出现。“有”和“无”，是老子提出的两个重要概念，是对“道”的具体称呼，表明“道”生成宇宙万物的过程，即“道”由无形质向有形质转换的过程。这两个“名”字，也有这样句读的：“无名，天地之始；有名，万物之母。”意思相同。与前一句一样，这样解读是有问题的，仍然有一个由谁来命名、称呼、怎么命名、怎么称呼的问题，显然这句仍然只是主观表述或描述而已。

把前面 [5] [6] 两个注解联起来，就可以发现，“无”和“有”是老子提出的两个用来描述、命名、称呼天地万物的主观概念（注意：在老子的表述习惯中，这里的天地与万物是一个对举关系，相当于我们现在习称的客观事物），而不应该再理解成是对“道”的具体称呼。还有老子确实说过“道生之，德畜之”的话，但这句话没有所谓“道”生成宇宙万物的过程，即“道”由无形质向有形质转换的过程的意思。最后，由此而对这个“无”的解读，即并非空无一切，而是形容“道”生成宇宙万物过程中混沌一片、无以名状的一种特殊的状态。这里的问题是，既然是命名、称呼，那么这里的“无”“有”至多是人对天地万物的主观描述或称谓而已，而非客观的天地万物自身的存在状况，这只是老子的假设推论而已。

其实，正如老子对“道”的概念的界定一样，老子对“有无”的概念也是加以了界定的，而且以我的理解，老子不但在

第二章指出了“有无”概念的客观属性，甚至老子在这句之前有意或无意地省略了一句话，这句话就是“无可无，非常（恒）无；有可有，非常（恒）有”，由此而界定了“有无”概念有“可无”与“可有”的主观文字概念，还有“常（恒）无”与“非常（恒）有”的显示客观事物自身演变的客观概念。所以，这一句完整的表述其实应该是：“可无，名天地之始；可有，名万物之母。”

[7] 故常“无”，欲以观其妙：之前一般的注解是，所以经常在对“无”的体味中观照“道”的奥妙。问题是如果仍然“有无”理解为“道”，这句这样解读了，那之后的“两者同出”中的“出”就得解释为“道出于道”了，如此同义反复就没有意思了。所以，这里的“常无”或“恒无”应该是一种客观事物自身的变化状况。紧接着的“常有”或“恒有”，则是另一种客观事物自身的变化状况。这两种状况构成客观事物自身变化的基本状况，而“常无”或“恒无”“常有”或“恒有”就是老子提出的两个客观事物自身变化的核心概念，与主观的“可无”“可有”概念是完全不同的。

[8] 徼（jiào）：边界。具体说，就是客观的有的存在状况，同时又是客观的无的因素的积累过程，最后随着客观的无的因素的积累，原来客观之有的存在状况被打破。比如随着水温的不断增高，到了水温 100℃左右的时候，水的存在状况就被原来没有而随着水温增高的气化状况所打破。这里水温 100℃左右就是由原来之有的存在状况转化为无的边界。

[9] 玄：之前一般注解为老子学说中一个重要的概念，表示幽昧深远的意思。老子研究的是“道”，“道”的形而上性质决定了它的神秘幽昧、深不可测。其实这里指的是天地万物

变化的微妙。这里到了老子得出结论的时候，而我们还在说“道”的形而上性质决定了它的神秘幽昧、深不可测，实在很不恰当。

[10] 众妙之门：之前一般注解为一切变化的总门，也就是关于宇宙本原的门径。这里由于之前已经得出了天地万物变化的两种客观必然性，所以这里的“众妙之门”应该指的是我们观察和分析天地万物变化的途径和方法。借用黑格尔“历史与逻辑的一致”的话，之前客观事物演变的两种基本状态的“历史”已经清楚了，那么，这里的“众妙之门”应该就是“逻辑”，而绝不再仅仅指“道”而已，这已经是老子告诉我们他写作《道德经》的目的了。

【点评】

本章为《道德经》全书总纲，更确切的说是《道经》总纲，而《德经》则是《道经》的延伸而已。本章提出了对全书而言极为关键的概念以及由这些概念而形成的概念系统，进而再由这些概念系统而形成的思维体系。严格来说，老子在提出这些概念的同时，对这些概念就加以了区别。这些概念包括“道”“可道”“常（恒）道”，“名”“可名”“常（恒）名”，“无”“可无”“常（恒）无”，“有”“可有”“常（恒）有”。从老子的论述结论看，他所要论述的重点是“常（恒）道”“常（恒）名”及“常（恒）无”“常（恒）有”，亦即我们现在所说的“客观之道”“客观事物”及其“客观事物（天地万物）的有无演变”，其核心就是“客观之道”即“客观事物（天地万物）自身的有无演变”的客观必然性，也就是我们现在所称的“客观规律”“客观逻辑”或“自然辩证法”。与客观概念及其形成的系统相比，通过主观的语言概念及其形成的系统来描述或表述客观事物，说到底并不等同于客观事物本身，其只不过是一种虚拟和假设而已。本章开篇通过提出和区别概念，试图要回答和解决的问题是：什么是“客观之道”？“客观之道”的意义是什么？这相当于回答和解决了后世哲学上的本体论和认识论的问题。“玄之又玄，众妙之门”，这是我们观察和分析一切事物的方法和途径。相应的，《德经》则更多侧重和解决的是实践的部分。

为什么“常（恒）道”“常（恒）名”及“常（恒）无”“常（恒）有”都是老子提出的几个核心概念，在于老子在这一章行文之中有意或无意省略了一句话，这句话就是“无可无，非常（恒）无；有可有，非常（恒）有”。正是因为这句话，就可以明白老子不但提出了这几个核心概念，而且也界定清楚了这些概念，这一点是 2500 多年以来几乎所有的老子解读者没有留意和读懂的地方。

总之，历来无数的解读者，在解读作为全书总纲的第一章的时候，一开始就没有把老子清晰的概念和由这些概念所形成的哲学思维体系理出一个头绪来，也真难为他们后面究竟是怎么解读下去的。

第二章

天下皆知美之为美，斯恶已[1]；皆知善之为善，斯不善已。有无相生[2]，难易相成，长短相形[3]，高下相倾[4]，音声相和[5]，前后相随，恒也[6]。是以圣人[7]处[8]无为[9]之事，行不言之教[10]。万物作而弗始[11]，生而弗有，为而弗恃[12]，功成而弗居[13]。夫唯弗居，是以弗去[14]。

【注释】

[1] 天下皆知美之为美，斯恶已："已"有的版本作"矣"。天下的人都知道美之所以为美，那么丑就由此而产生了。恶，指丑。这是老子思想中的辩证观念，正因为有"美"的观念存在，就说明同时有"丑"的观念产生了，否则就无所谓美了，这是客观事物本身演变而存在的相反相因、对立统一的关系。

[2] 有无相生：之前一般的解读，此"有""无"与第一章中的"有""无"内涵不同，这里指的是自然界事物的存在或不存在。有的版本"有"字前面有"故"字。其实，此"有""无"与第一章中的"有""无"内涵并无不同，这还是由于不理解主观的"有无"与客观事物自身的"有无"演变的区别，所以这里不应该理解为自然界事物的存在或不存在，更准确的理解是自然界事物的存在或不存在状况的动态演变，而且这种客观事物自身的演变是"恒也"，即客观必然的。第二章可以看作老子为了界定"有无"概念，除了有"可无""可有"两个主观概念之外，还有与此不同的两个客观概念"常无"或"恒无"和"常有"或"恒有"。相比较而言，黑格尔《逻辑学》之中

也有作为其逻辑学或哲学起点的“有”与“无”的概念，但黑格尔也没有对此“有”与“无”的概念加以主观与客观属性区别的界定。由此而言，西方哲学就其根本上看，可能较为偏向主观一面。

[3] 形：帛书本作“刑”，为“形”的假借字，体现、显现的意思。

[4] 倾：通行的本子都作“倾”，甲乙帛书本均作“盈”。“高下相倾”指高、低互相对立而存在。

[5] 音声相和：乐器的音响和人的声音相应和。老子在这里说明了一切事物都是在相反的关系中体现相成的作用，它们相互对立，而又相互依赖和补充。

[6] 恒也：王弼本无此二字，此据帛书本补上。之前一般解读，恒，即永恒，这极不准确，应该解读为客观必然。

[7] 圣人：之前一般解读，这是道家最高的理想人物，但与儒家的“圣人”含义不同。道家的“圣人”不是道德修养的典范，更不是克制自己欲望（自然的人性）、一切遵循礼法的人；恰恰相反，道家所谓的“圣人”，是蔑视一切政教礼法，抛弃一切束缚心灵的教条、规则，以“虚静”“不争”为理想生活，追求心灵的自由，也就是心灵与自然合一的人，可见道家的理想与儒家的理想在主要方面是根本相反的。因此，《道德经》一书中的“圣人”概念，之前一般以“有‘道’的人”“得‘道’的人”或“有‘道’的圣人”翻译。这其实是对道家的极大误解，道家更多的是从遵循客观事物变化的必然性来考虑问题，道家追求的其实是比心灵与自然合一更高的境界，即以客观自然的必然性为心，做到排除一切主观的身心欲念的境界，这即是道家的圣人。所以，老子说“大患有身”就是这个意思，

而未必有蔑视一切政教礼法，抛弃一切束缚心灵的教条、规则的意思。

[8] 处：帛书本作“居”，处世行事的意思。

[9] 无为：这是老子所使用的特定概念。之前一般解读，老子的“无为”，并非什么事也不做，而是不做那些违背本性、背离自然意志、束缚心灵、异化人性的事，譬如儒家所追求的礼制，又譬如世人所热衷的功名利禄，在老子看来都是违反自然人性的东西，都是使人异化的东西，老子的“无为”，实际上就是不妄为，而顺其自然而为的意思。这其实只说对了一半，老子并没有反对人们追求功名利禄的意思，只是老子主张要在遵循客观事物必然性的基础上去追求功名利禄，功名利禄只是在遵循客观事物必然性之后水到渠成的事情。这个世上有那么多的人都在追求功名利禄，有些人成功了，更多的人失败了，其本质区别就在“大成靠德”，而这“德”就是在遵循客观必然性的基础上去为人处事。“无为”不但是老子和道家所提倡的生活态度，也是老子的一个哲学观，被他运用于人类生活的一切领域，如政治上的无为而治等。

[10] 行不言之教：之前一般解读，不言，就是不发号施令、不滥用政令的意思。行不言之教，即实行“不言”的教导，即要求统治者不要硬去发布许多不符合自然规律的教令，强制实现自己的主观意志。其实更准确的解读是，言即主观的言行，引申为不要硬去发布许多不符合现实社会状况的教令，强制实现自己的主观意志。这里并没有反对一切施令、政令、教令的意思，而是主张在遵循客观现实基础上的发布。“行不言之教”与“处无为之事”是同一种意思，都是希望统治者能“无为而治”、遵循客观现实有序演变的法则。

[11] 万物作而弗始：王弼本作“万物作焉而不辞”。此据帛书本（“万物作而弗始也”）和张松如《老子校读》改。始、辞，都读作“司”，主宰的意思。万物作而弗始，（圣人）依循万物生长发展而不强为主宰。

[12] 生而弗有，为而弗恃：此两句中的“弗”王弼本作“不”，今从帛书本。有，占有，据为己有；恃，自恃（有能耐）。生而弗有，指“圣人”生养万物而不据为己有。为而弗恃，指“圣人”依循了万物演变发展而不自恃有能耐，

[13] 居：居功、自我夸耀。

[14] 是以弗去：以，因为；是，指示代词，这。是以，即以是的倒装，因此之意。弗去，指“圣人”的功绩不会消失。

【点评】

本章含两层意思：一是“恒也”，即任何事物都有其本身有无演变的客观必然性；二是能够遵循客观必然性去做事为人的，即是圣人。老子非常看重和强调“无为”“不言”“不辞”“不有”“弗恃”“弗居”，但其前提就是遵循客观必然性从而依循客观事物自身的演变发展。

第三章

不尚贤[1]，使民不争[2]；不贵难得之货[3]，使民不为盗；不见可欲[4]，使民心不乱。是以圣人之治也，虚其心[5]，实其腹[6]，弱其志[7]，强其骨。常使民无知无欲也。使夫智者不敢为也。为无为[8]，则无不治。

【注释】

[1] 不尚贤：之前一般解读，尚，崇尚、看重，贤，有才能的人。“尚贤”帛书本作“上贤”。崇尚贤才、举贤用能，本是先秦诸子共同的主张,也是战国时期一种强盛的用人风气，老子虽无否定贤才的意思，但却一反当时的风尚，主张“不尚贤”，这是因为他认为“尚贤”容易造成人们追求名利。使用有才干的人固然是好事，但“尚贤”之风使这些贤才得到特殊的权势地位，就挑动起人们追逐的欲望，从而扰乱了人们的自然本性。其实问题在于老子对“贤才”的定义有不同于一般人的认识，老子认为只有遵循客观事物必然性而为人处事的人才是“贤才”，那些不择手段地争权夺利的人，即使暂时胜出也不可能是“贤才”,这些人最后只会把整个社会风气带坏。所以，老子说“不尚贤”的同时，他真正表达的是让人们“要尚道”。

[2] 不争：之前一般解读，不争功名利禄、权势地位，老子认为“尚贤”是鼓励人们抛弃本心、追求功利的因素，因此不尚贤，不专门给予有才能的人特殊好处，人们便不会萌生争求功名利禄的心思。其实老子一点也没有反对人们事业成功、天下大治的意思，老子想强调的是那些所谓事业成功、天下大治只是表象，而其本质在于遵循客观之道，不妄为、不折腾。

在老子看来，他主张的“不争”是更高层次的“争”，而“夫唯不争，故天下莫能与之争”。

[3] 不贵难得之货：之前一般解读，不以难得之货为贵，即不珍视稀罕的器物。其实老子并没有提倡穷才是光荣的意思，老子认为难得之货就是难得之货，只有让这些难得之货不再稀罕，使之不贵，这才是解决所有问题的根本方法，包括盗的问题也一样要从根源上去解决。

[4] 不见可欲，使民心不乱：之前一般的解读，见同“现”，显示、显耀的意思；可欲，指能诱发人贪欲的东西。不见可欲，即不显耀那些能够诱发人贪欲的东西。老子认为人性本来是纯朴自然的，是人类社会日盛一日发展起来的各种“可欲”的事情把人心扰乱了，使人们滋生了争抢名利、盗取财物、心旌惑乱的心理。其实这一句与前面两句构成了排比关系，所以语意应该是一贯的，甚至有所递进。前面两句角度比较具体，这一句比较笼统，“可欲”涉及的范围更广更大。前面是不以……为尚、不以……为贵，那么这里的“不见”应该是“不以……为见”的意思。这句联起来的意思就是，要使那些可以满足人们的各种欲望及显耀价值的东西普遍化，不再因为难得而乱了人们的心智，从而在根本上消除了民心扰乱或惑乱的原因。在老子看来正是由于“可欲”才使人类社会日盛一日发展起来，“不见”与“不贵”是对举，意思一样。用现在流行的语言说，就是要使人民群众对美好生活的追求不再是难事。

[5] 虚其心：之前一般解读，虚其心，简化人民的头脑。其实应该是排除个人主观的私心杂念，消除不切实际的欲望，即达到忘我之境，从而才有可能做到遵循客观实际。

[6] 实其腹：之前一般解读，实其腹，就是腹中饱足，只知饱食暖衣，除此之外，不生一点杂念。其实这里的“腹”是

与前面的“心”相对的概念，“心”是欲望，是无限的，不切实际的，因而需要排除；而“腹”则是现实的，基础性的，也是有限的。这句话的意思是，治国要从解决空腹的问题开始做起，引申意思就是，治国要从解决基础性的那些问题做起。

[7] 弱其志：之前一般解读，削弱他们的意志。其实应该是排除个人主观的争强好胜之志，即做到敬畏自然、敬畏社会之后，才有谈个人意志的价值。

[8] 为无为：前一个“为”字，做、实行之意；“无为”，就是不主观妄为。为无为，以不主观妄为的态度，亦即以符合客观现实状况的态度去治理国家。

【点评】

本章历来被人误解极深，以为老子提倡无知无欲、小国寡民，甚至极端愚民，这都是因为忘了前面两章老子所有的立论前提都建立在尊重客观现实、遵循客观必然性之上。就现实性而言，“贤”“难得之货”“可欲”甚至“民心”都不是固定不变的。表面看，老子提倡“不尚贤，使民不争（贤）”，那么，其中就隐含着老子实质上在提倡什么了。

“不争”其实也是一种“争”，而且是一种更高层次、更为本质之争，“夫唯不争，故天下莫能与之争”，之后的虚、实，强、弱也是一样的道理；而在客观现实面前，那些所谓的“智者”其实未必就是智的。回过头去看，圣人之治，无非就是面对客观现实状况而不妄为、不折腾。

第四章

道冲[1]，而用之或不盈[2]。渊兮，似万物之宗。挫其锐，解其纷，和其光，同其尘[3]。湛兮[4]，似或存。吾不知谁之子，象帝之先[5]。

【注释】

[1] 道冲：冲，古字为“盅”，傅奕本作“盅”。《说文》的解释是“器虚也”，这里冲引申为虚。道冲，指道是虚空而没有形体的。这是老子的基本观点，这个“道”是宇宙万物本身演变的根本，但它本身却是“视之不可见，听之不可闻”的，无形、无象、不可捉摸，因此老子用表示虚空的“冲”来形容它。

[2] 用之或不盈：用之，指宇宙万物都在遵循“道”（宇宙万物靠它生成、运动和变化）。或，语气词，用于否定句中加强否定的意义。盈，穷尽的意思。用之或不盈，指“道”的作用是不可穷尽的。老子认为，“道”是一个客观的存在，它不断地生养着万物，在万物的运动中体现自己的存在，但万物有生有灭，“道”却不会有“量”的减少，因此，永远不会有穷竭的时候。

[3] 挫其锐，解其纷，和其光，同其尘：此四句又见于五十六章，因而不少人怀疑是五十六章错简重出，马叙伦《老子校诂》、高亨《老子注译》、陈鼓应《老子注译及评介》均持此说。此句中，“其”字一般解读为“道”，其实解读错了，应该解读为“天地万物”。挫其锐，解其纷，和其光，同其尘：道能把本来锋芒的事物磨去其锋芒，把本来有纠纷的事物消除

其纠纷，把本来含蓄着光耀的事物变得暗淡无光，把本来鲜活的事物最后混同于尘垢。这几句话揭示了客观之道规定了客观事物的演变总是走向其反面的本质。

[4] 湛兮：湛，深、沉，形容“道”无形无象、深透难测的状态。

[5] 象帝之先：象，好像、好似；帝，天帝。好像在天帝之前就出现了。老子从不认为上天、上帝是万物的始祖，天和地不过就是天空和大地，假如有所谓天帝存在的话，也毫不例外是“道”的产物。这是老子哲学体系不同于先秦其他诸子的地方。

【点评】

本章有两层意思：一是客观之道的运用，好似虚空却怎么也运用不尽；二是客观之道是天地万物的总纲，与天地万物的变化相伴始终，由此甚至可以说客观之道是造物主的祖先。

总之，道无处不在，但道又不是由谁来外加的。这样一种自古而来的哲学思维，可能也是我国历史上没有形成纯粹意义的宗教的原因。

第五章

天地不仁[1]，以万物为刍狗[2]；圣人不仁，以百姓为刍狗。天地之间，其犹橐籥[3]乎？虚而不屈[4]，动而愈出。多言数穷[5]，不如守中[6]。

【注释】

[1] 天地不仁：之前一般解读，仁即儒家所谓的爱，就是爱护人与万物的仁慈、仁爱等爱心的表现。“天地不仁”，是说天地是在无心无意、无欲无为状态下，化生养育万物的仁善之德。天地本无心，以无心生养万物，不声不息，施恩无遗，为而不恃，生而不占有，为而不图报。其实，这样解读，还是把老子之“仁”与儒家之“仁”相提并论了。如果结合三十八章的“上仁”说法，再结合本章下一句的“刍狗”所包含的祭祀时该庄重就庄重、祭祀完了该扔掉就扔掉的两方面意义看，那么“天地不仁”完整的表述应该也有两个方面，即“天地无所谓仁不仁”。由此可知，如果老子也有“仁”的话，是与儒家之“仁”不一样的，老子之仁是不脱离客观现实的。在老子看来，如果脱离了客观现实这个基础，那么提倡“仁”“义”及“礼”之类，不过是借“道”之名而已，其实都是“道之华”，这些在评点三十八章时还要具体说。老子说天地不仁，其真正的用意在于表明天道是无私的，天地间的一切事物，都是依照自然的法则运行着，离开了客观事物本身这个现实基础，那么所提倡的“仁”就很可能是主观虚伪的。

[2] 刍狗：用草扎成的狗，供祭祀时用。人们把草做成刍狗时，并不对它有什么偏爱或重视，祭祀时该庄重就庄重，祭

祀完了该扔掉就扔掉，也不是恨它或轻视它。天地以万物为刍狗，是说天地对万物无所私爱，而任其自然生成或毁灭。就这个意义讲，联系前半句，那么完整的句子就应该是“天地无仁不仁，以万物为刍狗”。下句圣人不仁，也是指圣人对人民无所谓爱与不爱，而任其本身自作自息。

[3] 橐籥（tuó yuè）：风箱。

[4] 屈（jué）：竭、尽。

[5] 多言数穷：帛书本作“多闻数穷”。数为速的假借字；穷，碰壁、行不通。这句的意思是统治者政令烦苛，只会造成不遵循事物演变的客观必然性，从而陷入穷困之途，甚至加速败亡。这里的“多言”与二章的“不言”恰成对比。

[6] 守中：守“冲”，保持虚静的意思。也可以理解为“中”通“衷”，即主观的内心的诸多想法。这是老子“处无为之事”思想的又一阐述。

【点评】

本章也是两层意思：一是天地，二是社会。就天地对待万物而言，无所谓仁爱与不仁爱，否则万物就不可能既有圣吉的一面，又有废弃的一面；就社会而言，合格的统治者对待百姓也无所谓仁爱与不仁爱，否则百姓也不可能既有该被统治的一面，又有该被放任的一面。由天地到社会的推论，老子提出了其独特的“仁”的观念，只有在承认客观现实的“不仁”，即客观必然性是无所谓“仁”与“不仁”的基础上，再来谈“仁”才是有意义的。

总的来说，就如风箱一样，正是因为有空虚的一面，使用起来才有实实在在无穷无尽的风。所以，空谈太多的“仁”，只会使事情变糟，还不如保持内心的虚静。最后，老子非常巧妙地否定了所谓的“仁”，重新回到他所主张的遵循道和依循客观现实中来。如果有“仁”，还“不如守中”。

第六章

谷神[1]不死[2]，是[3]谓玄牝[4]。玄牝之门[5]，是谓天地根。绵绵若存[6]，用之不勤[7]。

【注释】

[1] 谷神：谷，生养的意思；神，在此不是指有人格的天神，而是指“道”这种无形的神奇性。由于“道”能够生养天地万物，但又没有形体、深妙难识，故老子称它为谷神。

[2] 不死：客观存在而不会消亡。

[3] 是：指示代词，这。

[4] 玄牝：之前一般解读，玄，指形而上的存在，故又用来形容事物微妙难知、幽深不测的状态；牝（pìn），一切动物的雌性生殖器官。玄牝，形容“道”具有不可思议的生殖力，它创造了世间的万物，但它的生殖过程却没有一丝痕迹可以寻找。其实在老子的思维体系中，通过第一章的论述，“玄”的意义已经是明确的，指的是客观事物的两种基本的动态演变状况；而“玄牝”其实是“玄牝之门”的省略，为的是与下句构成顶真关系。

[5] 玄牝之门，是谓天地根：之前一般解读，幽微不测的母性之门，即雌性的生殖器官，这里指生育万物的“道”。其实“牝之门”就是“牝门”，“之”字反而成了赘字，因此这句似是“玄之牝门”的变形，所以这一句的意思就是：一切事物的变化总可以找到如母性之门那样的根源，这可以说就是天地万物的本源。

[6] 绵绵若存：帛书本作“绵绵呵其若存”。绵绵，即冥冥，形容无形、不可见的样子。绵绵若存，形容“道”的渺渺冥冥，好像存在但又看不见、摸不着。

[7] 勤：帛书本作“堇”。尽、穷竭。

【点评】

这一章紧承前一章，老子继续阐述“道”的客观存在而不会消亡的特点。这一章的重点可能在于，我们可以根据“道”的这一特点，从根源上找到分析和解决客观事物或问题的方法和途径，这就是所谓“绵绵若存，用之不勤”。这一章其实只要把标点和省略弄清楚了，论述脉络和意思也就清楚了。

以下是我对这一章的标点和省略改动的尝试：谷神不死，是谓玄之牝门；玄之牝门，是谓天地根。绵绵若存，用之不勤。

第七章

天长地久。天地所以能长且久者[1]，以其不自生[2]，故能长生[3]。是以圣人后其身而身先[4]，外其身而身存[5]。非[6]以其无私邪？故能成其私[7]。

【注释】

[1] 所以能长且久者：能够长久存在的原因。

[2] 以其不自生：以，因为；其，代词，它的、它们的，指天地；自生，经营自己的生存、注重自己的生存。这句话是说天地的运行、存在，不是为了使自己的生存开始的。

[3] 长生：长久存在。

[4] 后其身而身先：从把考虑自身放在后面开始做起，结果反而自己能占先，得到别人的爱戴。老子以天地的运作不为用来比喻圣人的不怀私欲，不以自己的利害优先考虑，而结果反而使他赢得尊重，成就了自己的理想。

[5] 外其身而身存：把自身置之度外，反而能生存下来。外，与上句的“后”，都用作动词。

[6] 非：帛书本作“不”。

[7] 成其私：私，指个人的目的、理想等。成其私，即成就自己的目的。老子认为天地不为自己的存在而运行，圣人不因自己的主观私欲而行事，唯其如此“无目的”，最后才达到、实现目的，这也就是“无为而无不为”。整句意思是，圣人知道应该从无私开始做起，最后才能达到自己的目的，而“成其私”。

【点评】

这一章由天道而推论人道，目的仍然落在对道的运用上。老子一向认为要遵循客观现实及其必然性，才是走向成功的必由之途。而圣人之所以能够成为圣人，就是因为他们消除了“大患有身”的问题；但是，说到底圣人也是有身的，只不过圣人能够做到身在成事之后，甚至置身事外。

第八章

上善若水[1]。水善利[2]万物而不争，处众人之所恶[3]，故几于道[4]。居善地[5]，心善渊[6]，与[7]善仁[8]，言善信[9]，政善治[10]，事善能[11]，动善时[12]。夫唯不争，故无尤[13]。

【注释】

[1] 上善若水：上善，最好的善、第一流的善；若水，像水一样。由于水具有甘处低下地位（水往低处流），柔和、宁静、滋润万物而又不与万物竞争的性质，所以被老子大加赞赏，并且以水性比喻人性善的最高品格。

[2] 善利：善于利物，即善于滋润万物。

[3] 处众人之所恶：处，处在、居于。众人之所恶，众人厌恶的地方，指低下的地位。

[4] 几于道：几，近，与……相似，几于道，（水由于有柔和、利万物而不争等特性，所以）最接近“道”（“道”的特点就是虚静守柔、作而弗有、为而弗恃）。由此可见，老子心目中水的地位是极高的。

[5] 居善地：（最高的善人）居住要（像水那样）善于选择（低下的）地方。以下都是老子以水的品性为比譬，劝导人们（尤其是统治者）如何行事的话。

[6] 心善渊：渊，深的意思，在此形容心境深沉宁静。

[7] 与：交友、待人。

[8] 仁：帛书本作“人”。

[9] 信：信实、真诚。

[10] 政善治：“政”，王弼本作“正”，正与政是相通的，为政的意思。为政要善于契合现实社会状况。

[11] 事善能：做事要善于发挥特长。

[12] 动善时：行动要善于把握住时机。

[13] 夫唯不争，故无尤：尤，过失、错误。不争，不主观妄为。正因为（上善之人像水那样）契合客观现实而不主观妄为，所以才没有过失。

【点评】

这一章还是由天道推论人道，目的仍然落在对道的运用上。由于水的特点“几于道”，所以这一章谈对道的运用无非就是依据水的特点去做而已，老子把对道的运用讲得更为具体化了。

这一章还有另外一个比较有意思的问题，就是不同的版本问题。这里综述如下：《道德经》通行本第八章：“上善若水，水善利万物而不争。处众人之所恶，故几于道。居善地，心善渊，与善仁，言善信，政善治，事善能，动善时。夫唯不争，故无尤。”《道德经》帛书本第八章：“上善似水，水善利万物而有静。居众人之所恶，故几于道矣。居善地，心善渊，予善天，言善信，政善治，事善能，动善时。夫唯不争，故无尤。”

这一章的两个版本之间主要有两处差别，其一：“水善利万物而不争”与“水善利万物而有静”；其二：“与善仁”与“予善天”。

第一处差别其实无关紧要，因为不管是“不争”，还是“有静”，都符合老子的一贯思想。不过结合上下文来看，帛书版的“有静”放在这里要更合适一些。其一：“争”是动态的，“静”即为不争；然而此“不争”却又并非不能争，一旦发动起来则“天下无人能与之争”，所以“静”要更加符合水的特性。其二：“争”是偏于主观的，用来形容客观的“水”也似有不妥。

第二处差别影响就比较大了。“与善仁”，一般而言《道德经》全文极少对“仁”持肯定态度，多处说到“仁”的时候总是“失道而后德，失德而后仁”，“大道废，有仁义”，“天地不仁”等，都是认为“仁”不合天道。还有《庄子》中对老子谈仁的描述也是“夫仁义憯然，乃愤吾心，乱莫大焉”，所以此处的“与善仁”，极不合老子的一贯思想。

相比于帛书版，原来此处不是“与善仁”，而是“予善天”！为了把“仁”字强行窜入进来，这个后起的改动者可谓用心良苦。首先“予”字被改为“与”，同音不同字，从“给予”变成了“交往、待人”之意。与人相交才谈得上“仁”，不然如果是“予善仁”的话就说不通。仁者爱人，而非仁者予人，又有何善可陈呢？能无私予人的，唯有上天，所谓“天道无亲，恒予善人”。所以，也有几个版本此处写的是“予善人”，然而这样的话，却又与其他几处的“善”字意义完全相异了，故流行不广；然后就是把“天”改为了“仁”。“天”的特性是什么？老子在第七十七章提到：“天之道，其犹张弓与？高者抑之，下者举之；有余者损之，不足者补之。故天之道，损有余而补不足。”

天是怎么予人的呢？有多的就损去，有少的就补足，也就是“损有余而补不足”，使事物之间达到动态平衡的状况。这才是此处“予善天”的意义：像天一样“损有余而补不足”的去“予人”，方可谓之“善”。所以老子又说：“孰能有余以奉天下，唯有道者。”前后文承接，语义畅通无碍。而强行把

“予善天”改为“与善人”，可以说与老子之意完全相左了。

《庄子》中曾有记载：孔子拜见老子大谈仁义，说仁义才是人的本性，中正且和外物，兼爱且无偏私，这就是仁义。老子却说，性情迁移才需要强调兼爱，自私太甚才需要强调无私。天地原本就有自己的运行规律，所谓“天地不仁，以万物为刍狗”。天地是无所谓“仁”或“不仁”的，不能以自然的状态行事，不能顺应着规律去进取，却如此急切地标榜仁义，这才是扰乱了人的本性啊！

第九章

持而盈之[1]，不如其已[2]。揣而锐之[3]，不可长保[4]。金玉满堂[5],莫之能守[6]；富贵而骄，自遗其咎[7]。功遂身退[8]，天之道[9]。

【注释】

[1] 持而盈之：帛书本作“植而盈之”。持，拿、端等意思；盈之，使之满。持而盈之，意思是手里拿着一容器，尽力想使里面的水盛满了。

[2] 已：停止。一旦水盛满了，不好的事情、水满则溢的事情就要发生了，所以，这样的事情还不如停下来的好。

[3] 揣而锐之：揣（zhuī），锤打的意思。锐之，使之锐，即使它又尖又利。

[4] 不可长保：不能够长久保持（它的锋利）。

[5] 金玉满堂：帛书本作“金玉盈室”。

[6] 莫之能守：没有能守得住的。

[7] 自遗其咎：咎，灾祸。自己留下祸根。遗，若解为赠送，这时当读为 wèi，自遗其咎就是自己招灾的意思，皆通。

[8] 功遂身退：遂，完成，功成业就，应当退位收敛。身退，可指从现有的职位上退出，亦可指收敛其锋芒。老子在这一章提出了适可而止的忠告。一般人的心理是知进不知退，尤其是当名利正盛之时，更是趋之若骛。老子以一系列生活中的现象作比喻，揭示出了知进不知退、善争而不善让的祸害。“功遂身退”指老子要求人在完成功业之后，不自恃，不据有，如果

成功之后“有身”了，主观的、私利的考虑就多了，就有可能不再遵循“天之道”了。这里的“身退”，并非要人做隐士。

[9] 天之道：道，在这里指一种普遍规律。天之道，即客观事物本身的演变规律。

【点评】

这一章继续就道的运用展开论述，老子以一系列生活中的现象作比喻，说出了知进不知退、善争而不善让的祸害。这里要注意的是，老子并没有反对诸如持而盈、揣而锐、金玉满堂等成功，而是告诫人们切忌“富贵而骄，自遗其咎”，因为随着成功还有事物走向反面的必然性的一面。

第十章

载[1]营魄[2]抱一[3]，能无离乎？专气[4]致柔，能如婴儿乎[5]？涤[6]除玄览[7]，能无疵乎？爱民治国，能无为乎？天门[8]开阖[9]，能为雌乎[10]？明白四达，能无知乎[11]？生之畜之，生而不有，力而不恃，长而不宰，是谓“玄德”[12]。

【注释】

[1] 载：语气助词，相当于“夫”。

[2] 营魄：魂魄。

[3] 抱一：合一。指魂和魄即精神和身体合而为一。这个“一”就是“道”（老子常用“一”指“道”），抱一即精神与体魄统一于“道”上面，使二者达到和谐的状况。

[4] 专（tuán）气：专，集中而不分散。气，精气，指生命的活力。专气，就是集中精气、排除杂念。这是一种宁静柔顺的状态。

[5] 能如婴儿乎：王弼本、帛书本皆作“能婴儿乎”，今从傅奕本。婴儿，这是老子经常使用的一个概念（或形象），指当人心灵处于自然柔顺、平和宁静的状态时，像婴儿一般真纯。“能如婴儿”，更准确的理解是，已经是成年人而能保有如婴儿那样，没有超越自身能力的主观妄为，这正是老子所追求的自然真朴的境界。

[6] 涤：洗涤。“涤”帛书本作“修”。

[7] 玄览：帛书乙本“览”作“监”，即鉴，就是镜子。玄，一般解读指形而上的、微妙难识的，这里仍然应该指客观

事物的两种基本的演变状况。玄览意指如镜子照鉴外物那样本真。老子有时将人的心灵视为“玄鉴”，认为心灵应该像镜子那样，能客观地洞察世事，但关键是要涤除私心杂念，不失本真，“能无疵”。

[8] 天门：有几解，第一解指目、耳、口、鼻这些上天赋予身体的自然门户，第二解指天地间的自然规律，第三解指政治上治乱兴废产生的地方。今从第一解，即指人体感官。

[9] 开阖：动静。即感官进行视、听、嗅、言、食等生命活动的动作。

[10] 能为雌乎：有的本子将“为”写作“无”。为雌即守雌，直译是像雌性生殖器那样保持安静柔弱。“无”与此相反，不符合老子“柔弱”“谦下”的基本思想，故可断定“无”是误写。老子所提之雌，还经常与“雄”并提，所谓“知雄守雌”，其实是“知雄则守雌”或“知守雌则雄”的意思，其本质是要达到雄强的目标，应该坚持像雌的那样柔弱处下做起。这其实已经是有关“遵道”之后如何“贵德”的问题了。只是历来极少有人理解老子之“德”，更不知“常德”“玄德”为何的缘故。

[11] 明白四达，能无知乎？知：王弼本作“为”，河上公本及多种古本皆作“知”。知同智，心机、智慧的意思。明白四达就个人品行而言，当然是难能可贵的，但当面对客观事物的时候，能做到像无知者那样直面本真吗？

[12] 生之畜之……：一般解读认为，这句与上面的文意不相关联，又重见于五十一章，故可能是错简重出。其实前后语句与语意都是紧密相连的，就客观事物而言，无论是“生之畜之”，还是“为之长之”，都应该看作是客观事物发展变化的必然性在起着决定性作用，人们应该抱着“不有”“不恃”“不

宰”的态度，这种态度是谓“玄德”。“玄德”不是一般解读的那样所谓最深远的“德”，而是能够顺应客观事物演变发展来为人处世的那种微妙而又不轻易显现，因而不被人理解的品德。

【点评】

这一章老子好似换了一个角度，开始谈“德”的问题了，其实不然。“德”的问题只是稍有涉及而已，重点还是在谈怎么做才是合乎“道”的问题，关键是做到“抱一”“无离”，这是主要之点。

这一章里，老子用了一连串的排比和比喻句式，要求人们排除私心杂念，做到本真客观，即使事情做成功了，那也是客观必然性在起着决定性的作用，人们应该抱着“不有”“不恃”“不宰”的态度，这种态度如果一定要给个说法，大概就是“玄德”吧，这是次要之点。

第十一章

三十辐，共一毂[1]，当其无，有车之用[2]。埏埴以为器[3]，当其无[4]，有器之用。凿户牖[5]以为室，当其无，有室之用。故有之以为利，无之以为用[6]。

【注释】

[1] 三十辐，共一毂（gǔ）：辐，车轮上连接轴心和轮圈的木条；毂，车轮中心的圆孔，车轴从当中穿过。古代的车轮由三十根辐条所构成。

[2] 当其无，有车之用：无，指车毂中虚空的部分。正因为有了车毂中虚空的部分（车轴才能在里面转动），才使车具有了运载作用。

[3] 埏埴（shān zhí）以为器：埏，和、揉；埴，黏土。揉捏黏土做成器皿。

[4] 当其无：无，指器皿中心空的地方。正因为有了器皿中空的地方（才使器皿具有了盛东西的用途）。

[5] 户牖（yǒu）：门窗。

[6] 有之以为利，无之以为用：有，指客观事物的存在实体（如车、房屋、器皿等）；无，中空的地方。“有”给人以便利，“无”便发挥出它的作用。这是老子客观辩证思想的具体阐述。就客观存在的事物而言，必然是“有”和“无”的辩证统一，现象界的一切都是“有”和“无”的统一。正是因为有了车毂中空的地方供轴转动，车才得以行驶；正因为器皿中间有很大一块虚空的地方，才得以盛物；而如果房屋没有四壁

门窗之间的空间，就无法供人居住，所以这就是“无之以为用”。车、器皿、房屋这些实体都给人带来便利，这就是“有之以为利”。

【点评】

这一章里有几点被历来的解读者误解或理解不到位。其一，这里的“有”“无”也是“恒也”，即也是客观存在的，是就客观事物存在状况而言的，并非如黑格尔那样是一种“纯有”“纯无”的理念；其二，老子在第一章提出和强调的“有”“无”，一方面是“恒也”，即也是就客观事物存在状况而言的，另外一方面则侧重于客观事物发展变化的状况，即“天下万物生于有，有生于无”的“有无相生（灭）”；其三，老子在这里举例具体阐述“有”“无”的既有客观事物存在状况含义，与第一章提出“有”“无”概念又有侧重于客观事物发展变化的状况的含义，这样既完善了概念含义，同时也使“玄之又玄，众妙之门”有了更明确的可操作性。

我们可以举历史上有名的“围魏救赵”为例。当时魏将庞涓指挥大军包围了赵国的都城邯郸，赵国向齐国求援，齐国任命田忌为将、孙膑为军师，率军八万前往救援。就当时战场存在的客观状况而言，魏、赵两国大军纠缠于赵国，这样就出现了一种客观的“有”“无”存在状况，即魏、赵两国大军纠缠于赵国构成了“实（有）”，而魏国国内构成了“虚（无）”。

田忌本来打算带领军队直接去赵国与魏军作战，孙膑认为，魏国的精兵都在攻打赵国，国内空虚，主张采取避实击虚的灵活战术，向魏国的国都大梁（今河南开封）进军，造成兵临城下，大军压境之势。田忌采纳了孙膑的计谋，率军进攻魏国。这是孙膑分析当时战场“虚”“实”客观存在状况之后，进一步分析判断这种“虚”“实”客观存在状况如何演变发展而更有利于自己。

庞涓得知消息非常着急，丢掉粮草辎重，星夜从赵国撤军回国。孙膑预先在魏军回国的必经之地桂陵（今山东菏泽）设下埋伏，当庞涓率领长途跋涉、疲惫不堪的魏军经过时，齐军突然出击，大败魏军。在战史上，把这种作战方法叫作“围魏救赵”。从此，孙膑名扬天下，世间争相传诵他的兵法。

这里的“虚”与“实”就是老子的“有”与“无”。

第十二章

五色[1]令人目盲[2]，五音[3]令人耳聋[4]，五味[5]令人口爽[6]，驰骋畋猎[7]令人心发狂[8]，难得之货令人行妨[9]。是以圣人为腹不为目[10]，故去彼取此[11]。

【注释】

[1] 五色：青、赤、黄、白、黑叫五色，此指缤纷的色彩。

[2] 目盲：比喻眼花缭乱。

[3] 五音：我国古代音乐的五个音阶，即宫、商、角（jué）、徵（zhǐ）、羽。这里代指纷繁的音乐。

[4] 耳聋：比喻听觉不灵。

[5] 五味：酸、苦、甘、辛、咸。这里代指丰美的食物。

[6] 口爽：爽，伤。口爽，一种口病，这里比喻味觉差失。

[7] 驰骋畋猎：驰骋，马奔跑；畋猎，即围猎。意即纵情玩乐。

[8] 令人心发狂：使人内心放荡而不可抑止。

[9] 行妨：妨，害，伤；行妨，破坏人的操行。老子在这里指出了物欲对人性的损害，提出正常的生活应当是“为腹不为目”，但求安饱，不纵情于声色之娱。

[10] 为腹不为目：一说只为吃饱肚子，不求声色娱乐；一说腹指人的内在自我，目指外在的形象或感觉世界，皆通。但老子的表述重点落在圣人所为与一般人的所为不同，圣人为“腹”，因为“腹”是自身的也是有限的更是客观的，而一般人为“目”却是外在的无限的更是主观随意的，为“腹”即倾

向于内在的宁静恬淡的生活，是万物为我所用；为“目”，即追逐外在的贪欲的生活，是我为万物所累。更深层的意思是，凡做事情应该先从客观的基础的容易做好的地方做起，否则好高骛远，就会不顾客观实际而主观妄为，最后招致失败。

[11] 去彼取此：摈弃物欲的诱惑，注重客观实际，从基础的容易的地方开始做起。

【点评】

这一章老子仍然用了连串的“令人”构成排比句式，描述了一般人所追求的无非是身心之外的物欲满足，最后就可能走向追求的反面，人被物所累而失去了人的本身，从而与圣人所为形成鲜明的对比。圣人为“腹”，更倾向于追求基础的容易做到的事情，不会滑向不顾客观实际而主观妄为，从而招致失败的深渊。这里为“目”，是指被外在的无限的欲望所诱惑；为“腹”指注重实际，不好高骛远，凡事从基础的容易的地方做起。这也许是老子对历史经验的一个总结，圣人之所以为圣人，区别于一般人的地方，就在于圣人保持了内心的宁静本真，绝不主观妄为。

第十三章

宠辱若惊[1]，贵大患若身[2]。何谓宠辱若惊？宠为下[3]，得之若惊，失之若惊，是谓宠辱若惊。何谓贵大患若身？吾所以有大患者，为吾有身，及吾无身，吾有何患[4]？故贵以身为天下，若可寄天下[5]；爱以身为天下，若可托天下[6]。

【注释】

[1] 宠辱若惊：若，相当于乃，副词，于是的意思。受宠或受辱，就感到惊喜或惊恐。其实，这只是字面的意思，背后的意思是讲这种人更多考虑的是自身的利益荣辱，而极少考虑是否尊道贵德把事情做好做成功。如果把考虑的两方面调换一下，那就是宠辱不惊了，而这才是老子真正要说的意思。

[2] 贵大患若身：贵，以……为贵，重视；大患，大的祸患。之前一般理解为重视身体好像重视大患一样。其实，这一句这样解读，还有一些其他解读者对这一句的解读，基本上都是错的，尤其是把几乎能够看到的解读，放到这一章的语境之中，都是难以解释通的。那么这一句应该怎么理解呢？我们已经解释了上一句，字面是“宠辱若惊”，这样的表现显然不是老子想要的，老子接着对这一句的再次解释可以更明白地看出这一点，所以，就此可以断定老子真正要表达的是“宠辱不惊”。接着看这一句“贵大患若身”，相比较之下，多了一个“贵”字，所以先要把这个“贵”字放一边去。那么，留下的“大患若身”是什么意思呢？对照“宠辱若惊”字面意思，就可以相应地理解为，一旦大患临头就考虑身家性命的问题，再加一“贵”

字，还特别看重这一点，这其实相当于后世的“明哲保身”，只是这同样不是老子想要的。相比于“宠辱不惊”，把“贵”字加上理解，那么背后的意思就出来了：忍辱负重、不考虑身家性命的问题，这才是“可贵”的。后面对这一句的解释，恰恰也证明了这一点。所以，这一句可能更准确的理解是，那些大患临头仍能够忍辱负重、不考虑身家性命的，才是更可贵的。老子认为，无论是得宠或受辱，都是由于得失而导致的，而其背后的本质问题则是遵道贵德。一般人正是由于考虑得失宠辱之类身外之物多了，而极少考虑尊道贵德，于是各种奇葩事情就产生了。

[3] 宠为下：这一句有的版本是“宠之为下也”，得宠并不光荣，而是卑下的。

[4] 吾所以有大患者，为吾有身，及吾无身，吾有何患？之前一般解读，我之所以有大患，是因为我有身体存在。老子认为大患来自人的身体，因此防止大患，应该先重视身体（贵身）。其实这样解读是没有明白前后对比的意思，圣人与一般人一样都是有身体的，所以从这个角度讲，是无所谓“有身”与“无身”的，而且也不合情理，所以古往今来认为老子劝人轻身、弃身，那肯定是误解了；而有些解读者理解为老子一向强调贵身，并没有让人弃身、轻身或忘身，其实也还不够准确。比较准确的理解应该是前后两种人极为不同的处世态度，“有身”即考虑自身得失宠辱毁誉，有的甚至看得比生命还重；“无身”即看重尊道贵德，能够做到置身事外，而轻视荣辱利害之类身外之物，而这才是老子提倡的“贵身”或“无身”。

[5] 故贵以身为天下，若可寄天下：之前一般解读，寄，寄托，交付；身，贵身。整句意思是，以贵身的态度对待天下

事，才可以把天下交托给他。这里先指出一个问题，历来的解读者，因为没有理解老子的思维体系，尤其是不懂老子的“正言若反”，所以，前后句之间出现语意关联的“故”字基本都不作解释；而在翻译的时候，能够避免一般也不作翻译，极少的作了翻译，但前后句的关联特别是因果关系，又常常使人不明所以。这种情况从第一章的“故常（恒）无”开始，可以说一直到整部《道德经》结束，无不是这样。话再说回来，因为前面一句已经解释清楚了，接着的这一句老子用“故”字一连贯，那么这句中的“身”应该是“无身”，从老子以后章节看也至少是“后身”，但唯一不应该解释的就是所谓的“贵身”。因此，“故贵以身为天下，若可寄天下”的整句意思是，所以那些忍辱负重、不考虑身家性命的人，才是可贵的，是可以把天下交托给他们的。

[6] 爱以身为天下，若可托天下：之前一般解读，以爱身的态度对待天下事，才可以把天下托付给他。其实，这样解读还是没有清楚这里的“身”是什么“身”，还有这里的“爱”应该解为“吝惜”“爱惜”“舍不得”。整句的意思是，（所以）那些忍辱负重、不考虑身家性命的人，才是可以爱惜的，是可以把天下交托给他们的。

【点评】

这一章紧承前一章而来。前一章从“为腹”“为目”的角度比较了圣人与常人的不同，侧重在于追求不同。这一章换了一个角度，从“有身”“无身”的角度比较了圣人与常人的不同，侧重在于考虑得失不同，而目的则在揭示得失背后的原因。两章的重点都在强调圣人为人处世的态度，而关键可能在于做到客观和尊道贵德。

第十四章

视之不见，名曰“夷”[1]；听之不闻，名曰“希”；搏之不得，名曰“微”。此三者不可致诘，故混而为一[2]。其上不皦[3]，其下不昧[4]，绳绳兮不可名[5]，复归于无物[6]。是谓无状之状，无物之象，是谓惚恍。迎之不见其首，随之不见其后。执古之道[7]，以御[8]今之有[9]，能知古始[10]，是谓道纪[11]。

【注释】

[1] 夷：帛书本作“微”。

[2] 此三者不可致诘，故混而为一：三者，指视之不见的“夷”、听之不见的“希”、搏之不得的“微”。这三者是老子用以描述客观存在的“道”的。由于“道”没有确定的形体，我们的感官无从体验，因此难以用确切的语言描述它，只能用我们经验世界的这些概念去“证伪”它，通过对我们熟知的感性经验的一一否定，从而显示“道”的特征。致诘：致，达致，解决；诘，究诘，追究，疑问。这句的意思是：无论夷，还是希，还是微，这三种状况也无法描述和解决“道”究竟是什么的问题，所以“道”大概是这三种混合而成的那种状况，以此可知“道”确是客观存在的。

[3] 皦（jiǎo）：明亮、清晰。

[4] 昧：阴暗、不清楚。

[5] 绳绳（mǐnmǐn）兮不可名：绳绳：渺茫、幽深、不可知，有的版本此为“寻寻”；名：名状，描绘。

[6] 复归于无物：指“道”复归于它无形无象、混沌不分的状态。有解读者指这与十六章“复归其根”是同一个意思，

其实不准确，那是指客观事物的“有”“无”演变运动状态。“无物”，并不是空无所有，而是指我们的感官不能知觉的、不具有任何形象的“道”。

[7] 执古之道：执，依据、根据；古之道，自古以来就存在的“道”。

[8] 御：驾驭。在此当利用、使用解。

[9] 今之有：之前一般解读为眼前的具体事物，这里的“有”是指一般意义上的现实世界的存在物，不同于第一章的“有”。其实这里的“有”就是第一章的“有”，而且是“常有”或“恒有”，即客观存在的天地万物。

[10] 能知古始：能够依据、根据“道”而了解宇宙的开端、起始状况。

[11] 道纪：纪，纲纪，规律。道纪，“道”的纲纪，道的本质。

【点评】

老子在这一章对“道”加以不同角度的描述，但最后仍然是“不可致诘，故混而为一”。其具有说明不明、说暗不暗，可以描述却又难以描述，说无状又好似有状，说无物却又好似有那种实象，总之就是恍恍惚惚的样子；但要说“道”的本质，可以依据古今之道，就可以驾驭古今之天地万物的存在和演变发展，甚至能知古始，能推未来！

我个人认为，从“道”贯穿客观事物的整个演变过程看，“执古之道，以御今之有，能知古始”，其中的“古今”应是前后句子的承接省略，否则句意就不够完整；而“能知古始”应该也有前后句子的承接省略，依据老子“万物并作，吾以观其复”之句，当含有依据“道”而能推知未来事物如何演变之意。

第十五章

古之善为士[1]者，微妙玄通，深不可识[2]。夫唯不可识，故强为之容[3]：豫兮[4]若冬涉川[5]，犹兮[6]若畏四邻[7]，俨兮[8]其若客[9]，涣兮[10]其若凌释[11]，敦兮其若朴，旷兮[12]其若谷，混兮其若浊。孰能浊以静之徐清？孰能安以久动之徐生[13]？保此道者，不欲盈[14]。夫唯不盈，故能蔽而不成[15]。

【注释】

[1] 士：傅奕本、帛书乙本作“道”，王弼本作“士”。“士”，也就是指懂得“道”的人。

[2] 微妙玄通，深不可识：之前一般解读，细致、深邃而通达，深刻到一般人不能认识。老子认为“道”是深妙恍惚、不可捉摸的超验存在，而懂得“道”的人与一般为利欲所制约的俗人不同，显得静谧幽深，难以看到底。其实这样解读极不准确。这里的“微妙玄通”没有所谓“道”是深妙恍惚、不可捉摸的超验存在的意思，而是指懂得“道”的人与一般为利欲所制约的俗人不同，显得静谧幽深，难以被人看破的意思，即这种人对事物的微妙又确定的变化能够准确把握，而这种把握能力深刻到一般人不能认识的程度。如果不这样解读，那么后面这种人对事物演变必然由“浊”而“清”“久安”而“生动”的把握能力就无法落实了。

[3] 夫唯不可识，故强为之容：强，勉强；容，描绘、形容。正因这种人对事物演变的把握深刻到一般人不能认识，所以（只得）勉强去形容他。

[4] 豫兮：豫，帛书本作“與”。形容迟疑慎重的样子。

[5] 若冬涉川：像冬天涉足江河。冬天过河，即在冰上走，不敢无所顾忌，必如履薄冰，小心慎重。

[6] 犹兮：警惕戒备的样子。

[7] 四邻：指周围邻居，也可以指周围邻国。

[8] 俨兮：形容庄重严肃的样子。

[9] 客：王弼本原作“容”，河上公本、傅奕本、景龙碑本及帛书本均作“客”，客、容字形相近，故疑王弼本为误写。

[10] 涣兮：形容融和疏脱的样子。

[11] 凌释：凌，即冰，指冰的融化。帛书甲、乙本均作“凌释”，但一般通行本作“冰之将释”。

[12] 旷兮：形容空豁开广的样子。

[13] 孰能浊以静之徐清，孰能安以久动之徐生：之前一般解读，这两句的原文，各种版本多有不同。此从王弼本。两句的意思是：谁能够在浑浊中安静下来，慢慢地澄清？谁能够在长久的安定中变动起来，慢慢地趋进？其实，这两句可能更准确的意思是：只有明白道的人才能够在事物浑浊中安静下来，等待事物自身慢慢地演变直至澄清，也只有明白道的人才能够在事物长久的安定中变动起来，让事物自身慢慢地演变直至趋进新生。

[14] 不欲盈：之前一般解读，盈，即满，不要求圆满。其实，更准确的解读应为“已盈而不欲盈”之意，所以这里似解为“完结”更恰当，与下一句“夫唯不盈，故能蔽而不成”的句意就更为一致，也更为贴切。一件事情圆满完成之后，不居不恃，仍然能够保持如履薄冰、小心慎重的精神状态，这也与老子一贯所持“功成身退”的主张是一致的。

[15] 蔽而不成：之前一般解读，蔽，通“敝”。王弼本此句为“蔽不新成”，今从帛书乙本及傅奕本作“蔽而不成”，意思是虽破败但不会穷竭，不必作新补充。其实更准确的理解应该是：其一，虽然老子有“蔽则新”的说法，但王弼本此句为“蔽不新成”，确是牵强，因为这里谈的是“不欲盈”的角度，重点并非落在“新”之上，而落在“不成”之上；其二，正是因为“不欲盈”含有“已盈而不欲盈”之意，所以接着才会有“不盈”之后的行为，因而“蔽而不成”更完整的句意是“已成而蔽、蔽而不成”。翻译成白话就是：在面对已经圆满成功的时候，仍然保持事物尚有亏缺时的心态，而仍然保持事物尚有不圆满成功时的心态，就是“保此道者，不欲盈”，他就能永远不会穷尽（带来不断的成功）。

【点评】

这一章大致有三层意思：其一，善为“道”之人，即深刻把握事物微妙演变之人，其“微妙玄通，深不可识”，明白事物必然由“浊”而“清”“久安”而“生动”；其二，善为“道”之人之容状，面对不同事物或处境，其主观的心态行为必然与所面对不同事物或处境相契合，始终保持平和谨慎的状态；其三，善为“道”之人更是“保此道者”，能够做到“已盈而不欲盈”，“不盈”之后更能够做到“已成而蔽、蔽而不成”。

第十六章

致虚极，守静笃[1]。万物并作，吾以观其复[2]。夫物芸芸[3]，各复归其根[4]。归根曰静，静曰[5]复命[6]。复命曰常[7]，知常曰明[8]。不知常，妄作凶[9]。知常容[10]，容乃公[11]，公乃王[12]，王乃天[13]，天乃道，道乃久，没身不殆[14]。

【注释】

[1] 致虚极，守静笃：尽量使心灵达到虚寂状态，牢牢地保持这种宁静。“虚”“静”都是老子认为的心灵应该保持的状态，即一种没有心机、没有主观成见的状态，这种状态是消除了利欲的引诱和外界的纷扰而得到的空明宁静。

[2] 万物并作，吾以观其复：万物都在蓬勃生长，我因此观察到了客观事物循环往复的演变状况。

[3] 芸芸：纷繁茂盛的样子。常形容草木繁茂。

[4] 各复归其根：“复”，王弼本有此字，傅奕本无此字。根，根本，指事物本来具有的状态。复归其根，即事物的动态演变仍然是回归本来的状态。

[5] 静曰：傅奕本、景龙碑本作“静曰”，王弼本作“是谓”。

[6] 复命：之前一般解读，复归本性，这里指回到虚静的本性。老子认为，“道”的本质是虚静的，天地万物（包括人类）是由“道”这个根本所产生的，因此它们回归本原便是回到虚静的状态。老子的“复命”思想，对后世哲学思想的发展影响很大，宋代“复性”思想，便可从老子这里找到根源。其实，更准确的解读应该是，天地万物复归其生命的起点、原点，由原来天地万物的动态演变状况，进入到暂时的“静态”状况，

而这种“静态”状况又将是新的动态演变的开始，即事物又回到了生命的起点、原点。这种客观事物循环往复的运动变化，体现了老子对客观世界的深刻认识。

[7] 常：之前一般解读，指事物运动变化中不变的规律，也就是永恒的法则。这里解读为“客观必然”似更恰当。

[8] 知常曰明：之前一般解读，认识永恒的规律叫作明。其实更准确的意思是,客观事物的运动变化都必然是循环往复，对这种必然性的认识，就叫做“明”。

[9] 不知常，妄作凶：对事物本身的运动变化的客观必然性不了解，轻举妄动就会出乱子。

[10] 容：包容、宽容，容纳。

[11] 公：公平，公允。

[12] 王：天下归顺的意思。

[13] 天：代指客观自然。

[14] 没身不殆：没身，指死亡；殆，危险。

【点评】

这一章涉及的面比较广，其一，人面对客观事物的时候，应该有客观冷静的心态，不应有各种私心杂念的考虑，这就是前面已经要求做到的“无身”和“贵身”；其二，揭示了客观事物的动态演变过程，开始由静态而“作”，之后客观事物仍然会回归动态演变的起点或原来的状态，这个时候客观事物由动态状况回到静态状况，这是一个客观必然的过程，此所谓“常”，对此认识了就是“明”；其三，对这个客观过程的认识，就是对“道”的认识过程，对“道”的认识把握了，就可以没身不殆了。

第十七章

太上[1]，不知有之[2]；其次，亲而誉之[3]；其次，畏之；其次，侮之。信不足焉，有不信焉[4]。悠兮[5]，其贵言[6]。功成事遂，百姓皆谓："我自然[7]。"

【注释】

[1] 太上：最好的、至上的、第一流的。这里指最好的政治。

[2] 不知有之：（人民）不知道有君主的存在。

[3] 其次，亲而誉之：比这次一等的，（人民）亲近而且赞扬君主。以上几句表现出老子的政治理想，便是统治者行"无为而治"使老百姓自由满足，心目中根本没有权威的压力与威胁。也就是说政权的威慑力完全消解，大家生活在安闲自适的氛围中。

[4] 信不足焉，有不信焉：（统治者的）诚信不足，才会演变成（老百姓）不信任他的事情。

[5] 悠兮：悠闲的样子。

[6] 贵言：以言为贵。意思是不轻易发号施令。

[7] 自然：事物本来的样子，这里有遵循事物本来的样子的意思。

【点评】

这一章紧承前一章而来，由于客观事物的演变发展是一个必然的过程，能够遵循这种必然性而治理国家，那就是最好的政治，人民根本意识不到统治者的存在；其次的政治，人民亲近君王、赞扬君王；再次一等的，人民害怕统治者；更次一等的，人民轻侮统治者。老子指出如此分出等次的根本原因，就是统治者的诚信问题，诚信程度如何，就可以看出老百姓对他信任程度如何。（最好的统治者）是悠闲自如的，因为他是遵循事物的客观必然性来治理国家的，用不着轻易发号施令。说到最后，老子表达的重点还是落在治理国家必须遵循国家的客观实际的基础之上。

第十八章

故大道废，案有仁义[1]；智慧出，案有大伪[2]；六亲不和，案有孝慈[3]；邦家昏乱，案有忠臣[4]。

【注释】

[1] 大道废，案有仁义：之前一般解读，道，在此指一种准则。社会的公德、公正等被废弃，才有所谓的“仁义”产生。案有，指才有。其实这样解读并不准确。在老子的思维系统中，“大道”是客观的，并非是主观的准则或公德、公正之类，它是社会演变客观必然性或客观阶段性、客观时代性的体现，而一些主观制定的准则或公德、公正之类，甚至法律的制定都是从属于社会演变的客观必然性的。所谓“大道废”就是没有遵循社会演变的客观必然性而另搞一套，即我们现在所谓的“折腾”，犯下“颠覆性错误”，这时候就要倡导所谓仁义了。这一章充分反映了老子的辩证思想：当一个社会大力倡导某种道德仁义的时候，其实也就是整个社会出现阶段性大局问题的时候。

[2] 智慧出，案有大伪：出现了投机取巧的所谓聪明智慧，就会出现严重的大伪之人，与后面忠臣相对，也可以理解为奸臣。

[3] 六亲不和，案有孝慈：六亲指父、子、兄、弟、夫、妻，这里指家庭关系。不和，家庭矛盾重重。案有孝慈，才会提倡所谓的子孝父慈。

[4] 邦家昏乱，案有忠臣：国家陷于混乱动荡，才会出现

所谓的忠臣。忠臣：帛书本作“贞臣”。

【点评】

这一章又是紧承前面一章，由于客观事物的演变发展是一个必然的过程，能够遵循这种必然性而治理国家，那就是最好的政治，人民根本意识不到统治者的存在，而这就是遵循“道”的做法。这一章把前面一章概括为“以道为大，其余皆次之”，然后接着展开这一章的反面论述“大道废”，老子通过“大道废”之后出现的种种不良后果，最后得到正面结论要“遵大道”。这是老子“正言若反”的典型论述。

第十九章

绝圣弃智[1]，民利百倍[2]；绝仁弃义，民复孝慈[3]；绝巧弃利，盗贼无有[4]。此三者以为文不足[5]，故令有所属[6]。见素抱朴[7]，少私寡欲[8]，绝学无忧[9]。

【注释】

[1] 绝圣弃智：之前一般理解，绝，断绝；圣、智，都是聪明的意思。消除聪明，抛弃智慧，遵循大道。这是老子的一个基本社会主张。他认为人的本性应是真纯质朴、清静淡泊的，是文化在赋予人类知识和智慧的同时，腐蚀了人类的天性，从而产生出诸如追名逐利、尔虞我诈的恶习。尤其是当时作为文化与文明最高体现的仁义礼智这些东西，更是违背人性、产生虚伪的根源，高举仁义之大旗而谋求自己私利的大有人在。老子认为，不如抛弃这些“文明”垃圾，使人民恢复到无知无欲、宁静不争的自然状态，而孝慈、善良这些品德自然会在人类淳厚质朴的人性中得到复苏。其实，这是老子正话反说的典型例子，这样理解似乎偏激了一些，无异于把老子看作一个“愤青”了。老子想表达的真正意思是，什么能够让老百姓得利百倍，靠的并不是所谓的“圣”和“智”，而是遵循“道”，按照事物的客观必然性去做。老子揭示的其实就是人类创造历史，从来就不是自由的，而是只能立足于客观的现实基础去创造的道理。

[2] 民利百倍：人民会得到百倍的好处。

[3] 民复孝慈：复，回复。孝慈，原本的六亲关系，这与

提倡仁义而得的孝慈有所区别。

[4] 绝巧弃利，盗贼无有：抛弃取巧和贪利，让巧的不再巧、利的不再利，这与老子另外一种说法意思一样，“不贵难得之货，使民不为盗”即“让难得之货不再难得”，自然不贵了，那么盗贼之类自然消失了。

[5] 此三者以为文不足：帛书本作“此三言也，以为文不足”。三者，指“圣智”“仁义”“巧利”这三种东西。文，文饰，巧饰。这三种东西全是巧饰；不足，这里指社会中的弊病，指“利”“孝慈”的缺失，“盗贼”的蜂起。

[6] 故令有所属：所以要（正面指出），使人的认识有所归属，有所遵循。令，使令人民。

[7] 见素抱朴：外表单纯，内心质朴。素，没有杂色的丝，呈白色，引申为单纯；朴，未经雕刻的木材，引申为质朴。见，同“现”，显现、显示；抱，抱持。

[8] 少私寡欲：“少”“寡”均为形作动用，减少私心杂念、排除不切实际的主观欲望和想法。

[9] 绝学无忧：通行本此句在下章开头，此从高亨本提前。绝学，弃绝圣智之学。无忧，达到没有忧虑的境地。

【点评】

这一章是对前面一章“大道废”之后出现各种社会问题，有针对性地提出了一些救治方法。老子认为没有遵循大道，社会上就会相应地出现所谓“圣智”“仁义”“巧利”这三种东西，而这些正是扰乱社会的根源，只有从根源上铲除这些扰乱社会的东西，从而回到遵循客观现实这个基础上来，社会才能回到正常的发展轨道。

第二十章

唯之与阿[1]，相去几何[2]？美之与恶，相去若何[3]？人之所畏，不可不畏[4]。荒兮[5]，其未央[6]哉！众人熙熙[7]，如享太牢[8]，如春登台[9]。我独泊兮，其未兆[10]；沌沌[11]兮，如婴儿之未孩[12]；儽儽[13]兮，若无所归。众人皆有余，而我独若遗[14]。我愚人[15]之心也哉！俗人昭昭[16]，我独昏昏[17]；俗人察察[18]，我独闷闷[19]。澹兮其若海[20]，飂兮若无止[21]。众人皆有以[22]，而我独顽且鄙[23]。我独异于人，而贵食母[24]。

【注释】

[1] 唯之与阿：唯，恭敬地答应的声音，引申为“是”的意思；阿，阿同“呵”，斥责、呵斥，引申为“非”的意思。

[2] 相去几何：去，离开，指距离；几何，多少。（恭敬地应答的声音与呵斥的声音）相差到底有多少？

[3] 美之与恶，相去若何：美，通行本作“善”，傅奕本、帛书甲本作“美”，今从后者；恶，指丑恶。美好与丑恶，到底相差多少。老子在这里提出了价值判断的相对性问题。善恶美丑、是非贵贱等价值判断，都不是绝对的，而是随着时代、环境条件的不同而变化的；而对同一个对象，世俗之人与得“道”之人，在价值判断上也会相差甚远。

[4] 人之所畏，不可不畏：人们所畏惧的，（我）也不必去触犯。尽管老子认为自己与世俗之人在价值观上相差很远，但他同时认为，由于价值判断是主观的、相对的，譬如善恶美丑，不同的人有不同的标准，这些问题太宽泛，没有必要穷究

到底，不必故意去触犯。

[5] 荒兮：一说形容精神境界的广阔；一说指时间经历的长久，今从后说。“荒兮”也有写为“望兮”，那就应该仅指广阔之意了。

[6] 央：结束、完结。

[7] 熙熙：形容兴高采烈的样子。

[8] 如享太牢：帛书本作“若乡太牢而春登台”。乡、享通飨。太牢，指供祭祀用的牛、羊、猪。如享太牢，好像参加丰盛的筵席。

[9] 如春登台，好像春天登高远望一样（心旷神怡）。

[10] 我独泊兮，其未兆：泊，淡泊，恬静。兆，征兆，迹象；未兆，没有迹象，引申为不炫耀、无动于衷。这句的意思是，当一般的俗人都兴高采烈、喜气洋洋时，我独自恬然淡泊，毫不炫耀。在这里，老子塑造了一个真正得“道”的、深谙世故却返璞归真、宁静淡泊的自我形象，与浑浑噩噩随波逐流的世俗之人形成鲜明的对比。

[11] 沌沌：混混沌沌，这里指纯真朴实之极的样子。

[12] 如婴儿之未孩：孩同“咳”，咳的本义是指小孩的笑，这句意思是像婴儿还不会笑时那样（浑浑沌沌），意思是我这个成年人仍然保持如婴儿那样纯真。

[13] 儽儽（léiléi）：形容疲倦闲散的样子。

[14] 而我独若遗。遗：不足、不够。

[15] 愚人：老子所谓的愚人，是一种与世俗之人不同的至高之人，他纯朴、自然，看似敦朴木讷，实则洞悉世事、通达人情，对人生的理解远远高于一般人，故这种“愚”是大智若愚之“愚”，是大辩若讷的愚，是超脱世俗之后的智者返璞

归真的愚。因此，所谓“愚人”也是老子理想中的人。

[16] 昭昭：清楚、精明。这是一种俗人的聪明，为老子所不屑。

[17] 昏昏：暗昧、糊涂的样子。

[18] 察察：精明能干、严厉苛刻的样子。

[19] 闷闷：淳朴的样子。

[20] 澹兮其若海：澹，辽远的意思。形容那种淳朴、自然的“愚人”，其思想境界像大海那样辽阔深远，非一般世俗之人所能理解和模仿。

[21] 飂兮若无止：飂（liú），疾风。形容老子理想之人（愚人）像迅疾的风那样无所拘束、自由奔放，好像没有止境。

[22] 众人皆有以：以，用。众人都好像有作为、有本领。

[23] 顽且鄙：形容愚笨、鄙陋。这也是老子形容得“道”者与俗人不同的特征。

[24] 我独异于人，而贵食母：之前一般解读，母，指“道”，对“食母”的解释，历来不一。有的说，食为动词，养的意思，食母就是食于母、养于“道”，即用“道”来滋养自己；有的说，食是用的意思，食母，就是使用“道”、利用“道”。其实“食母”就是“以母为食”的省略句式，“母”即“模”的通假字，可以理解为规模、模式、过程。“食”即滋养、充实。这句意思：我偏偏与众不同，以能够把握客观事物演变发展的必然过程来充实滋养自己的能力为重。这里老子不说自己“我独异于人，而微妙玄通”，却说“我独异于人，而贵食母”，应该是一种自谦的说法。就整个这一章的语句整齐性和语意的连贯性而言，我个人认为，下一章的首句“孔德之容，惟道是从”，应该是接着“我独异于人，而贵食母”这一句的，理由

有二：一是与前面所描述的，得出我之容与别人不同，与“我独异于人”形成对举关系；二是我恪守遵循客观之道，与“而贵食母”形成对举关系。

【点评】

本章讲了三层意思，重点是老子提倡贵“重道”“守道”。开头部分，虽然人们价值观不同，但对于是非美丑、贵贱善恶、畏与不畏等相对相反的判断，其实“相去几何”而没有多少差别。这样一来，悟道之士与世俗之人表面看就没有明显区别了。接着中间部分讲，得“道”之“我”与俗众之人本质上完全不同。采取正话反说的对比手法，达到形似自嘲实则自赞的效果。最后部分“我独异于人，而贵食母”，点明有道之士与世俗之人本质不同的原因，根本在于有道之士，看重的是能够把握客观事物演变发展的必然过程来充实滋养自己的能力，故能有与众不同的风格，其根本在于“惟道是从”。

从这一章表达的重点看，下一章的开头一句“孔德之容，惟道是从”应该属于这一章，而且与“我独异于人，而贵食母”一样也是点明本章重点的句子。再看下一章的重点，在于论述“道之为物”和“以道知物”的问题，与本章论述“遵道”“从道”的角度不一样。

第二十一章

孔德之容[1]，惟道是从[2]。道之为物，惟恍惟惚[3]。惚兮恍兮，其中有象[4]；恍兮惚兮，其中有物。窈兮冥兮[5]，其中有精[6]；其精甚真[7]，其中有信[8]。自今及古，其名不去[9]，以阅众甫[10]。吾何以知众甫之状哉[11]！以此[12]。

【注释】

[1] 孔德之容：之前一般解读，孔，大的意思，大德的形态行踪。其实更准确的意思是使动用法，使之更多、更大的意思。容，状貌，也可引申为举止行为。德：一般解读基本上都是错误的，按老子在三十八章对“德”的概念的界定看，老子所持之“德”应为“上德”，其表现侧重在对待客观事物的认同和接纳依循上，而不是表现在对人们行为的主观从众上。关于“上德”，在解读三十八章“德”的时候，会更详细地加以说明。“孔德之容”的意思是（我）尽量使自己的举止行为更多、更大地体现为对客观事物的认同和接纳依循上（而不表现为对人们行为的主观从众上）。

[2] 惟道是从：惟即唯。这一句是宾语前置句，完整的句子是“惟是从道”，意思为我对客观事物的认同和接纳依循只是遵循着道。“孔德之容，惟道是从”应该放在上一章的结尾，点评时就不再涉及了。

[3] 道之为物，惟恍惟惚：之前一般解读，“道”作为一种存在物，它是若有若无、闪烁不定的。其实，这样解读错得非常离谱。首先，我们已经明确指出了“道”不是“物”，道

是对客观事物演变必然性的自在规定或抽象；其次，如果解读“道”是“物”，那么，老子自己在本章的论述逻辑就混乱不堪了，你看老子自己说“吾何以知众甫之状哉！以此”，我凭什么知道万物纷繁复杂的状况的？我凭借的是道啊，这明摆着道与物是两回事。比较准确的解读是，道之为物，惟恍惟惚，“之”字解为取消句子独立性，可以不翻译；“为”作动词解，意为“产生”。整个句子的意思是，道的本质规定了事物的产生必然是恍恍惚惚而极为微妙的。这样的意思，我们在序言中已经讲得很透彻了，就不再重复了。

[4] 象：之前一般解读为“形象”，“形象”为主观概括所得，更准确的解读应为“客观物象”。

[5] 窈兮冥兮：之前一般解读，窈（yǎo），深远；冥，暗昧，不清楚。形容“道”的昏昏昧昧、深不可测。这样解读极不准确。比较准确的解读应为，事物的产生虽然是恍恍惚惚而极为微妙的，但其中却有确定无疑的“精”等。

[6] 精：指极细微的物质。精、气等概念，都是中国古代哲学中特有的概念，指的是肉眼看不到的、极其微小的原质。不恰当地打比方，就像今天我们说分子、原子等基本物质一样。

[7] 其精甚真：这种极微小的原质是很真实地存在着的。

[8] 信：实在、可靠的东西，也有理解为现在所称的“信息”“基因”之类的。

[9] 自今及古，其名不去：之前一般解读，名，指“精”“信”等的存在状况。整句意思是自今及古，其“精”“信”等的存在状况从不失去。这样解读也极不准确。这里“名”与下面的“阅”都应是人的主观行为，“名”在这里可以解释为“命名”“描述表达”，甚至也可以引申为“探究”。句中的“其”字是代

词，指代“象”“物”“精”“信”等；“不去”与“自今及古”句意相联，有从不失去、从不间断的意思。这样整个句子的意思应该是：自今及古，人们对“象”“物”“精”“信”等的探究从不间断。

[10] 以阅众甫：众甫，帛书本作“众父”，其义相同，指万物的起始。这句中关键是“阅”字，应解释为人的主观行为，似解为“观察”“判断”比较合适。“以”应解为目的介词，整句意思为，（人们）以这种探究来观察判断万物的产生。

[11] 何以知众甫之状：何以知，宾语前置，以何知，凭什么知道；众甫之状，万物演变的状况。“以知”是前面“以阅”的进一步。

[12] 以此：此，指道。凭着“道”对客观万物的演变本质的自在规定，事物的产生必然是由客观的“无”的存在状况，必然随着客观的“有”的因素的积累而打破；反之，客观事物“有”的存在状况，必然随着客观的“无”的因素的积累，从而走向消亡。

【点评】

这一章与之前的第十四章历来的解读都有把“道”理解为“物”的倾向，但很显然“道”肯定不是“物”。第十四章说“道”为“无物”，其“不可名，复归于无物。是谓无状之状，无物之象，是谓惚恍”，但“道”却确实存在“执古之道，以御今之有，能知古始，是谓道纪”，这是在论证“道”的客观存在，侧重在阐述“道纪”即道的本质。从道的本质看，它是客观事物演变发展的抽象，所以道的本质就绝对不是物。这一章则换了一个角度，论述了在“道”的本质规定之下天地万物如何从“无”的存在状况演变为“有”的存在状况，这其中就是因为有产生事物的客观因素诸如“象”“物”“精”“信”的积累，当这些客观因素不断积累，就迟早打破客观事物“无”的存在状况，于是新事物就产生了，这就是老子所谓的“天下万物生于有，而有生于无”。

在这一章中，老子除论述了“道之为物”的一面，还论述了非常重要的另外一个方面，即“以道知物”。当人们“自今及古，其名不去，以阅众甫”，即把客观事物产生的因素及其积累问题探究清楚之后，那么人们就可以观察和判断客观事物如何演变了，这就是“吾何以知众甫之状哉！以此”。

这里非常有意思的是，为什么同样的事物却会有千变万化的状况，“众甫之状”异彩纷呈？老子的结论是客观事物演变是必然的，这是“道”在本质上规定了的；同样，也是必然的是由于客观事物在积累的诸如“象”“物”“精”“信”因素上的不同，客观事物会呈现出不同的演变状况。

第二十二章

曲则全[1]，枉则直[2]，洼则盈[3]，敝则新[4]，少则得，多则惑[5]。是以圣人抱一为天下式[6]。不自见[7]，故明；不自是，故彰[8]；不自伐[9]，故有功；不自矜[10]，故长。夫唯不争，故天下莫能与之争。古之所谓“曲则全”者，岂虚言[11]哉！诚全而归之。

【注释】

[1] 曲则全：卑身委曲反而能保全自身及所求；反过来，保全自身及所求必然是从卑身委曲开始的。

[2] 枉则直：枉，弯曲。弯曲反而能伸展、伸直；反过来，伸展、伸直肯定是从弯曲那里开始演变而来的。

[3] 洼则盈：低洼之处反而能充盈；反过来，充盈必然是从低洼之处开始演变而成的。

[4] 敝则新：破旧反而能演变出弃旧换新。

[5] 少则得，多则惑：一说是指人对于财物，少取反而可以多得，贪多反倒会因贪欲迷惑而失掉；一说是指人对于知识，知识少而精反而会获益匪浅，知识多反倒会因说法不一而产生困惑。从前后语意看，今从前说。

以上六句短话，用客观事物论证了老子的客观事物演变必然性的思想。一般人对于事物，常常只能看到表象，却不思考本质；常常只看到事物的现状，却不知道事物的发展演变。老子则善于从事物演变的角度去观察事物，通过对事物原来存在状况、现存状况的分析，判断事物今后的演变方向，从而做到对现实事物的透彻把握，对现实事物本质的清晰认识。由于客观事物毫无例外地处在发展演变的必然性之中,所以老子认为:在“曲”里面存在着“全”的道理，在“枉”里面存在着“直”的道理,只有“洼”才会导致“盈”,只有“敝”才会导致“新”。一般人只会去关注“全”“直”“盈”“新”这些客观事物演变的结局一端，忽略其如何演变而来的一端，因此求全求盈、急功近利，意味着必然会引起无数纷争。老子在下面的阐述中指出,只有遵循客观事物的演变必然性,才能做到主观上的“不争”，那才是求全之道，“不争”在于主观上不自我显示、不自以为是、不自我夸耀、不自我矜持。

[6] 圣人抱一为天下式：之前一般解读，一，指“道”；式，即栻，是古代占卜用的一种器具，根据它转动的结果来判断占卜者的凶吉祸福。这里老子用“式”，是说圣人观察天下万事万物的演变也要借助有用的工具，而这个工具就是“一”，即“道”。更准确地说，就是事物演变的客观必然性，把这一点作为方式方法或工具。

[7] 自见：自现，自我显示。

[8] 彰：明显、显著。

[9] 伐：夸耀。

[10] 矜：骄傲。

[11] 言：帛书乙本作“语”。

【点评】

这一章历来被认为是老子哲学思想中最精华的一章，但由于都不是从老子的哲学体系上去把握和理解，所以对其精华究竟指什么，对此的理解就说法各异了。我个人认为这精华体现在本章的三个层次上，三个层次分别指向最深刻、最精髓、最具可操作性。

我们通过对《道德经》第一章的分析，已经明确了老子论述和强调的“道”指的是“客观之道”，其具体意义就是对客观事物本身两种“有无”基本的演变必然性的本质抽象或规定。因此而言，其最深刻之处就是老子哲学把客观事物毫无例外地置于演变发展的必然性之中。老子善于从事物演变的角度去观察事物，通过对事物原来存在状况、现存状况的分析，然后判断事物今后的演变方向，从而做到对现实事物的透彻把握，对现实事物本质的清晰认识。历来许多解读者把老子的这种观察分析客观事物演变必然性的方式方法，片面地理解为所谓客观事物的表象与里层、正面与反面等，而把老子哲学体系中强调的最为深刻关键的客观事物演变必然性忽视掉了，也割裂掉了，而这些不足之处正是由于没有完整把握老子的哲学体系所致。这里客观事物本身的“有无”演变是一种高度的抽象，实际情形可以千变万化，这就是所谓的“曲则全，枉则直，洼则盈，敝则新，少则得，多则惑”。这是本章的第一个层次。

最精髓指的是老子把客观事物本身千变万化的演变情形简洁地概括为“是以圣人抱一为天下式”。历来一般解读者把“一”理解为“道”，这样理解其实并不准确，更准确到位的理解应该是“一种方式方法”或“一种工具”。这里原来的“客观之道”，即原来所指的客观事物本身演变发展的必然性，现在已经转化为“圣人”的主观性的方式方法或操作工具了，也就是说这里“道”已经是方法了，是“众妙之门”了。这是本章的第二个层次。

最具可操作性指的是遵循客观事物本身演变的必然性而不主观妄为，即“不自见，故明；不自是，故彰；不自伐，故有功；不自矜，故长”，达到“夫唯不争，故天下莫能与之争”的目的。这里“不争”指的是不争主观妄为，其实强调了要争的则是要遵循客观事物本身演变的必然性。最后再加以强调，如此做法，可谓此言不虚自古而然，确实可以把天地万物归结到演变必然性这一点上。这是本章的第三个层次。

第二十三章

希言自然[1]。故飘风不终朝，骤雨不终日[2]。孰为此者？天地。天地尚不能久，而况于人乎？故从事于道者，同于道[3]；德者，同于德；失者，同于失。同于道者，道亦乐得之；同于德者，德亦乐得之；同于失者，失亦乐得之[4]。信不足焉，有不信焉[5]。

【注释】

[1] 希言自然：希言，即稀言，少说话。其深一层的意思是少施加政令。这句是说，少发号施令才有可能合乎自然万物的演变发展方向。在十七章中，老子就阐发过“贵言”的思想，希望统治者放弃严峻的高压政策，使老百姓不知道有统治者的存在，或者对统治者“亲之誉之”，而不是“畏之侮之”。在这一章中，老子又提出“希言”的政治主张。“希言”就是少发号施令，就是清静无为，就是遵循客观事物演变的必然性，以不搅扰人民为原则，百姓安适自在，这才合于自然。

[2] 飘风不终朝，骤雨不终日：帛书本“骤雨”作“暴雨”，狂风刮不了一个早晨，暴雨下不了一整天。飘风、暴雨，比喻暴政。老子警告说，那些主观妄为，以法令桎梏捆缚人民，以苛捐杂税压榨人民的统治，是不会长久的。

[3] 从事于道者，同于道：做事情合乎“道”的人，所得到的结果就与“道”所决定的客观事物演变必然性的结果相同。

[4] 失亦乐得之：失，指无道、失德，也就是指“飘风”“骤雨”式的暴政。这几句（“同于道者，道亦乐得之；同于失者，

失亦乐得之”）的意思是，与道一致的人，道也必然与其在一起；和道不一致的人，道也必然不会与其在一起。

[5] 信不足焉，有不信焉：君主诚信不足，就必然使百姓不会信任君主了。这两句已见于十七章。

【点评】

这一章紧承前一章，再次强调“是以圣人抱一为天下式”之意，明确了遵循客观事物本身演变的必然性是不以人的主观意志为转移的，遵循了就能得到相应的客观事物演变必然性所带来的成果，不遵循也一样能得到相应的客观事物演变必然性所导致的惩罚，所谓“信不足焉，有不信焉”！那些主观妄为的暴政，即使如天地所为的“飘风”“骤雨”，也一样是不可持续的。

第二十四章

企者不立[1]，跨者不行[2]。自见者不明，自是者不彰，自伐者无功，自矜者不长[3]。其在道也，曰："余食赘行[4]。"物或恶（wù）之，故有道者不处[5]。

【注释】

[1] 企者不立：企，抬起脚后跟、踮起脚。主观上想踮起脚站得高看得远点的人，客观上却是站不稳也看不远。这一章再次表现了老子崇尚客观自然、无为，反对主观急功近利、躁进自炫的反自然行为的思想。

[2] 跨者不行：跨，越过的意思。跨步行进的人，反而走不快。

[3] 自见（xiàn）者不明，自是者不彰，自伐者无功，自矜者不长（cháng）：之前一般解读，这四句的意思在二十二章已阐明，是老子以退为进的辩证思想的具体化。其实，这些句子更准确的理解是，那些不遵循客观事物自身的演变必然性而主观妄为的人，其实是不明、不彰、无功、不长的。

[4] 余食赘行：剩饭、赘瘤。行，通"形"；赘，即长出、凸现在外的东西，故称赘形。

[5] 有道者不处：遵循客观事物自身的演变必然性的人是不这样做的。处，处世行事。

【点评】

这一章紧承前面两章，从反面阐述那些不是"圣人"者的主观妄为。"自见者不明，自是者不彰，自伐者无功，自矜者不长”，与二十二章的“圣人”所为“不自见，故明；不自是，故彰；不自伐，故有功；不自矜，故长”形成鲜明的对比，最后得出“有道者不处”的结论，从反面强调了遵循客观事物自身的演变必然性的重要性。

第二十五章

有物混成，先天地生[1]。寂兮寥兮[2]，独立而不改[3]，周行而不殆[4]，可以为天地母[5]。吾不知其名，强字之曰“道”[6]，强为之名曰“大”[7]。大曰逝[8]，逝曰远，远曰反[9]。故道大，天大，地大，人亦大[10]。域中有四大，而人居其一焉[11]。人法地，地法天，天法道，道法自然[12]。

【注释】

[1] 有物混成，先天地生：之前一般解读，有这么一个东西，它是处于浑朴状态的，在天地产生之前就已产生。这是老子关于“道”的基本思想：“道”并不是不同分子或各部分组合而成的，它是一个圆满自足的浑朴状态的和谐体。对于现象界的杂、多而言，它是无限的完满、无限的整一。它是生产现象界一切事物的根本，是在天地产生之前便已经存在的。可能更准确的理解是，道本身不是物或东西，道是一切现象界的本质或抽象，否则老子自己的说法也前后矛盾了。因此，对这一句的解读，如果放到《道德经》全文之中去考虑，即在老子的表述之中，“天地”与“万物”是对举关系，那么“有物混成，先天地生”其实是“天地混成，先有（万）物生”的变形，其表达的是对“道”的本质的描述。

[2] 寂兮寥兮：之前一般解读，寂，没有声音；寥，空虚、无形。“道”是这样地无声又无形，故老子认为它是难以描述、不可捉摸的。其实，在老子的论述中，“道”的含义、本质都是非常明确清晰的，“故老子认为它是难以描述、不可捉摸的”

说法并不准确。

[3] 独立而不改：之前一般解读，形容“道”的绝对性、永存性。“道”与我们能够观察和体验的一切具体事物不同，具体的事物总是存在于关系中，在相互矛盾、相互依存中运动。“道”则是一个绝对体，它靠外在的力量，独一无二地存在。其实，老子表述的意思是“道是客观的，是不以人的意志为转移的”；但说“道”是一个绝对体，它靠外在的力量，独一无二地存在，是不合老子之意的，甚至是严重违背老子的整个哲学思维体系的。

[4] 周行而不殆：周行有两解，一说指全面运行，周就当“周遍”“全体”讲；一说周是环绕的意思，周行就是循环运行。今从后解。不殆：不息、不停的意思。

[5] 可以为天地母：之前一般解读，天地母，帛书本如是，而一般通行本作“天下母”。老子认为，“道”不仅是先天地而生的，而且天下万物也是由它所产生的，故称之为天下万物的根本（天下母或天地母）。其实，这样解读最大的问题在于对“母”字的理解，这里“母”通“模”，是模拟、描述的意思。

[6] 强字之曰“道”：王弼本、帛书本此句无“强”字，傅奕本有“强”字，此从傅本。勉强把它叫作“道”。由于“道”是无声无形、不可体察的，所以本来是不该立名的，但为了使用时方便，还是得给它一个名称，故只好勉强叫它为“道”。这样解读，有两点要注意：其一，“道”是客观存在的，这是关键之处；其二，“道”只是名称而已，命名其实不是关键之处。

[7] 强为之名曰“大”：之前一般解读，勉强再给它取一个名字叫作“大”。大，形容“道”是没有边际、无所不包的，它既指“道”幅度的辽阔，又指“道”高于一切（万物之母）。

其实，对比前后句子的用字，再与下一句“大曰逝”联系起来看，这样与前一句作简单的类推，是极不严谨的。因此，这一句更准确的意思应该是勉强对之（道的本质）加以描述，可以说是（则是）“大”，指的是道的本质包含了天地万物。这一句接着前一句，针对道的客观存在，进而对道的本质加以描述。

[8] 大曰逝：之前一般解读，曰，当“而”或“则”讲；逝，指“道”的运行，周流不息。其实对比上一句，这一句及下面的一句，仍然是对道的本质加以描述。因此，这一句更准确的理解应该是：正是由于道的本质包含了天地万物（道大），其又必然会无声无息地包含在天地万物的发展变化过程之中。即“道大”的本质必然规定了事物由“逝”而“远”、由“远”而“反”（反即归）的发展变化过程，从而“道”“可以为天地母”。该句中的“母”字是“模”字的通假字，“模”就是模拟、描述的意思。“道”“可以为天地母”用现代白话说，就是可以根据“道”的本质规定，预先就可以模拟或描述出天地万物的发展变化过程，这也是“万物并作，吾以观其复”之意。

[9] 反：之前一般解读，同“返”，指“道”循环运行后返回到原点、返回到原状。《道德经》一书中的“反”有两种意义，一是返，二是正反的反。其实，这不是所谓道的循环运行，而是道的本质规定了客观事物的循环运行。老子更多用的是“归”字，那样可能更符合客观事物本身的演变状况。至于理解为正反之反，则更是人的思维对客观事物本身在演变过程之中，对客观事物在不同阶段呈现之象的主观划分。

[10] 人亦大：王弼本“人”作“王”，注解为人。傅奕本、范应元本作“人”。人为什么大？老子的结论是归结到最后，

人能“遵道”“法道”。

[11] 域中有四大，而人居其一焉：帛书本“域中”作“国中”，意思是宇宙中有四大，而人是其中之一大。

[12] 道法自然：之前一般解读，自然，指“道”的自然状态。“道”以它自己的样子为法则，纯任自然。其实，这一句是对上面一句的完整演绎，更进一步明确四大及其关系。这里人、地、天、道已经是四大了，再加一个“自然”那岂不是“五大”了？我们之前已经明确了，在老子的论述中，“道”的本质已经包含在了天地万物及其演变过程之中，从这个角度而言，这里的“自然”就是天地万物，当然人也必然包含在其中。因此，道法自然，意思是道以自然万物或天地万物为法则，即道是对自然万物或天地万物演变必然性的抽象。老子在说“有物混成，先天地生。寂兮寥兮，独立而不改，周行而不殆，可以为天地母。吾不知其名，强字之曰‘道’，强为之名曰‘大’。大曰逝，逝曰远，远曰反。”的时候，已经强调了道的先天客观性。进一步而言，道的本质是“大”而“可以为天地母”，具体而言则是“逝、远、反”，即“由逝而远，由远而反”。所以，就天地万物包括人类的整个存在来说，由于道的先天客观性及其本质，在老子的思维体系中“道”毫无疑问是最大的；但老子及其《道德经》并没有要抹去人类的伟大的意思，恰恰相反，老子及其《道德经》是要彰显人类的伟大。而人类的伟大之处，就在于人类可以认识道、遵循道，使道为人类所用。当然，能够如此自觉地去做，并且确实做到了，只是人类中的极少数人，那就是老子心目中的“圣人”。

【点评】

这一章历来的解读者把关注的重点放在道是不是物上，这显然有所偏颇了。从老子的核心概念和由这些核心概念所组成的哲学体系看，道显然不是物。在老子那里，道是客观存在的，是天地万物演变的本质抽象，所以道无所不在无所不包。道本身不是物而又离不开物，因此道也并不是所谓有外力施加的。

这一章的重点在于揭示了道的本质，从而强调了人们可以依据道“可以为天地（万物）母”。这一章的关键之点，恰恰也是最应该引起我们关注的，就是老子及其《道德经》给了我们一个结论：归结到最后，其实人才是最伟大的，因为人类能够认识道、遵循道，使道为自己所用。当然，能够如此自觉地去做，并且确实做到了，只是人类中的极少数人，那就是老子心目中的“圣人”。

第二十六章

重为轻根[1]，静为躁君[2]。是以君子终日行不离辎重[3]。虽有荣观[4]，燕处[5]超然[6]。奈何万乘之主[7]，而以身轻天下[8]？轻则失根，躁则失君。

【注释】

[1] 重为轻根：之前一般解读，重是轻的根本，其实这样解读语意极不明朗。按老子的思维体系和下文“是以”的因果关系，可能更准确的意思是，随着财富、权位等积累得厚重了，这些就可能演变为轻率的根源。根，根源、基础。

[2] 静为躁君：之前一般解读，静是躁的主宰，其实这样解读也是语意极不明确。这里的静、躁均为人的心理和行为状况，意思是静观、静待和主观躁动。整句意思是，在面对客观事物及其演变的时候，人们静观、静待久了就可能演变为被主观躁动所主宰。君，主宰；反过来也可以解释为，安静下来才有可能主宰躁动。

[3] 是以君子终日行不离辎重：王弼本“君子”作“圣人”，此从帛书本。从前后语句的对比看，似作“圣人”更为恰当。辎重，军队运载器械粮食的车，但与前面一句构成因果对比推论看，辎重应为静重之误，严灵峰也改“辎重”为“静重”。整句的意思是，因此圣人的行为始终不离厚重沉静。

[4] 荣观：贵族游玩享乐的地方，这里代指华丽的生活。

[5] 燕处：有两说：一说燕为安的意思，燕处就是安居；一说燕处是贵族日常生活享受。今从后说。

[6] 超然：超，超脱而不陷于；然，指代荣观、燕处。

[7] 万乘（shèng）之主：帛书本作“万乘之王”。一辆兵车叫做一乘，具有一万辆兵车的国家，在当时是实力强大的国家，故“万乘之主”就是指大国的君主。

[8] 以身轻天下：（厚重之）身却用轻率躁动来治理天下。

【点评】

这一章由上一章所阐述的关键之意而来。上一章，老子认为人之所以伟大，原因在于人可以认识道、遵循道，使道为人所用，问题在于能够真正这样自觉做到的人很少。所以，在这一章中，老子对两类人进行了对比，一类是“圣人”，始终明白荣观、燕处只是认识道、遵循道，使道为我所用而带来的副产品而已，能够超然于这一切之上，最后仍然不失重、静。另一类人，有些甚至贵为万乘之主，随着财富、权位的积累演变而产生了主观轻率、躁动妄为，还试图以此来治理天下，那就没有不失去根基、丢掉君位的。

第二十七章

善行无辙迹[1]，善言无瑕谪[2]，善数不用筹策[3]，善闭无关楗而不可开[4]，善结无绳约而不可解[5]。是以圣人常善救人，故无弃人[6]；常善救物，故无弃物。是谓袭明[7]。故善人者，不善人之师[8]；不善人者，善人之资[9]。不贵其师，不爱其资，虽智大迷。是谓要妙[10]。

【注释】

[1] 善行无辙迹：之前一般的解读，辙，车轮压出的痕迹；迹，脚步、马蹄等留在地上的痕迹。善行无辙迹，意思是善于走路的，不留痕迹在地面。其实，可能更准确的意思是，善于走路的，并非在地面上不留痕迹，而是不会在地面上留下令人生疑的痕迹。

[2] 善言无瑕谪（zhé）：瑕、谪都是玉上面的疵病，此引申为过失。善于说话的必契合客观事物，不会出现不契合客观事物的过失情况。

[3] 善数不用筹策：数，计算；筹策，古代计算时所使用的一种工具，用竹制成，其功能相当于今天的珠算。善于计算的人，对客观事物了然于胸，就不必借助筹策来计算。

[4] 善闭无关楗而不可开：关楗，关锁门户所用的门闩，用金属或小片木块制成。善于关锁门户的甚至不用门闩，因为他让人知道，即使撬开了门户也得不到什么。

[5] 善结无绳约而不可解：约，用绳捆物的意思；绳约，指绳索。善于捆缚约束人的不用绳索也能使人不可解除，不善

于捆缚约束人的，即使用绳索把人捆缚起来也是没有用的。

[6] 是以圣人常善救人，故无弃人：常，帛书本作“怪”，总是、客观上、实在。因此圣人总是客观上善于做到人尽其才，所以没有被遗弃的人。救人，指补救人之短而用人之长。

[7] 袭明：之前一般解读，含藏着明。袭，承袭，有保持或含藏的意思。其实，这两个字这样解读均不准确。袭，《释名·释丧制》：“衣尸曰袭。袭，匝也。以衣周匝覆之也。”引申为围绕、不脱开、不脱离之意。现代汉语中有“抄袭”“袭击”等词。“袭”字义也是围绕、不脱开、不脱离之意。明，明了人与物之性，老子的说法是“知常曰明”。袭明，对人或事物本身及其演变状况的明了，并且为人处事始终做到回绕而不脱离这种状况。《道德经》中还有“袭常”的说法，个人认为，“袭明”与“袭常”可能都是“袭常谓明”的省略说法。下文“不贵其师，不爱其资”即为脱开、脱离具体之人与事物而主观妄为，在老子看来，实为“虽智大迷”。

[8] 善人者，不善人之师：善人是恶人的老师。

[9] 不善人者，善人之资：恶人是善人的借鉴。

[10] 要妙：精要巧妙之处。

【点评】

这一章老子用排比和对比的方法，继续阐述“圣人”与自以为聪明智慧之人的不同，得出了“是谓袭明”“是谓要妙”的结论。

这一章开始构成排比的五个值得称道的“善”（善行、善言、善数、善闭、善结），其实还只是“因”而已，归结为随之而来的两个方面的“果”：对人的方面“常善救人，故无弃人”，对事物的方面“常善救物，故无弃物”（注：句中的“常”字，是客观上、总是的意思），这才是圣人所为。明了其中的因果关系，“是谓袭明”；相反，那些自以为智慧聪明之人，一方面意识上不明白善人不善人之师、不善人善人之资的道理，另一方面做法上还“不贵其师，不爱其资”，脱离实际主观妄为，实为“虽智大迷”。

通过对比，圣人与自以为智慧聪明之人的区别也就非常清楚了，“是谓要妙”，这就是我们值得记住的精要巧妙之处。

这一章打破惯例，把一般解读者的白话译文附上，意在说明：其一，之前一般的解读者可能实在没有把握和理解老子的哲学体系，所以即使翻译了，也大都是一些正确的废话；其二，借此说明《道德经》实在不是一本可以一句文言原文用一句现代白话文来进行翻译的经典著作。

【译文】善于行走的，不留痕迹；善于言谈的，没有错话；善于计算的，不用筹策；善于关闭的，不用门闩却使人不能打开门；善于捆缚的，不用绳索却使人不能解除。因此，有“道”的“圣人”总是善于做到人尽其才，所以，没有被遗弃的人。总是善于做到物尽其用，所以没有被废弃的东西，这就叫作内藏着聪明智慧。所以，善人可以做恶人的老师，恶人可以做善人的借鉴。（如果）不尊重他的老师，不爱惜他的借鉴，虽然自以为聪明，其实是大糊涂。这就叫作精要深奥的道理。

第二十八章

知其雄，守其雌[1]，为天下谿[2]。为天下谿，常德不离，复归于婴儿[3]。知其白，守其黑，为天下式[4]。为天下式，常德不忒[5]，复归于无极[6]。知其荣[7]，守其辱，为天下谷[8]。为天下谷，常德乃足，复归于朴[9]。朴散则为器[10]，圣人用之，则为官长[11]，故大制不割[12]。

【注释】

[1] 知其雄，守其雌：老子这一句话极为经典，也经常被人奉为圭臬，可惜的是在没有把握老子哲学体系的情况下，历来被人误解甚至错解了。之前一般解读，雄，比喻刚劲、躁进；雌，比喻柔静、谦卑。深知什么是雄强，却安于柔雌的地位。“知雄守雌”，是老子的一种基本处世哲学，它要求人们在雄雌的矛盾关系中，一方面对于“雄”要有透彻的了解，另一方面自己却要处于“雌”的一方。“守雌”并非是对“雄”的退缩或回避，而是既能执持“雌”的一方，又能运用“雄”的一方，故“知雄守雌”可以说是掌握主动、保持自己的最好方式。其实，这样解读恰恰就是因为没有把握老子的哲学体系而存在着严重的欠缺。这一章从全文看，应该清楚“知”“守”的主语是“圣人”，“其”与下一句中的“天下”应该指的是天地万物，当然也包括人本身在内。“雄”“雌”本意并非是所谓的矛盾关系，而是一组比喻关系，指的是天地万物本身演变必然性过程中的不同阶段的呈现，这种呈现说到底其实无关乎所谓的不同阶段，也无关乎所谓人的“知”“守”，“知”“守”

无非是去契合事物的演变而已。这与之前的“曲则全，枉则直，洼则盈，敝则新”中的“曲”与“全”“枉”与“直”“洼”与“盈”“敝”与“新”意义一样。所以，这里“知其雄，守其雌”可以简化为“知（天下）守雌则雄”，之后出现相类似的句子，也可以简化为“知（天下）守黑则白”“知（天下）守辱则荣”，然后推导出“知（天下）朴则守朴，朴散则为器”，其中阐述和揭示的无不是“常德”即客观事物必然发生的演变状况，而不仅仅是所谓的一种基本处世哲学。

[2] 谿（xī）：一说同“蹊”，蹊径、捷径的意思；另外一说通“溪”，指溪谷，处下的意思，在此象征谦卑。

[3] 常德不离，复归于婴儿：之前一般解读这一句，与老子想要表达的意思相差可能太远了。这里把“复归于婴儿”理解为复归到婴儿的纯真质朴状态，就不够准确，应该指像婴儿那样纯真而不主观妄为。这句的关键在于“常德”怎么理解，之前一般把“常德不离”解读为“永恒的德就不会流失”，可以说基本上都是错误的。由于在整部《道德经》之中，第一次出现具体的概念含义，而理解第一次出现之“德”就发生偏差，不用说理解“常德”就错得更离谱了，这样就差不多把理解后面大半部《道德经》都带歪了。

在《道德经》第三十八章，老子对自己所持之“德”的概念和含义加以了界定和说明。老子明确表明他所持之“德”是“上德”，而指人们一般所持之德为“下德”，“上德不德，是以有德。下德不失德，是以无德”，意思就是“上德”是绝不同于人们所持之德的，而“下德”是竭力抱持人们所持之德的。两者的区别是“上德无为而无以为”“下德（无为）为之而有以为”，意思就是上德是遵循道而不主观妄为，并且也无主观想法去作为；下德在遵循道而本应“无为”的时候却主观妄为了，其根源就是内心总有想法要去做点什么，否则就无以显示其内心之德了。在老子看来，正是因为持有“下德”之人在面对客观事物的时候，抱持有主观想法，在这种主观想法之下还想做点什么，所以这种人脱离客观实际是迟早的事，最后只会是好心办出了坏事。所以，老子的结论是所谓“上德”“下德”的关键区别在于是否契合客观事物，如果抛开了客观事物这个基础来谈论“德”是没有意义的。通过这一章的界定，可以确定的一点是，老子之“上德”即是“客观之德”，后文再有出现一般就简称为“德”了。

那么接下来，这“德”或“客观之德”的具体概念和含义是什么呢？我们看《道德经》第五十一章：“道生之，德畜之，物形之，势成之。是以万物莫不尊道而贵德。道之尊，德之贵，夫莫之命而常自然。故道生之，德畜之，长之育之，亭之毒之，养之覆之。生而不有，为而不恃，长而不宰，是谓玄德。”这一章大致意思是“道”生发万物，“德”养育万物，使万物呈现出纷繁复杂的状况。因此，万物没有不尊崇“道”并且以“德”为贵的。“道”之所以受到尊崇，“德”之所以受到珍重，就是因为客观事物的产生必然有着“道”的客观必然性，而“德”养育万物使之由“生”而“成”，从而客观事物必然有其具体的演变状况或演变过程，这其实就是我们现在说的“德性”。另外，“德”在养育万物时不据为己有，成就它而不自恃有功，引导而不主宰，这是“德”最为玄妙客观之处，其实，这反映在人身上就是我们现在所谓的“德行”或“有德之人”。所以，客观事物本身的演变状况或演变过程，准确地说就是老子之“德”的概念的含义。

另外，历来的解读者在解释“上德”“下德”的“上”“下”两个字意义时，解释为“上等”“下等”也是不够准确的。从用语习惯沿革看，在老子生活的前后时期，如果解为“上等”“下等”，一般还须带有“中等”，即所谓的上策、中策、下策之类。如果“上”“下”两个字前后对举运用，那么就基本没有“上等”“下等”之意了，例如，《论语·阳货第十七》中有一句千古名言：“唯上智与下愚不移。”经全国中小学教材审定委员会审定通过的普通高中课程标准实验教科书《论语》选读本，将这句话解读为：只有上等的智者和下等的愚人是改变不了的。这样解读就是因为把“上等”“下等”的意义硬套到这个语句上面，这样的解读问题很大。首先，孔子的整部《论语》没有把人用“上等”“下等”分类的，这样解读，可以肯定是不合孔子之意的；其次，这样解读与《论语》同一章前面一则“性相近也，习相远也”相左，这句是说“人的天性状况是差不多的，但通过后天的学习，人与人之间的差别就远了”，非常明确地表明了人性是可以通过教育而改变的，显然这样解读就使孔子说的前后语句所表达的意思矛盾了，可能比较准确的解释应该是“只有崇尚智慧与抛弃愚昧是不可改变的。”这里“上”通解为“尚”，意思是崇尚、讲究、追求等；“下”则相反，意思是抛弃、远离、鄙视等。与此句类似的还有《礼记》中的一句：“刑不上大夫，礼不下庶人。”这句话中的“上”“下”两个字与前面《论语》那句的“上”“下”解释相同，整个句子的意思就是：“刑罚是不崇尚大夫的身份的，如果大夫犯了法也是要受到惩罚的；礼教是不抛弃庶民的，庶民也同样应该受到礼教。”

通过分析和举例，那么“常德”应该怎样解释呢？“常”

字与前面解读的诸多“常”字一样，可以解释为“客观”；“德”即是老子所持之“上德”或老子所崇尚之德。“常”与“德”合起来的意思就是，客观事物的客观演变状况或演变过程。“常德不离”就是遵循道而不主观妄为，顺应而不脱离客观事物的演变状况或演变过程。把“道生之，德畜之，长之育之，成之熟之，养之覆之”反过来说，就是“生而不有，为而不恃，长而不宰，是谓玄德”，把“常德”的客观性一面加以了强调。就本质而言，“常德”“玄德”其实是一样的意思，只是表述角度不同而已。在老子哲学体系之中，德是有客观事物这个基础的；从老子的论述逻辑关系看，人们本来是没有所谓的德的，只是人们依据了客观事物的演变状况或演变过程之后才拥有了人类之德，最后当然还有了“不离”“不忒”及“乃足”这种关乎德的行为问题。人们如果能够依据而不离这种“德”，达到像婴儿那样纯真而不主观妄为的状况，那还有什么事情不能成功的呢？

[4] 式：同“栻”，古代占卜用的工具，这里引申指方式、方法。

[5] 忒（tè）：差错。

[6] 复归于无极：与“复归于婴儿”一样，不主观妄为，不因为极端而出现的差错。

[7] 知其荣：以上六句（“守其黑……知其荣”），不少人怀疑是后人窜入的，理由是除开这六句，其余句子的组合合乎逻辑，且与上一段相对应。

[8] 谷：川谷。象征宽容谦卑，也指处下的意思。

[9] 朴：纯朴、质朴、真朴，指天地万物的原来的状况。

[10] 朴散则为器：之前一般解读，真朴的“道”分散就

形成万物。器，指现象世界具体的实物。这样解读把修辞方式顶真之中的两个“朴”字意思，生生撕裂了；而且，“散”解释为“分散”，就难以避免主观妄为的成分在内了。所以，这句的意思可能是，遵循客观事物本来的状况及特性，让其演变扩散而成为器物。这也可以理解为是上一章“是以圣人常善救人，故无弃人；常善救物，故无弃物。是谓袭明”更进一步的具体化。

[11] 官长：一说指百官的首长，即君主；另一说官为管理、长为领导的意思。今从后者。

[12] 大制不割：之前一般解读，完善的政治制度是自然天成、不能随意割裂的。这是本章所包含的另一个意思，其实这样理解还是失之于偏颇。一方面，这里不仅指所谓的“政治制度”，还可以泛指万事万物，由于客观事物的演变必然性，还必然包含着演变过程之间的连续性、渐变性，这即是中国传统哲学所指的“天地之道浸”；另一方面，这其实是本章的概括，并没有所谓的“本章所包含的另一个意思”。所以，这句大致可以理解为：凡是完善的事物以及事物之间的关系，都有其演变的必然性、连续性、渐变性，都是不可人为割裂的。

【点评】

这一章延续前面一章“是谓袭明”之意，是对“是谓袭明”在万事万物上的更进一步演变发展的具体展开。所谓“雄”与“雌”“白”与“黑”“荣”与“辱”等，不过是客观事物演变必然性的阶段呈现，这即是所谓事物的“常德”，遵循了其演变必然性就是所谓的“常德不离”“常德不忒”“常德乃足”，在圣人身上就表现为“为天下谿”“为天下式”“为天下谷”，以及“复归于婴儿”“复归于无极”。老子阐述至此，还仍然在延续前面一章“是谓袭明”之意，同时也在为本章将要阐述的重点作了铺垫。

于是，“复归于朴”这句就是承上，“朴散则为器”则是启下，这是本章的重点。承上的“复归于朴”就是把握了客观事物本身演变的必然性，只不过是仍然归结到客观事物本身原有的状况而已，这其实就是所谓的“袭明”。启下的“朴散则为器”，则是在明了和把握客观事物之后，客观事物还有更进一步的演变发展。老子在这里揭示了“朴”与“器”之间存在着“散”，即演变扩散的连续性、渐变性关系。“圣人用之，则为官长。”王弼注解这一句说“若器也，圣人因其分散，故为之立官长。以善为师，以不善为资。移风易俗，复使归于一也”，比较合符老子的思维体系。最后一句“故大制不割”是这一章的结论，意思是完善之器无不与客观事物存在着不可人为割裂的关系，是对客观事物更进一步演变发展而成为“器”的本质总结。

这一章，尤其要引起重视的还有在整部《道德经》之中，第一次出现了“德”的概念，甚至出现的不仅仅是“德”，而是“常德”。所以把“德”“常德”的概念和含义解释清楚，就很有必要了。

鉴于这一章历来的解读者与我在这里的注解、点评相比，不同之处实在太多，因此把之前一般解读的白话译文附上，便于读者对比阅读。这样做仍然意在说明：其一，之前一般的解读可能实在没有把握和理解老子的哲学体系，所以即使翻译了，也大都是一些正确的废话；其二，《道德经》实在是一本不适合一句文言原文用一句现代白话文来进行翻译的经典著作。

【译文】深知什么是强雄，却安于柔雌的地位，甘做天下的溪涧。甘做天下的溪涧，永恒的“德”就不会离失，而回复到婴儿似的单纯质朴状态。深知什么是光彩，却安于暗昧的地位，甘做预测天下的工具。甘做预测天下的工具，永恒的“德”就不会有过错，而回复到最后的真理。深知什么是荣耀，却安于卑辱的地位，甘做天下的川谷。甘做天下的川谷，永恒的“德”才得以充足，而回复到真朴的状态。真朴的“道”分散形成万物，有“道”的“圣人”沿用真朴，则成为百官的首长，所以完善的政治制度是自然天成、不能割裂的。

第二十九章

将欲取天下而为之，吾见其不得已[1]。天下神器[2]，不可为也，不可执也[3]。为者败之，执者失之[4]。是以圣人无为，故无败，故无失。夫物或行或随，或歔[5]或吹[6]，或强或羸[7]，或挫[8]或隳[9]。是以圣人去甚[10]，去奢[11]，去泰[12]。

【注释】

[1] 将欲取天下而为之，吾见其不得已：取，治理的意思；为，指有所作为，以期治理天下成功；不得已，已为语气助词，不能达到而已。这句的意思是：谁要想从主观有为出发去治理天下并获得成功，我看他是不能达到这个目的的。这一句的重点是老子并不反对治理国家，而且希望天下得到大治；但老子反对不顾客观现实状况，从主观有为出发去治理天下并期望获得成功的行为。

[2] 天下神器：器，器物、东西；神器，指不同于器物的人。天下神器，指神圣的天下百姓。

[3] 不可执也：不可执着、强力推行。

[4] 为者败之，执者失之：帛书本作“为之者败之，执之者失之”，意思是凡是主观妄为的都必然招致失败。

[5] 歔（xū）：有的版本作“呴”，温暖、温热的意思；有的版本作“嘘”，出气缓慢的意思。

[6] 吹：寒凉。或说出气急就是吹。

[7] 羸：瘦弱。

[8] 挫：王弼本作“挫”，河上公本作“载”，意思是安

坐在车上。

[9] 隳（huī）：堕、坠，与挫（或载）相对，即坠下车去。

[10] 甚：极端的。更准确的意思应该是极高的目标。

[11] 奢：奢侈的。更准确的意思应该是极高的生活追求。

[12] 泰：太，过度的、过分的；也指豪华的房屋建筑。

【点评】

这一章继续延续前面两章“是谓袭明”之意，从遵循客观事物演变必然性出发到对人性、物性的了解和把握，从而做到“常善救人，故无弃人；常善救物，故无弃物”；由“知守雌则雄”到“复归于朴。朴散则为器，圣人用之，则为官长，故大制不割”；再到这一章的治理天下，一路延续的是老子反对主观妄为，竭力提倡遵循客观事物本身的演变必然性的主张。

这一章，老子仍然用对比的方法，将圣人与主观妄为者的治理天下进行了对比。“将欲取天下而为之，吾见其不得已”，对主观妄为者用一句话断定其不可能达到目的。老子的理由是“天下神器”不可主观妄为、不可强力推行，原因就在于天下百姓人性不一。所以，凡是主观妄为的、强力推行的，都必然以失败告终。相比而言，圣人治国，一定先去掉那些不切实际的高目标追求，然后必然遵循国家发展的客观规律，立足现实，完成当下应该做也能够做好的事情。这样一来，天下反而得到大治了。

说到底，治理天下也不过是“知守雌则雄”而已。

第三十章

以道佐[1]人主[2]者，不以兵强天下[3]。其事好还[4]。师[5]之所处，荆棘生焉。大军之后，必有凶年[6]。善有果[7]而已，不敢以取强，果[8]而勿矜，果而勿伐，果而勿骄，果而不得已，果而勿强。物壮则老，是谓不道，不道早已[9]。

【注释】

[1] 以道佐：用“道”去辅佐。

[2] 人主：国君、君主。

[3] 不以兵强天下：不依靠武力在天下逞强。

[4] 其事好还：其事，指用兵这件事；还，还报，报应。

[5] 师：军队。

[6] 大军之后，必有凶年：大战过后，必然有灾荒年。此八字帛书本无。

[7] 果：有几种解释，一说是胜利的意思，一说是救济危难的意思。今从后一解。

[8] 果：以下几个“果”字都是达到目的意思。

[9] 物壮则老，是谓不道，不道早已：早已，早死。战争是人类最强力的举动，而事物一旦到了最强力的阶段，就意味着衰落、衰老的开始。所以，总地看战争是不合道的，而不合道的最强力的举动，就意味着在找死。

【点评】

在老子的论述系统中，战争是避免不了而不得不论述的一个环节。在老子看来，人类既然有战争，那么其发生可能有不以人的意志为转移的演变必然性的一面，但同时也可以肯定，一旦战争超过了这个度一点点，就不再合符“道”了，那战争就必然走向发动者初衷的反面了。

首先，战争本身有其危害或成本，对此必须有清醒的认识，“师之所处，荆棘生焉。大军之后，必有凶年”。

其次，既然战争的发生有其不以人的意志为转移的演变必然性，那么战争自身也必然有其客观目的，超过这一客观目的，无疑就是滑向主观妄为了。所以，在这一点上，老子给战争画下了一条红线：“果而勿矜，果而勿伐，果而勿骄，果而不得已，果而勿强。”

再次，在老子的论述中，还隐含着非常深刻的一点，既然战争自身必然有其客观目的，那么，如果能够用另外的方式达到同样的客观目的，那当然就是最好的也是最高明的。

总之，这一章老子对战争是持反对和谴责的态度的。所以，用“道”去辅佐君主的人，可以不靠武力在天下逞强。

第三十一章

夫唯兵者[1]，不祥之器，物或恶之[2]，故有道者不处[3]。君子居则贵左，用兵则贵右[4]。兵者不详之器，非君子之器，不得已而用之，恬淡[5]为上，胜而不美，而美之者，是乐杀人[6]。夫乐杀人者，则不可得志于天下[7]矣。吉事尚左，凶事尚右。偏将军居左，上将军居右。言以丧礼处之。杀人之众，以悲哀泣[8]之，战胜以丧礼处之[9]。

【注释】

[1] 夫唯兵者：帛书本无“唯”字，王弼本作“夫佳兵者”，王念孙校定为“夫唯兵者”。兵，兵器，也指兵事、战争。

[2] 物或恶之：天下万物都厌恶它，更不用说人厌恶它了，因战争使生灵涂炭。物，应先指万物，再指包含人在内。

[3] 有道者不处：遵循“道”的人是不依靠它的。老子是反对战争的，他的反战思想，一方面是从人道立场出发，正如他在三十章指出的“师之所处，荆棘生焉”“大军之后，必有凶年”；另一方面，老子又并非一个完全脱离现实的理想主义者，他对现实、政治的深切关注，使他不能对战争客观必然性视而不见，不得不抱以“不得已而用之”的态度，反复提及和划出战争的底线，这一章又提出“恬淡为上”“胜而不美”“以丧礼处之”等底线，以化解战争带给人类的矛盾和冲突。

[4] 君子居则贵左，用兵则贵右：古人认为左阳右阴，阳生而阴杀。平常安居时以左为贵，战争时以右为贵，以此表明对战争的贬低。后面的所谓“贵左”“贵右”“尚左”“尚右”“居

左”“居右”等，都是古时的礼仪。

[5] 恬淡：淡然、安静。老子以此代表遵循道的人在发动或进行“不得已”的战争时，所应当表现出的迫不得已、并不喜欢战争的无可奈何心态，这种心态与尚武、好战者在战争中兴奋、激昂的精神状态是迥乎不同的。

[6] 而美之者，是乐杀人：美，意动用法，以……为美、以……为了不起；有以为战争了不起的人，这是以杀人为快乐。

[7] 不可得志于天下：不可能在天下得到成功。

[8] 泣：一说哭泣，一说泣为莅的误写。今从后者，莅临、到场、参加的意思，带着哀痛的心情去参加。

[9] 战胜以丧礼处之：打了胜仗要用丧礼的仪式去对待处理。

【点评】

这一章老子继续谈对战争的反对和谴责的态度，更进一步提出“恬淡为上”“胜而不美”“以丧礼处之”等底线，以化解战争带给人类的矛盾和冲突，谴责了那些想依靠战争而得志于天下的人，断定这些人是根本不可能成功的。老子在另外章节谈到了这些人根本不可能成功的原因，就是强暴者不合道，是不可能持久和成功的。

第三十二章

道常无名[1]、朴[2]，虽小，天下莫能臣[3]。侯王若能守之，万物将自宾[4]。天地相合，以降甘露，民莫之令而自均[5]。始制有名[6]，名亦既有，夫亦将知止[7]，知止可以不殆[8]。譬道之在天下，犹川谷之于江海[9]。

【注释】

[1] 道常无名：帛书本“常”作“恒”。之前一般解读，“道”永远是没有名称的。其实更准确的理解可能是，“道”是客观存在的，从这个角度分析，“道”原本是无所谓什么名称的，而名称是人主观命名所给的，客观存在是主，主观名称是次。

[2] 朴：质朴。这是形容“道”的特征。这一句还有一种读法：“道常无名，朴虽小。”意思相同。

[3] 天下莫能臣：臣，名词作动词用，“使……为臣”“使……服从”的意思。天下没有能使它服从的。

[4] 自宾：自将宾服于侯王。宾，宾服、服从。

[5] 民莫之令而自均：之前一般解读，人民没有令它均匀，它却自然均匀。老子认为“道”的功用是均调普及，具有一种平等精神。更准确的解读可能是，没有谁命令人民形成均匀的秩序，人民却自然形成均匀的秩序。老子之道是对客观事物（包括民在内）动态演变的本质抽象，因而客观事物的阶段特点就表现为事物的某一阶段动态演变必然是由无序走向有序，事物的另一阶段又由有序走向无序，客观事物的存在过程就是这样反复动态均衡的演变过程。

[6] 始制有名：之前一般解读，始，指天地万物的开始；制，作的意思。始制有名，万物开始兴作，于是产生了各种名称。这与二十八章所说的“朴散则为器”是同一个意思。更准确的理解可能是，天地万物开始兴作，于是人们就对事物也开始产生了各种认识，同时也由此产生了各种名称。

[7] 夫亦将知止：之前一般解读，止，止境、限度。其实更准确的意思是，人们依据对客观事物的各种认识，也必将会认识和掌握客观事物演变的完整过程。

[8] 可以不殆：帛书乙本“可以”作“所以”。

[9] 譬道之在天下，犹川谷之于江海：这句是以江海比喻道，以川谷比喻天下万物，说明道的客观必然性。意即“道”为天下万物的本质，正如江海为一切小河流所归那样既客观又必然。

【点评】

就这一章来说，其已经明确的前提是在老子《道德经》第一章阐述的哲学系统之中：“道”是客观存在的，“道”的含义或本质是客观事物本身两种基本的动态演变必然性的抽象。在此明确的前提之下，再来看这一章就非常清楚了。

这一章老子阐述“道”的客观存在，“道”与人们认识客观事物之间的关系。首先，“道”是客观存在的，从这个角度而言，“道”是独立于人的意识之外的，与人们如何命名“道”没有什么关系，这即是“道常无名、朴，虽小，天下莫能臣”；但是，一旦人们认识和掌握了“道”，那么，“万物将自宾。天地相合，以降甘露，民莫之令而自均”，也就是天地万物都将被人所认识和掌握了。

那么，人又是如何开始认识和掌握“道”与客观事物之间的关系的？人们是从客观事物开始产生的时候，也就同时开始了对客观事物的认识活动，于是就有了对客观事物的各种认识，而在各种认识的基础上，人们最后也必将认识和掌握客观事物本身演变的完整过程。一旦人们认识和掌握了客观事物本身演变的完整过程，人们就由此而进一步认识和掌握了客观事物本身的演变必然性，从而人们有了对客观之道的认识和把握，最后人们形成了遵循客观之道的习惯，因此，人们的行为就不会再出差错，更不会有什么危险了。这即是所谓的“始制有名，名亦既有，夫亦将知止，知止可以不殆”。

这一章，就“道”的客观存在，“道”与人们认识客观事物之间的关系来说，综合起来就一句话：“譬道之在天下，犹川谷之于江海。”“道”与天地万物的关系，就如同川谷之于江海那样客观必然。

第三十三章

知人者智，自知者明[1]。胜人者有力，自胜者强[2]。知足者富。强行者有志[3]。不失其所者久[4]。死而不亡[5]者寿。

【注释】

[1] 知人者智，自知者明：智，智巧，表现为投其所好之类；明，高明、聪明的意思，表现为透彻明了。

[2] 强：之前一般解读，这是老子使用的特殊概念，含有果决的意思，与五十二章“守柔曰强”的“强”字用法相同，但其实两者是有些区别的。这里的“强”更多侧重在透彻了解自己才是更强大无比的意思上，比之“胜人者有力”显得更为难得。而五十二章“守柔曰强”与前一句“见小曰明”因前后构成互文，而且最后是为了阐述“袭常”的重要性，所以“守柔曰强”与“见小曰明”一方面含有“柔则强”与“小则明”，即揭示了客观事物本身演变的必然性的意思，另外还含有“守”与“见”即对客观事物本身演变的必然性的认识和把握的意思。

[3] 强行者有志：有人认为，“强行”为“勤行”之误；也有人认为，“强”和“勤”在古代是通假字。由此，强行就是努力不懈的意思。有志，有坚强意志。

[4] 不失其所者久：之前一般解读，不离失根基的才能持久。其实问题在于什么是“根基”？我理解这“根基”就是前一章所总结的“譬道之在天下，犹川谷之于江海”，也就是对“道”及对客观事物本身演变必然性的坚持不失。

[5] 死而不亡：身体已经死亡，但其精神依然被世人遵循。

【点评】

这一章老子阐述了自我修养的观点。老子认为，知人、胜人固然重要，但知己、自胜更为难得；而只有达到“自知”“自胜”“知足”“强行”的人，才可能使自己的精神生命与思想生命超越死亡，成为长久的存在，而这一切可能都必须建立在对遵循“道”及对客观事物本身演变必然性的坚持不失的基础之上，即“不失其所”。

第三十四章

大道泛兮[1]，其可左右[2]。万物恃之以[3]生而不辞[4]，功成而不有[5]。衣养[6]万物而不为主[7]。常无欲[8]，可名于小[9]；万物归焉而不为主，可名为大[10]。以其终不自为大，故能成其大[11]。

【注释】

[1] 大道泛兮：泛，水向四处漫流，叫做泛滥。帛书乙本，“泛”字作“渊”。大道泛兮，大道像河水泛滥一样无所不至、无所不在。

[2] 其可左右：指大道决定着天下万物的演变发展，以下几句是具体的展开。

[3] 以：王弼本作“而”字，傅奕本、景龙碑本、苏辙本、林希逸本、范应元本及众多古本均作“以”字。

[4] 辞：有几种解释，一说推辞，一说言辞、称说的意思，一说管理、干涉的意思。从前后语句看，今从言辞一解。

[5] 功成而不有：王弼本作“功成不名有”，有人认为“名”是衍文。有所成就而不自以为有功。老子在此借描述“道”的性质（生养万物，却不加以丝毫的主宰）来阐述道的客观必然而不为主的精神。

[6] 衣养：养育。

[7] 不为主：不自以为主宰。

[8] 常无欲：之前一般解读，有些古本无此三字。有人怀疑是衍文。其实这三字句子，表现的是老子在《道德经》第一

章就阐明的一贯哲学思想："道"是客观存在的，其本身无所谓"无欲""有欲"。因此，我甚至怀疑这三字句子是"故常无欲以观其妙，常有欲以观其徼"的省略。而有些古本无此三字，恰恰是自《道德经》问世以来，尚无人理解"常无""常有"是老子提出的非常重要的哲学概念的缘故。

[9] 可名于小：可以称它为小。由于道生养万物而不自以为主宰，也就是说，万物由道生养，却不知道是由道所生养，好像这个"道"是不存在的一样，因此可以说它"小"而不引人关注。

[10] 万物归焉而不为主，可名为大：万物归附于"道"，而"道"不自以为主宰，因此可以说它是伟大的。

[11] 以其终不自为大，故能成其大：以，由于，因为；成，成就、成全。由于"道"不自以为伟大，所以才成就了它的伟大。这一句说出了"伟大"的品格，不自以为是，反而能有大成。这是老子要人以道为师，核心在成而不自为大。

【点评】

这一章有两层意思：一、道与万物的关系，"万物恃之以生""衣养万物""万物归焉"，这即是所谓的"大道泛兮，其可左右"；二、老子告诫人要以道为师，要学道的"生而不辞""功成而不有""衣养而不为主""归焉而不为主"，在此可能还要克服认识上的一点偏差，不要因为道的客观必然而又平淡无奇产生"可名于小"的想法。其实"万物归焉而不为主，可名为大"，而人只是万物之一，当然也在"归焉"之列，所以人必然也要学道的"以其终不自为大，故能成其大"。这一点，说到底人还是必须遵循道，然后才能使道为人所用，如此，人才能成其大。

第三十五章

执大象[1]，天下往[2]。往而不害[3]，安平太[4]。乐与饵[5]，过客止[6]。道之出口，淡乎其无味[7]，视之不足见，听之不足闻，用之不足既[8]。

【注释】

[1] 执大象：之前一般解读，象即“道”。道是无物之象，它产生天地，无处不在，是宇宙中最大的象。执大象，执守大道。也有解读为现象事物的，如成玄英疏：“大象，犹大道之法象也。”问题在于为什么不直接说“执大道”而说“执大象”？还有前面一章刚刚阐述了“大道泛兮，其可左右”，这里原本更应该说“执大道”而不说“执大象”的。由此大致可以看出，在老子的论述中两者是有所区别的。其区别可能就是前面一章与《道德经》第一章所阐述的那样，“大道”与“万物”两者既是不同的，又是相融的关系。此外，在《道德经》四十一章提到“大象无形”，也指万物由于演变而没有固定不变的形态，还有考虑到这一章的重点核心是人们认识和把握了“道”之后，如何运用“道”的问题，因此，这里的“大象”解为“万物”可能更为恰当一些。执大象，意思就是抱持和遵循万物的演变必然性。

[2] 天下往：之前一般解读，天下，指天下的人们；往，归往的意思。更准确的意思可能是，天下指包括了人在内的天地万物；往，向前发展的意思。这与老子阐述的事物演变发展的逝、远、返的观点应是相一致的。

[3] 往而不害：之前一般解读，即使天下的人们向它投靠，也不会互相妨害。其实这里与前面的“天下往”构成了顶真的修辞关系，指天地万物都按演变必然性而向前发展了，也不会发生彼此残害的事情。我们之前已经分析过，在老子的哲学思维体系中，客观事物本身的存在状况就是一个客观必然的动态演变过程，同样，客观事物之间存在状况的关系也是一个客观必然的动态演变过程。

[4] 安平太：有的版本作“安平泰”。安，相当于乃、于是的意思；平，和平；太，即泰，安泰。

[5] 乐与饵：乐，音乐；饵，美味佳肴。

[6] 过客止：（美食和音乐）能使过路的行人停住不走。

[7] 道之出口，淡乎其无味：“道”用嘴说出来，平淡甚至极其无味。

[8] 用之不足既：既，尽。用它，却用不完、用不尽，同时还含有所获也不尽、不完之意。这四句概括了“道”的平淡无味的特点，显示出它与可闻可见的音乐美食之类的物质不同，显露出老子对人们能否抱持和遵循道的担忧。

【点评】

这一章是紧承着前一章而来，可以说前面一章的重点在阐述道决定着万物的“生”“养”“归”，即所谓的“大道泛兮，其可左右”。同时，老子告诫人要以道为师，要学道的“生而不辞”“功成而不有”“衣养而不为主”“归焉而不为主”。在此还要克服认识上的一点偏差，不要因为道的客观必然而又平淡无奇，产生“可名于小”的想法，其实“万物归焉而不为主，可名为大”，而人只是万物之一，当然也在“归焉”之列，所以人必然也要学道的“以其终不自为大，故能成其大”。应该强调的是这里的几个“不”——“不辞”“不有”“不为主”，都是去除主观、遵循客观的意思，这就是“以其终不自为大，故能成其大”。我们已经说过，在老子的哲学思维体系中，人是最伟大的，其思想前提就是人能够认识和把握“道”，使“道”为人所用，从而遵循客观事物本身的演变必然性，绝对不是指人的主观或本身的能力有多么伟大。

接着才有了这一章对道的运用。具体地说，对道的运用就是抱持和遵循万物演变的必然性，那么天下万物就必然往前发展了，往前发展了就能够解决彼此残害的事情，于是才会有天下和平安泰的大治，这是对“道”的运用即“用之不足既”。可以说人对道是用不完、用不尽的，同时人类所获也是没有穷尽、不会完结的。这就是人类伟大之处的体现。

可是，“道”跟“乐与饵，过客止”相比，“道之出口，淡乎其无味，视之不足见，听之不足闻”，老子多多少少地显露出了一丝对人类能否自觉遵循、运用道的担忧。

第三十六章

将欲歙之，必固张之[1]；将欲弱[2]之，必固强[3]之；将欲废[4]之，必固兴[5]之；将欲夺[6]之，必固与[7]之。是谓微明[8]。柔弱胜刚强。鱼不可脱于渊[9]，国之利器[10]，不可以示[11]人。

【注释】

[1] 将欲歙（xī）之，必固张之：之前一般解读，歙，收敛、收拢的意思；之，相当于“者”。将要收拢的，必定先扩张。这个意思是说，在事物发展的过程中，张开往往是闭合的一种征兆或者说先期动作。老子认为事物在不断对立转化的状态，当事物发展到某一个极限的时候，它必然会向相反的方向运转，好比花朵盛开的时候，它就要萎谢了（花朵盛开是即将萎谢的征兆）；月亮圆满的时候，它就要亏缺了（月亮圆满是即将亏缺的征兆）。本章第一层的排比句子乃是老子对事态发展的一个分析，亦即道家“物极必反”“势强必弱”观念的一种说明。不幸这段文字普遍被误解为含有阴谋的思想，而韩非是造成曲解的第一个大罪人，后来的注释家也很少能把这段话解释得清楚。然前人如董思靖、释德清等对于这段文义都曾有精确的解说，下面引录董思靖与释德清的解说以供参看。

董思靖说：“夫张极必歙，与甚必夺，理之必然。所谓‘必固’云者，犹言物之将歙，必是本来已张，然后歙者随之。此消息盈虚相因之理也。其机虽甚微隐而理实明者。”（《道德真经集解》）

释德清说："此言物势之自然，而人不能察，天下之物，势极则反。譬夫日之将昃，必盛赫；月之将缺，必极盈；灯之将灭，必炽明。斯皆物势之自然也。故固张者，翕之象也；固强者，弱之萌也；固兴者，废之机也；固与者，夺之兆也。天时人事，物理自然。第人所遇而不测识，故曰微明。"（《老子道德经解》）

其实如此解读还是似是而非，仍然存在理解不准确、不到位的缺陷。由于这些解读者并不明白老子的哲学思维体系是建立于客观事物本身演变必然性的基础之上，因而出现了知其然而不知其所以然的缺陷，也就都在情理之中了。如果按老子的哲学思维体系分析，更准确的说法应该是：在客观事物本身演变发展过程中，客观事物的闭合阶段或状况必然是由张开阶段或状况演变而来的。至于说老子的这句话，也有被理解为施用计谋的思想，其实只不过是老子清楚表达了，一旦人们认识和把握了客观事物本身演变必然性之后，人们的主观思维应该按照客观事物本身演变必然性那样去思考事物而已。这在中国传统文化中有一个更通俗的说法，这个说法就是"料事如神"。如果按西方的哲学思维分析，这个中国的通俗说法，就很难作出令人信服的证明了。

[2] 弱：削弱。更准确的意思应该是"走弱"。

[3] 强：形容词作动词用，使……强。更准确的意思应该是，其原先必然是强盛的。

[4] 废：废弃、废毁。

[5] 兴：兴起、兴举。

[6] 夺：通行本作"夺"，但《韩非子·喻老》作"取"，范应元本及彭耜（sì）本也作"取"。

[7] 与：给予。

[8] 微明：微是幽微、幽隐的意思；明，明通、聪明。微明就是看不见的聪明，即深沉的聪明。一说明是征兆的意思，微明，就是幽微的征兆。其实两解最好是合起来理解更准确，原因就是老子所举事例是由客观事物本身演变的必然性，再到人依据这种演变必然性而运用到人事之上的。这里的“明”也有“知常曰明”的意思，而“微”则是“见微知著”之“微”的意思。

[9] 鱼不可脱于渊：鱼不能离开深渊，鱼脱于渊就演变为不再是鱼了，变为“鱼肉”了，鱼作为一种客观事物就走向其反面了。

[10] 利器：一说指权道、权谋，一说指军事力量，一说指权势禁令等凶利的政治手段。今从最后一解。

[11] 示：之前一般解读，示，显示，此主要指耀示于人民。有人将此章理解为老子讨论权术的思想，那么“利器”就是权术、权谋的意思。“国之利器，不可示人”，含有隐秘的东西不能随便给人看的诡诈。王弼说：“示人者，任刑也。”统治者用严刑峻法来制裁人民，就是用利器示人，就是“刚强”的表现。老子认为这种逞强是不会长久的，因此在此章他又一次阐明“柔弱胜刚强”，主张统治者采取“无为”、宁静的政治。其实，老子想要表达的是“国之利器”原本是用来保护国家之用的，不用就意味着国家是安宁的，用了就意味着国家有了问题，那么这个国家就开始走向反面了，就如鱼一样，鱼不脱渊仍然是鱼，一旦鱼脱渊（示之于人）了，鱼就可能不再是鱼而变成鱼肉了。

【点评】

因为道是对客观事物演变必然性的抽象，而其本质是客观事物必然走向其反面，所以当你看到事物的这一面，必然就能看到事物的另一面。一旦事物出现，你就可以预判事物的演变结果，这就是所谓的“料事如神”，这是老子哲学或东方哲学最深刻也最厉害的地方之一。明白了“道”的这种客观必然性，就是“微明”。后面的两个“不可”则属于依据道而具体运用的问题了，之后，我们将多次看到这些具体运用的事例。老子把所有依据道而具体运用的问题，都归结为“德”的问题，而“德”的本意即是客观事物由“生”到“成”的演变。

第三十七章

道常[1]无为而无不为[2]。侯王若能守之，万物将自化[3]。化而欲作[4]，吾将镇之以无名之朴[5]。镇之以[6]无名之朴，夫将不欲[7]。不欲以静[8]，天下将自正[9]。

【注释】

[1] 常：帛书乙本作“恒”，“常”与“恒”两个字相通，可以解释为“客观”。

[2] 无为而无不为：无为，是遵循客观事物而不主观妄为。老子一再提倡“无为”的政治、“无为”的人生，这个“无为”并非不做，而是抛弃个人的一切心思计虑，不孜孜营私，不恣意行事，一切以遵循客观事物的演变必然性而行，不要超越现实阶段想当然地去做事，否则只能是主观妄为。自然界万物并存、各呈其态，就是一种“无为”的结果，因为在这个世界中没有任何有意志的经营、没有任何造作，一切都是自然而然的。无不为，没有一件事不是它（指“道”）所做的，这正是“无为”（不妄为）产生的结果。无为而无不为，意思是不妄作的前提下，就没有什么事情不可以做，也没有什么事情做不成。

[3] 自化：自我生长、自我化育。

[4] 化而欲作：欲，欲望、贪欲；作，萌发、出现。“化而欲作”之“化”与上一句“万物将自化”之“化”构成顶真修辞关系，前面指自我生长、自我化育，后面指自我生长、自我化育的结果。“而”是转折的连词，意思是“却”。整个句子的意思是客观事物的自我生长、自我化育，有些人却认为是

自己出力作为的功劳，因而就有各种贪欲的萌生了。

[5] 吾将镇之以无名之朴：镇，压制、镇服；以，用；无名，指“道”；朴，形容“道”的真朴。我将用“道”的真朴来镇住它。

[6] 镇之以：王弼本无此三字，帛书乙本有此三字。

[7] 夫将不欲：王弼本“不”作“无”，帛书本此句作“夫将不辱”。

[8] 不欲以静：不起贪欲而归于宁静。帛书本作“不辱以静”。

[9] 自正：通行本作“自定”，帛书本、傅奕本作“自正”。

【点评】

这一章有两层意思：第一层意思紧承上一章对道的运用，关键在不妄为，只有在不妄为的前提下才有可为；第二层意思，正是因为事情的成功之中可能包含了人的“有可为”因素，就有人会夸大人的因素，而忽视了起决定性的客观事物演变的必然性因素，这个时候就容易萌生各种贪欲，甚至发生主观妄为之事，老子提示人们需要对此“镇之以无名之朴”。这与《易经》乾卦提示的“亢龙有悔”似有异曲同工之妙。

下篇　德经

第三十八章

上德不德[1]，是以有德；下德不失德[2]，是以无德。上德无为而无以为[3]，下德为之而有以为[4]。上仁为之而无以为[5]，上义为之而有以为。上礼为之而莫之应[6]，则攘臂而扔之[7]。故失道而后德[8]，失德而后仁，失仁而后义，失义而后礼。夫礼者，忠信之薄，而乱之首[9]。前识者[10]，道之华[11]，而愚之始[12]。是以大丈夫处其厚[13]，不居其薄[14]；处其实，不居其华。故去彼取此[15]。

【注释】

[1] 上德不德：之前一般解读，老子从居心上来分道、德、仁、义、礼这几个层次。德是道的具体体现，因此，德指自然德性，即儿童的纯朴天性。上德，指具有上等品德因循自然的人。上德不德，即具有上等品德的人（因具备自然的品德），所以不表现为形式上的品德（如仁、义、礼等）。这样解读可能与老子表达的意思严重不合，老子根本不是从居心上，而是从与客观事物的关系上来分道、德、仁、义、礼这几个层次的。我们在前面已经明确了在老子的哲学系统中，与客观事物关系最为关键的当然是“道”，从而“道”又有“客观之道”与“主观之道”的区别，相应的，事物也有客观存在状况与主观描述存在状况的区别。当然，老子认为只有把“客观之道”和“客观事物”搞清楚了，再来谈论“主观之道”和事物的主观描述存在状况才是有意义的，因为说到底，主观的东西至多是对客观事物的假设和推论，最终是不可能等同于客观事物本身的。

由此，就可以非常简单明白地推知，这里的“上德”就是“客观之德”，而之后的“下德”就是“主观之德”。

为什么可以把“上德”“下德”解读为“客观之德”与“主观之德”呢？关于这两点，我们可以先参看《道德经》第五十一章。在这一章中，老子说：“道生之，德畜之，物形之，势成之。是以万物莫不尊道而贵德。道之尊，德之贵，夫莫之命而常自然。故道生之，德畜之，长之育之，亭之毒之，养之覆之。生而不有，为而不恃，长而不宰，是谓玄德。”就这一章分析，我们可以明白三点：其一，这一章中的“道”即是“客观之道”，它决定了客观事物的产生；其二，这一章中的“德”即是“客观之德”，这里的“德”也即是“玄德”或“常德”“上德”，其含义就是客观事物本身所具有的作为事物自身生长演变的必然过程，在这个必然过程中，人们应该抱持的是“生而不有，为而不恃，长而不宰”，反之“生而有之，为而恃之，长而宰之”即为“下德”；其三，在这一章中，老子完整地表述了“道”与“德”的关系，但在“德”之后的论述中，显然没有涉及所谓的“仁”“义”“礼”的概念或问题。如果再参照“天地不仁”“圣人不仁”的一贯说法，那么，我们就可以明白就“客观之道”“客观事物”而言，老子的论述系统中是不包括所谓的“仁”“义”“礼”的概念或问题的。

就“德”而言，原本是客观事物本身所具有，只是后来被人依据遵循从而所拥有，这才有了人们所谓的“德”。在老子看来，后来被人依据遵循从而所拥有之“德”，难免被人的私利欲念所左右，从而沦为所谓的“下德”，所以老子在指出“下德”的特点的时候说“下德（无为）为之而有以为”。这句意思就是，在面对客观事物原本应该不妄为（无为）的时候，却借假“德”的名义有心去作为了；而“上德”则与之相反，“上德无为而无以为”，做到了“生而不有，为而不恃，长而不宰”。从中还可看到“上德”也不是一味“无为”，而是“为而不恃”，即在遵循客观事物生长演变的必然过程的前提下去作为。其实这就是所谓的顺势而为，而在顺势而为的时候，切忌夸大依恃主观能力等作用，否则只会逆势而动招致失败。

再看《道德经》第五章：“天地不仁，以万物为刍狗；圣人不仁，以百姓为刍狗。天地之间，其犹橐籥乎？虚而不屈，动而愈出。多言数穷，不如守中。”这章的白话意思是：天地是无所谓仁慈不仁慈的，它对待万事万物就像对待刍狗一样，任凭万物自生自灭；圣人也是没有仁爱不仁爱的，也同样像对待刍狗那样对待百姓，任凭人们自作自息。天地之间，岂不像个风箱一样吗？它空虚而不枯竭，越鼓动风就越多，生生不息。政令繁多反而使人困惑，更加行不通，不如保持虚静。这里老子表达的是天地无所谓仁不仁，生了万物，又把万物当刍狗。于是老子说人要效法天地，天地生了万物，却没有居功：天地给万物以生命，却没有自认为荣耀。所以，真正要成为圣人，就要效法天地的这种精神，养成这样的胸襟。因此老子的“天地不仁，以万物为刍狗”的真正意思是：天地看万物和看那个丢掉的刍狗一样，并没有“神圣祭物”与“垃圾草狗”两种意义或区别，其本质只不过是客观事物演变过程的不同阶段的自然呈现而已。人之所以对万物有差异化的仁或不仁的看法，那全是因为人的自私观念在作祟。由此，我们可以明白，老子通过举例和推论，就把所谓“仁”的问题解决了，他的结论是：在客观事物与客观现实面前，无所谓“仁”的问题。

总之，第一，老子根本不是从所谓居心上，而是从与客观事物的关系上来分道、德、仁、义、礼这几个层次；第二，老子所界定的道、德、仁、义、礼等的概念及含义是明确的，也是有坚实的客观基础的，这与历来一般所主张的偏向主观伦理的截然不同，也大异其趣。

[2] 下德不失德：之前一般解读，下德，与上德相对，指仁、义、礼等德性。老子将德分为上、下两个层次，上德是无心的流露，是与自然同一的品德；下德是有心的产物，是人为的品德，含有勉强的成分，也易产生虚伪。所以下德的人自以为不离失德，实际上是没有达到“德”的境界的，故老子下文称之为“无德”。这样解读虽然不够准确，但也已经触及到了“上德”与“下德”的关键区别在于“无心”与“有心”，不过两者的“无心”与“有心”还只是表象，而其本质在于是否遵循客观事物这个基础。另外，之前已经说过，“上”与“下”还有通解之义，即含有“崇尚”与“抛弃”之义，由此也可以明白老子不但界定了“德”的概念和含义，还可以明白老子所赞成与反对的是什么样的“德”。

[3] 上德无为而无以为：之前一般解读，以，有心，故意。上德的人顺任自然而无心做作。可能更准确的意思是，有德的人遵循客观事物不去妄为，而且也不想去作为以显示自己之德。老子认为，这样才是有德。

[4] 下德为之而有以为：之前一般解读，下德的人在形式上表现“德”并有心做作。这一句文字颇有争议，范应元本为“下德为之而无以为”，马其昶本为“下德无为而有以为”。本文据王弼本作“下德为之而有以为”。可能更准确的解读是，无德的人在面对客观事物的时候，原本应该不去妄为却去做了点什么，他们以为不这样就无以显示自己之德。老子认为，这

样恰恰是没有德。

以上四点注解通过“上德”“下德”特点的对比，老子明确了其赞成之“德”即为“上德”，同时也明确了《道德经》全文所指之“德”即为此“上德”，简称为“德”。

[5] 上仁为之而无以为：历来对这一句之“上仁”及之后“上义”“上礼”的解读，要么是置之不理，要么就是莫衷一是。有把道、德、仁、义、礼理解为一个完整系统的，也有把道、德理解为一个完整系统，而把仁、义、礼归之于德之下的，甚至有把仁、义、礼归之于“下德”之下的，但就是不明所以。就《道德经》全文文本看，其回绕道、德展开论述，极少涉及仁、义、礼的问题，应当也在情理之中；但就本章文本看，因为论述的结论部分有“故失道而后德，失德而后仁，失仁而后义，失义而后礼”与“故去彼取此”的说法，由此是否可以得出存在着有“彼此”之分的道、德、仁、义、礼的两个系统呢？接着的问题是，为什么这两个系统之中只有上仁、上义、上礼，而没有“彼此”相应的下仁、下义、下礼呢？又接着的问题是，“故失道”是事物的一面，是否还应该有“彼此”相应的“故遵道”的事物的另一方面呢？还有，“故失道”之后的德、仁、义、礼应该就是与之对应的“下德”“下仁”“下义”“下礼”吧？那么要是“故遵道”，之后与之对应的应该是“上德”“上仁”“上义”“上礼”了吧？但其实从具体的语句分析，老子的本意却是并不赞成所谓的“上仁”“上义”“上礼”，因为这些都是有违他遵道无为的原则的。再从前后语句分析，在这一章中，前后只出现了“上礼”“失义而后礼”及“夫礼者，忠信之薄，而乱之首”，其中的三个“礼”应该指的是同一个“礼”或“上礼”吧？最后，至于“上仁”“上义”干脆就置之不论了。

由以上的分析，大致可以得出两个结论：其一，在老子所主张的尊道贵德的系统中，可以说并无所谓的仁、义、礼的问题；其二，在失道不贵德的系统中，才有所谓的仁、义、礼的问题，而且老子把这些所谓的仁、义、礼，在本章中一概斥之为“前识者”，即脱离客观事物或客观现实的主观设定。“前识者，道之华，而愚之始”，它借道之名，而其居心和危害可以说是不言而喻的。

[6] 上礼为之而莫之应：之前一般解读，上礼的人有所作为却得不到别人的回应。可能更准确的解读是，“上”通解“尚”，即“崇尚”，整句意思就是，崇尚礼的人在本应遵道不妄为的时候有所作为而得不到别人的回应。老子借此表达的隐含意思是，这种人由于脱离客观事物或客观现实而主观妄为，结果其所作所为并没有得到人们的回应，他只好用“礼”来要求人们尊重他服从他了。

[7] 攘臂而扔之：攘臂，伸出手臂；扔之，用手引他们、强拽他们。

[8] 失道而后德：失掉了“道”而后才有“德”。

[9] 夫礼者，忠信之薄，而乱之首：之前一般解读，礼，是忠信的不足、祸乱的开端。可能更准确的解读是，“礼”即“上礼”，其中“上”通解“尚”，即“崇尚”的意思，那么整句话的意思就是，凡是崇尚礼的，就意味着忠信的不足、祸乱的开始。

[10] 前识者：之前一般解读，有先见之明的人。可能更准确的意思是，那些脱离客观事物而主观设定的所谓仁、义、礼。

[11] 华：虚华，有名无实。

[12] 愚之始：之前一般解读，愚昧的开始。可能更准确

的解读是，使人愚昧然后盲从的开始。

[13] 处其厚：之前一般解读，立身于敦厚（的品德）。可能更准确的解读是，立身于敦厚的遵道贵德。

[14] 薄：浅薄，此指“仁”“义”“礼”。

[15] 去彼取此：去掉薄华的“仁”“义”“礼”，采取厚实的“道”与“德”。

【点评】

这一章是《德经》的总纲，其重要性可以说不下于《道德经》总纲的第一章，当然由于第一章是全书的总纲，“德”肯定在“道”之下；但就老子在《德经》中所提出的原则而论，虽然时间已经过去了2500多年，但其犀利真灼仍然让人不敢再多说一句话，在这里只求务请记住本章的两个“故”字。

在此，抄录别人的译文附后。

【译文】具有上德的人不表现为外在形式的“德”，所以实际上是有“德”；下德的人死守着形式上的“德”，因此实际上是没有“德”。上德的人顺任自然而无心作为，下德的人在形式上表现“德”并有心做作。上仁的人有所表现但出于无意，上义的人有所表现却出于有心。上礼的人有所作为却得不到回应，于是就伸出胳臂，强掣牵拽。所以，丧失了“道”而后才有“德”，丧失了“德”而后才有“仁”，丧失了“仁”而后才有“义”，丧失了“义”而后才有“礼”。“礼”这个东西，是忠信的不足，是祸乱的开端。所谓“先知”，不过是“道”的虚华，是愚昧的开始，因此大丈夫立身敦厚，而不居于浅薄；存心朴实，而不居于虚华。所以要舍弃薄华的“礼”，采取厚实的“道”和“德”。

第三十九章

昔之得一者[1]：天得一以清[2]，地得一以宁，神得一以灵，谷得一以盈，万物得一以生，侯王得一以为天下正[3]。其致之也[4]，谓[5]天无以清，将恐裂[6]；地无以宁，将恐废[7]；神无以灵，将恐歇[8]；谷[9]无以盈[10]，将恐竭[11]；万物无以生，将恐灭；侯王无以为贞[12]，将恐蹶[13]。故贵以贱为本，高以下为基，是以侯王自称[14]孤、寡、不谷[15]。此非以贱为本邪？非乎？故至誉无誉[16]。是故不欲琭琭如玉[17]，珞珞[18]如石。

【注释】

[1] 昔之得一者：一，指“道”，是“道”的别名。古来遵循“道”这个“一”的。

[2] 天得一以清：之前一般解读，天得到这个“一”而清明。老子将“道”看成是构成天、地、神、谷以及万物所不可或缺的要素。自然界一切都在流动着、变化着，老子认为这些变化的基础是统一而不是矛盾的斗争，故说“天得一以清，地得一以宁，神得一以灵，谷得一以盈，万物得一以生”。其中的“老子将‘道’看成是构成天、地、神、谷以及万物所不可或缺的要素”可能不够准确，更准确的解释应该是“老子将‘道’看成是天、地、神、谷以及万物所不可或缺的客观演变的必然性”。

[3] 侯王得一以为天下正：正，首领的意思，王弼本作“贞”，通“正”，其他多种古本作“正”。这句的意思是

侯王得到“一”因而做了天下的首领。一说“天下正”为天下安定的意思，此解释也通。

[4] 其致之也：之前一般解读，帛书本如是，通行本无“也”字。致，相当于“推”，这句意思是推而言之。其实，这里“致”是招引、招致之意，整句的意思是，不遵道会招致如下情况，从而与前面“得道”构成对比。

[5] 谓：帛书本省作“胃”，傅奕本作“以”，似不合语意。

[6] 天无以清，将恐裂：无以，相当于无已；已，停止、完毕。这句的意思是天不能清爽，恐怕将要破裂，隐含之意是天一直不清，就不再是天了。

[7] 废：王弼本作“发”。刘师培认为“发”应读为“废”，“发”为“废”的省形；废，塌陷。

[8] 歇：消失。

[9] 谷：河谷，比喻底处。

[10] 盈：水满。

[11] 竭：尽，干。

[12] 为贞：傅奕本、范应元本作“为贞”，王弼本作“贵高”。贞通“正”，与“侯王得一为天下正”中的“正”同义。

[13] 蹶：跌倒，引申为挫折、失败。侯王的失败就是亡国。

[14] 自称：王弼本作“自谓”，范应元本、林希逸本、焦竑本作“自称”。

[15] 孤、寡、不谷：之前一般解读，都是侯王对自己的谦称。孤，意思是说自己孤单，有争取臣、民拥护的意思；寡，与孤相似。一说孤、寡分别是孤德、寡德的意思，即指自己德性不好。不谷，有不善的意思。有人怀疑侯王的这些谦称是受道家思想的影响而提出的。其实这些谦称都含有处下之意，因

为侯王本意即是高贵，必然对应以处下之意，这与“贵以贱为本，高以下为基”是一样的道理。

[16] 至誉无誉：之前一般解读，“至誉”，最高的赞誉；“无誉”，无需夸誉。王弼本原作“致数舆无舆”，致即至，舆通“誉”。联系上文句子，可能更准确的意思是：至誉是以无誉为基础的，至誉是由无誉演变而来的。

[17] 琭（lù）琭如玉：琭琭，形容玉的华美。像玉那样华美。

[18] 珞（luò）珞：之前一般解读，形容石块的坚实。“不欲琭琭如玉，（而宁）珞珞为石”是老子心目中理想的有道的君主形象，也就是说为政者要能“处下”“居后”“谦卑”，要像大厦的基石一般坚韧朴质。这种理想形象，反映着老子“无为而治”“至虚”“守静”的辩证思想。其实这种理想形象之下，反映的是老子“处下”才能“向上”的辩证思想。

【点评】

本章有两层意思，第一层意思，继续阐述道的客观必然性，天得一可以由不清到清，地得一可以由不宁到宁，神得一可以由不灵到灵，谷得一可以由不盈到盈，万物得一可以由不生到生，侯王得一可以为天下由不正到正；反之，不遵道就会出现与遵道形成对比的结果，“其致之也”即招致不堪的后果。第二层意思就是遵道而行，也就是人应该有的“德行”，当然这其中之“德”就是老子已经界定清楚并且赞成崇尚的“上德”。“故贵以贱为本，高以下为基，是以侯王自称孤、寡、不谷。此非以贱为本邪？非乎？故至誉无誉。是故不欲琭琭如玉，（而欲）珞珞如石。”

第四十章

反者[1]道之动[2]，弱者道之用[3]。天下万物生于有，有生于无[4]。

【注释】

[1] 反者：反，有两种解释，一是相反、相对；二是同“返”，反复、循环的意思。在老子的哲学中，这两种意义有时在不同的场合交替出现，有时使用“反”时，两种意义都蕴含在内。老子认为，自然界中事物的运动和变化莫不依循着一定规律，而“反”就是其中的一个规律。它的含义是：任何事物都是在相反相成的状态中出现的，如静与动、虚与实、弱与强、柔与刚，等等，这种相反相成的作用是推动事物变化发展的力量；同时，一切事物的变化发展都向着它的起始反复，而这个起始便是虚静。其实，无论“反”还是“返”，都无非是老子关于客观事物有无演变必然性，换了一个角度的说法而已。

[2] 道之动：之前一般解读，“道”的运动（规律）。可能更准确的意思应该是，道的本质规定了事物的运动。

[3] 弱者道之用：之前一般解读，弱，柔弱。柔弱是“道”的作用。这是形容“道”在运作时并不带有压力。可能更准确的意思应该是，坚守柔弱、弱小是对道的运用。

[4] 天下万物生于有，有生于无：之前一般解读，一说“有”“无”，都指“道”；一说“有”指现象界的具体存在物，“无”指超验的“道”；一说“有”指天地，天地由无形的“道”产生，而天地是有形的，是万物之母。“无”，指“道”，

“道”是无形的超验存在。今从最后一解。其实这样解释极不准确，起码连“有、无”在老子那里是什么概念和意思也不清楚。这一句更准确地说是对前面一句的原因依据的说明：首先，说明了什么是道，道就是天下万物有无演变的客观必然性；其次，说明了客观事物为什么是“反”或“返”的运动；再次，说明了为什么要坚守柔弱、弱小，就是对道的运用。对这一句解读更具体的论述，可以参看序言部分的相关内容。

【点评】

这一章语句极为简略，但含义却极为丰富，甚至可以说浓缩了整部《道德经》的内容，具体说有这样几点。

第一点，紧承前一章道与德的关系，在这一章里再次对这个关系作出理论说明。可以说，作出这样一个说明，无非是前后内容的关照呼应，有此需要而已，但用来说明原因依据的理论的语句，就非常重要了，以至重要到浓缩了整部《道德经》内容的程度。

第二点，就是对道与德及其关系的理论阐述。道就是天下万物有无演变的客观必然性，这里的“有”“无”是“常有”“常无”，是客观事物本身存在状况及其动态演变的概念。正是因为天下万物存在着有无演变的客观必然性，所以客观事物的演变必然是一个走向反面的运动，这就是所谓的“反者道之动”。道就是观察客观事物运动的理论依据，有了这个理论依据，接着就是“德”或“德行”了，坚守柔弱、弱小是走向强大的必有途径，这就是对道的运用，也就是所谓的“弱者道之用”。由此，道与德就是客观之道决定了客观之德，从而两者构成遵道贵德的关系。

为加深对“用弱”（守弱）这一点的理解，我们举《孙子兵法·军形篇》中的几句话为例："孙子曰：昔之善战者，先为不可胜，以待敌之可胜。不可胜在己，可胜在敌。故善战者，能为不可胜，不能（为）使敌之必可胜。故曰：胜可知，而不可为。"这几句话的核心就在于"胜"是从"不可胜"的"守弱""示弱"那里开始演变的，现在称之为"诱敌"，然后"以待敌之可胜"；从"不可胜"那里开始做起取决于自己，能否等来战胜敌人的机会却取决于敌人；最后的结论是，胜是可以依据敌我双方的客观状况推知其演变结果的，但却不可主观妄为。从这一事例中，我们应该可以理解老子遵道贵德的关系了，当然还有理解其深刻性了。提示一下，到目前为止，对《孙子兵法·军形篇》中这几句的理解是：自古以来，善于作战的人，先要做到使自己不可被敌人战胜，然后等待战胜敌人的机会。不能被敌人战胜的主动权，在于自己的努力；能否战胜敌人，则在于敌人那一方是否有机可乘。做到不可战胜，关键在于自己创造充分的条件；可以战胜敌人，关键在于敌人出现可乘之隙。因而，善于作战的人，能做到自己不可战胜，不能使敌人一定被我战胜。所以说，胜利可以预测，但不可强求。这样的理解其实并不准确，当然更不合老子"弱者道之用"了。

第三点，正是由于老子在这一章阐述清楚了道与德及其关系，而整部《道德经》的精髓就是论述道与德及其关系的问题，因此这一章可以说浓缩了整部《道德经》。由此，老子几乎所有的重要论述，都可以在这一章找到依据。例如《道德经》六十章著名的"治大国，若烹小鲜"的说法，其实就是"治大国，（德）若烹小鲜"的省略句式；再如《道德经》八十章的"小国寡民。使有什伯之器而不用，使民重死而不远徙"，其中著名的"小国寡民"的说法，其实就是"大国多民德若小国寡民”的省略句式。至于其他一般的事例，这里就不多举了。

鉴于这一章重要到浓缩了整部《道德经》内容的程度，我想为读者方便阅读比较，也有必要再次抄录别人的译文，兹附后。

【译文】“道”的运动是相反相成、循环往复的，“道”的作用是感觉不出力量的“柔弱”。天下万物生于有形体的天地，天地生于无形体的“道”。

第四十一章

上士闻道，勤而行之[1]；中士闻道，若存若亡[2]；下士闻道，大笑之[3]。不笑，不足以为道[4]。故建言[5]有之：明道若昧[6]，进道若退，夷[7]道若纇[8]；上德若谷[9]，广德[10]若不足，建德若偷[11]，质真[12]若渝[13]；大白若辱[14]，大方无隅[15]，大器晚成，大音希声，大象无形[16]，道隐无名[17]。夫唯道，善贷且成[18]。

【注释】

[1] 勤而行之：王弼本如是，傅奕本作“而勤行之”。勤，积极。

[2] 若存若亡：存，留在心里；亡，同“忘”；若，相当于或、有时的意思。若存若亡即有时想起，有时忘掉，有人解为将信将疑。

[3] 大笑之：对“道”大加讥笑的意思。也有另一种解释，如王念孙认为“大笑之”应作“大而笑之”，“大”是空洞而不切实际，与“勤而行之”是对举句式。

[4] 不笑，不足以为道：不被嘲笑，那就不足以成为“道”。

[5] 建言：可能就是古代现成的谚语、歌谣等。也有说建言就是立言、设言，意思是通常有这样的说法。

[6] 明道若昧：之前一般解读，昧，暗昧。明显的“道”好像很暗昧而不容易看见。可能更准确的解释是，就道对事物的客观必然性而言，追求明亮应该从暗昧开始。

[7] 夷：平坦。

[8] 纇（lèi）：崎岖、不平坦。

[9] 上德若谷：之前一般解读，上德，崇高的“德”；谷，低下的山谷。其实，老子已经在之前界定了其主张之“德”即为“上德”，所以后文一般就简称为“德”了，由此这里的“上德”之“上”是为与之下的“谷”构成对比关系。上德若谷，意思就是有德行的人其追求向上好像应该从谦下开始。

[10] 广德：之前一般解读，高深广大的德行。可能更准确的解读是，有德行的人追求广大。

[11] 建德若偷：建德，刚健的“德”。偷，怠惰、松松垮垮的样子。

[12] 质真：之前一般解读，质朴纯真，一说质为实的意思，真指“德”。从前后语句看，这里应该是句式省略，完整的句子应该是“质真德若渝”，之后相连的几句“大白若辱，大方无隅，大器晚成，大音希声，大象无形”，也是同样的句式省略。

[13] 渝：有几种解释，一说改变、不能坚持的意思，一说变污、混浊的意思。与“质真”相对，两说都通。

[14] 大白若辱：辱，黑垢；大白，最白。这一句是“大白德若辱”的省略。

[15] 大方无隅：之前一般解读，大方，最方正；隅，角。最方正的却没有棱角。这一句是“大方德若无隅”的省略，可能更准确的意思是，最方正应该是从没有棱角开始的。

[16] 大象无形：之前一般解读，最大的形象，看起来反而不见形体。这一句是“大象德若无形”的省略，可能更准确的意思是，最大的形象应该是从没有形体开始的。

[17] 道隐无名：“道”无所不在（大）却隐微而从不显名。

[18] 善贷且成：贷，施予；成，成就、成全。善贷且成，

指“道”善于施予万物，并且善于成就万物。帛书乙本作“善始且善成”，意思是“道”使万物善始善终，万物自始至终都离不开“道”。两种意思都通。

【点评】

本章意思分三层。

第一层，闻道而有差异，这使老子一直很郁闷，他在《道德经》七十章更是直接说：“吾言甚易知，甚易行。天下莫能知，莫能行。言有宗，事有君。夫唯无知，是以不我知。知我者希，则我者贵。是以圣人被褐而怀玉。”所以老子说，明白我的道的人，赶紧做就行了；对我的道将信将疑的人，不说也罢；至于不明白还嘲笑我的道的人，他们的所作所为恰恰会从反面证明我的道。由此可以想见，老子是一位非常自信而又宽容的智者。

第二层，简单阐述道与德的关系。阐述道重在强调其客观必然性，“明道若昧，进道若退，夷道若颣”，其中“明”与“昧”“进”与“退”及“夷”与“颣”都是客观事物演变的必然状况。接着就是由“道”而“德”了，既然道如此简单明白，那么遵道而行就是有德之人了。所以“上德若谷，广德若不足，建德若偷，质真若渝；大白若辱，大方无隅，大器晚成，大音希声，大象无形”，意思就是有德之人做事无不是由“谷”而“上”、由“不足”而“广”、由“偷”而“建”、由“渝”而“质真”、由“辱”而“大白”、由“无隅”而“大方”、由“晚成”而出“大器”、由“希声”而成“大音”、由“无形”而演变成“大象”。

第三层，最后总结“道隐无名。夫唯道，善贷且成。”

这一章，因为我的注释与点评，跟目前能够读到的一般的解读翻译出入较大，为方便读者阅读比较，现抄录别人的译文附后。

【译文】上等士人听见“道”的道理，就赶忙去实施；中等士人听见“道”的道理，有时想起，有时忘记；下等士人听见“道”的道理，就大加嘲笑。如果不被理解不了的人嘲笑，就算不上真正的“道”了。所以古来通常有这样的说法：明显的“道”好像很暗昧，前进的“道”好似后退，平坦的“道”好像崎岖；崇高的“德”好似低下的山谷，广大的“德”好像不足，刚健的“德”好像怠惰的样子，充实的“德”好像空虚一样；最洁白的好像污黑，最方正的反而没有棱角，最重的器物总是最后才完成，最大的乐声听起来反而少有声音，最大的形象反而看不见形体，“道”隐微而没有名称。只有“道”，善于施予万物而且成就万物。

第四十二章

道生一[1]，一生二[2]，二生三[3]，三生万物。万物负阴而抱阳[4]，冲气以为和[5]。人之所恶，唯孤、寡、不谷[6]，而王公以为称[7]。故物或[8]损之而益[9]，或益之而损。人之所教[10]，我亦教之。强梁者[11]，不得其死[12]，吾将以为教父[13]。

【注释】

[1] 道生一：之前一般解读，一，指“道”。由于“道”是独一无二的，又是混沌的宇宙原质，因此老子称它为“一”，这在《道德经》中经常可见，如“昔之得一者”（三十九章）、“是以圣人抱一为天下式”（二十二章）。道生一，即道是独一无二的统一体。这样解读显然是胶柱鼓瑟。老子在《道德经》别的章节确实有“一”指代“道”的说法，但这并不意味着凡是《道德经》中出现的“一”就无一例外地都应该解释为“道”的意思，比如这一句“道生一”，如果把其中的“一”理解为“道”，那就是“道生道”了，那岂不是除了玩文字游戏，老子就什么都表达不了了？其实，老子用“道生一”的句式，是为了强调道的重要性，而从本章的前后语句分析，这一句应该是“一生于道”的倒装句式，其中的“一”可以是“太一”，可以是“某一事物”，甚至也可以是“天地万物”。“道生一”就是“一生于道”，就是某“一”客观事物产生或存在是由“道”的本质所决定的，也就必然是客观事物先处于“常（恒）无”状况与客观之“有”的因素逐渐积累而成的结果。

[2] 一生二：之前一般解读，二，指阴、阳二气，也就是天、

地。《淮南子》讲宇宙生成的程序时说，在产生天、地之前，有一种混沌未分的气，后来这种气分化成轻清、重浊两部分，轻清的气就是阳气，它上浮成为天；重浊的气下沉为地，它就是阴气。一生二，指“道”渐趋分化成阴阳二气。“道”在混沌未分时本来就具备阴阳二气，而这阴阳二气是万物生成的基本元素。“道”在向下落实、渐趋分化时，阴阳二气的活动也渐趋频繁、分明。这样解读除了仍然错误地把“一”理解为“道”之外，还把“道”错误地理解为万物生成的基本元素了。其实“一生二”是“二生于一”的倒装句式，意思就是某“一”客观事物产生或存在了之后，其内部必然包含着“常（恒）有”客观存在状况与客观因素“无”的逐渐积累，这样构成动态平衡状况的两部分，就是“二”。

[3] 二生三：之前一般解读，三，有几种说法：一说指阴、阳、和气；一说指由阴、阳二气相合而形成的一种匀调和谐的状态；一说三不是实指，而是多数的意思，二生三就是说有了阴阳，很多东西就产生了。这样解读除了用阴阳来给自己不懂老子之道解套之外，丝毫没有理解老子只是被迫无奈才借用一下阴阳而已，可以说除了这一章借用了一下阴阳来辅助说明自己的论述之外，老子在整部《道德经》中，就没有第二处使用这个阴阳概念了。比较准确的理解应该是，“二生三”就是“三生于二”的倒装句式，意思是当客观事物产生或存在之后，其内部必然是“常（恒）有”客观存在状况与客观因素“无”的逐渐积累，从而“常（恒）有”客观存在状况与客观因素“无”构成客观事物动态平衡状况的两部分，但这两部分却并不是截然分开的，而是共同构成客观事物的动态平衡的存在状况。这种客观事物的存在状况，虽然是由两部分构成，却又是不可分

的完整整体，只不过这个完整整体无时无刻不处在变化的动态平衡之中。所以，就这个角度而言，这种客观事物的动态平衡的存在状况，是由客观事物内部必然包含着的“常（恒）有”客观存在状况与客观因素“无”的逐渐积累两部分融合构成，准确地说就是客观事物处在“既非阳也非阴”或“既是阳又是阴”的第三种状态。当然，老子借此“阴阳”，全是为了阐述自己的客观事物本身“有无”演变的客观必然性的观点，即万物存在的第三种状态就是“既非有也非无”或“既是有又是无”。接着的“三生万物”，就是“万物生于三”，意思就是天地万物均存在于这“既非有也非无”或“既是有又是无”的第三种状态；同样的，“常（恒）无”的存在状况与客观因素“有”的逐渐积累的情况，反之亦然。

[4] 负阴而抱阳：之前一般解读，负，在背后；抱，在胸前。负阴抱阳即背阴而向阳。其实更准确的解读是，老子这里只是借用一下“阴阳”概念来加以类比表达而已，“万物负阴而抱阳”指的是万物必然由看不到却存在的“阴”的一面和看得到的“阳”的一面构成。“万物负阴而抱阳，冲气以为和”，其中“万物”即是“一”，“负阴而抱阳”即必然包含“阴阳”之“二”，“冲气以为和”则是“阴阳”之融合、和合，构成“既非阳又非阴”或“既是阳又是阴”的动态平衡状况，这种动态平衡状况就是完整的或整体的不可分割的客观事物的存在状态。由于这种客观事物的存在状态是在必然包含“阴阳”之“二”之后而融合了“阴阳”构成“既非阳又非阴”或“既是阳又是阴”的动态平衡状况，老子就把这种客观事物的动态平衡存在状况称之为“三”，而万物无不存在于这种动态平衡存在状况“三”之中。老子说的“三生万物”即客观事物无不存

在于这种动态平衡存在状况“三”之中，实际就是我们现在所谓的辩证法揭示的客观事物对立统一的本质，即事物存在的过程随着每一个时间瞬间的消逝，同时改变着自己的形态。作为一种状态的存在物，在每一个瞬间之后，都呈现新的状态，而旧的状态随时间的消逝则不复存在。天地万物的存在，就是在时间的连续性之中的变化进程，这种连续性其实质就是对立统一或同一性。以上几个注解，也可以参看《绪论》的相关内容。

[5] 冲气以为和：之前一般解读，冲，涌摇、激荡、交流的意思。阴阳二气相互激荡交流而成为一种匀调和谐的状态。和，指阴阳相合的和谐匀调状态。还有一种说法，和指阴阳相激荡而产生的另一种气。也有人认为，冲气、阴气、阳气是宇宙间的三种气，它们的关系是：阴气、阳气由一种混沌未分的气分化而成，当分化开始而还未完全分化成阴阳时，这种情况下的气就叫作冲气，“冲”在此是虚空的意思，它是“道”的一种性质，正如四章所谓“道冲，而用之或不盈”。这种尚未完全分化的气与“道”差不多，故也叫“一”。其实这样解读，是不懂老子只是借用“阴阳”而已，以此来说明万物的存在无不是“既非阳又非阴”或“既是阳又是阴”的动态平衡状况，老子的目的恰恰是为了借此表达万物的存在无不是“既非有又非无”或“既是有又是无”的动态平衡状况。

[6] 孤、寡、不谷：之前一般解读，孤，孤单，一说孤德；寡，孤独，一说寡德；谷，善，不谷即不善。其实，这里都是处下的意思。

[7] 王公以为称：以为称，“以之为称”的省略，用这些字眼作为自称。

[8] 或：有时，也指前面语句中的人与王公。

[9] 损之而益：之前一般解读，损害它，它却反而得到增益。更准确的意思可能是，语句中的“损”“益”意指“自损”“自益”，借指对待“孤、寡、不谷”的不同态度。“人之所恶”即是所谓的“自益”，“王公以为称”即是所谓的“自损”。

[10] 人之所教：之前一般解读，人们用来教人的话。可能更准确的理解是，王公的所作所为与人之所恶的态度教人明白。

[11] 强梁者：强悍的人。

[12] 不得其死：不得好死的意思。

[13] 教父：父，一家之首叫父；教父，即教首、教的开头，亦即教人的头一条。

【点评】

本章意思分三层。

第一层，老子借用传统的阴阳概念，换了另外一种角度来阐述自己的天下万物产生的客观必然性的观点，进一步明确前面一章的“天下万物生于有，有生于无”的客观之道，强调了“三生万物”即万物作为完整整体无不存在于“既非阳又非阴”或“既是阳又是阴”，也即“既非有又非无”或“既是有又是无”的动态平衡状况。

第二层，由“道”而“德”，其实也是承接前面一章“弱者道之用”而来，由前之守弱而后之处下，通过“人之所恶”的“自益”与“王公以为称”的“自损”的不同德行对比，强调了守弱处下这种“自损”态度反而有益，而“自益”的态度反而有害。

第三层，借由王公的所作所为与人之所恶的态度，表达出不同的德行必然会导致不同的结果，总结出了人生的第一条经验教训："强梁者不得其死。"

这一章牵涉"阴阳"，其实不过是老子换一个角度，借用来阐述自己的"天下万物生于有，有生于无"的"有无"客观必然性之道。然后还是由"遵道"至于"贵德"，对"弱者道之用"也换了一个角度，通过对待"孤""寡""不谷"的"自益"与"自损"的不同德行对比，强调了守弱处下这种"自损"态度反而有益，而"自益"的态度反而有害。总之，老子论述的条理与逻辑仍然非常清晰。为了让读者从论述的条理与逻辑上有一个对比参照，现抄录别人的译文，兹附后。

【译文】"道"是独一无二的统一体，这个统一体产生出阴阳二气，阴阳二气相交而成为一种匀调和谐的状态，这种适匀状态便产生出万物。万物背阴而向阳，阴阳二气互相激荡而成为新的和谐体。人们所厌恶的，就是"孤""寡""不谷"，但王公却用这些字眼称呼自己。所以，一切事物，有时贬低它，它反而得到抬高；有时抬高它，它反而遭受贬低。人们教导我的话，我也用来教导人：强悍的人不得好死。我要把这句话作为施教的头一条。

第四十三章

天下之至柔[1]，驰骋天下之至坚[2]。无有入无间[3]，吾是以知无为之有益[4]。不言之教[5]，无为之益，天下希及之[6]。

【注释】

[1] 天下之至柔：天下最柔软的东西。

[2] 驰骋天下之至坚：（天下最柔软的东西能够）在天下最坚硬的东西中自由地穿行。老子此处以具体的至柔之水作比喻，阐明了一个深刻的思想——柔能胜刚，战胜刚强的，往往就是它的对立面柔弱，借此阐述了守柔处下的重要性。

[3] 无有入无间：之前一般解读，无有，指没有形象的东西；无间，没有间隙。没有形状的力量能穿透没有间隙的东西。可能更准确的意思是，无有，指自身不成固定形态的东西，仍指极为柔弱的东西；无间，指不留间隙，仍指至坚之物。整句意思是，不成固定形态的极为柔弱的东西才能穿透不留间隙的至坚之物。此处是泛指，已经超脱具体之水了，这才是老子用意所在，为下句“是以”作铺垫。

[4] 吾是以知无为之有益：是以，即以是，因为这个、由于这个；无为之有益，“无为”的好处。这里是紧承上一章的“强梁者不得其死”而来，正是由于强梁者的主观妄为导致不得其死，才有此处的“无为”与之形成对比。我因此知道了“无为”是有好处的。

[5] 不言之教：之前一般解读，不说出来、不发号训诫的教导，这与“无为”是同一个意思。其实，这里含有两义：一

是指客观事物“无有入无间”所带给人的无言启示；二才是指不说出来、不发训诫的教导，老子暗讽现实中应该学客观事物带给人的启示而不学的现象。

[6] 希及之：帛书本作“希能及之矣”，傅奕本作“希及之”，今从后者。很少有人能认识或做得到。

【点评】

这一章也是紧接上一章而来。上一章阐述了由于客观事物的演变必然性即道的本质规定，必然要求人们的德行应该守弱处下，而不应该主观妄为，否则就是“强梁者不得其死”。这一章老子换了一个角度，不再是“强梁”而是自身不成固定形态，结果出现了奇妙的“无有入无间”，然后顺理成章，老子终于提出了他的“无为”的主张，最后发出一声长叹：“天下希及之！”

第四十四章

名与身[1]孰亲[2]？身与货[3]孰多[4]？得与亡[5]孰病[6]？是故[7]，甚爱必大费[8]，多藏必厚亡[9]。故[10]知足不辱[11]，知止不殆[12]，可以长久。

【注释】

[1] 名与身：之前一般解读，名，声名、荣誉；身，身体，指生命。可能更准确的意思是，名，指追求声名、荣誉；身，指珍惜生命。

[2] 亲：亲近、迫切。

[3] 货：财货、财产。

[4] 多：意思是看重、重视。“多”字在此相当于“看重”。

[5] 得与亡：得，指追求获得的东西（名誉、财产）；亡，失去（生命）。

[6] 病：危害、有害。

[7] 是故：因此。王弼本有此二字，帛书甲本、河上公本无。

[8] 甚爱必大费：甚爱，指过分的追求，也可指过分的怜惜、吝惜；大费，很大的破费、耗费，泛指付出大代价。甚爱必大费，即过分的追求必定要付出更大的代价。

[9] 多藏必厚亡：藏，指积累的财富；厚，形容损失的多和重。整句意思是，财富越多必定会招致惨重的损失。这是“甚爱必大费”换了一个角度的说法。

[10] 故：通行本无此字，帛书甲本有，据此补。

[11] 知足不辱：知道满足，就不会因主观妄为而遭受挫

折及随之而来的遭受屈辱。

[12] 知止不殆：懂得适可而止就不会遭遇危险。

【点评】

这一章接续上一章的一声长叹“天下希及之”而来。一旦碰到具体的声名、荣誉以及财富等问题，人们又会利令智昏而忘记了“无为”，直到付出惨重代价，才知“甚爱必大费”“多藏必厚亡”的道理。最后老子说出此句话“故知足不辱，知止不殆，可以长久”，可谓苦口婆心了。

第四十五章

大成若缺[1]，其用不弊[2]。大盈若冲[3]，其用不穷[4]。大直若屈[5]，大巧若拙[6]，大辩若讷[7]。静胜躁，寒胜热[8]，清静为天下正[9]。

【注释】

[1] 大成若缺：之前一般解读，大成，最圆满的东西；若缺，好像有所欠缺一样。一读到如此表述的语句，就可能会联想到第四十一章类似的表述语句“上德若谷，广德若不足，建德若偷，质真若渝，大白若辱”，以及承上省略的语句“大方无隅，大器晚成，大音希声，大象无形”，这样“大成若缺”的意思就是，有德行之人做成伟大的功业应该是从有欠缺的地方做起。以下几句也可以作如是解读。

[2] 其用不弊：之前一般解读，弊，帛书本作“敝”，破败的意思。它的作用不会破败。正是由于历来一般解读者没有明了老子的哲学体系，所以在解读“其用不弊”的时候，就不知道该怎么翻译了，于是把整个句子翻译成“最圆满的东西就好像有欠缺一样，但是它的作用是不会衰竭的”，那么翻译后句子中“它”指代什么？“作用”又指什么？“不会衰竭的”又指什么？简直让人如坠雾中，说到底就是说不清楚“其用不弊”与“大成若缺”是什么关系。按老子的哲学体系理解就比较简单，“大成若缺”指有德行之人的做法，接着的“其用不弊”就是解释这样做的原因，前后两者是因果关系。说具体一点，就是德与道的关系。这样，整个句子“大成若缺，其用不

弊”可能更准确的意思是：有德行之人做成伟大的功业应该是从有欠缺的地方做起，其背后起决定作用的道则是不会破败过时的。

[3] 大盈若冲：冲，古字为“盅”，虚空的意思。“大盈若冲”可以理解为“大盈德若冲”的省略。

[4] 穷：穷尽、穷竭。

[5] 屈：弯曲。

[6] 大巧若拙：之前一般解读，最灵巧的看起来却好像很笨拙。“大巧若拙”应该理解为“大巧德若拙”的省略，那么这一句的意思应该是，伟大而又巧妙的东西，有德行之人知道应该是从很笨拙的地方做起的。

[7] 大辩若讷（nè）：之前一般解读，大辩，最善雄辩、最有口才；讷，说话迟钝、笨拙。大辩若讷，就是最有辩才的却好像不善言词。“若缺”“若冲”“若屈”“若拙”“若讷”都是对一个完善人格外在形态的描述，“大成”“大盈”才是他的本质。老子的理想人格与其虚静、退守的人生追求是一致的……这样解读可谓大错了，原因当然还是不懂老子的哲学体系。首先，这里的“大辩若讷”是“大辩德若讷”的省略，意思就是：最有辩才的，有德行之人应该是从不善言词，甚至不用言词做起。老子关注的是辩论的客观事实这个基础，只有回到客观事实这个基础，随后才有所谓的辩论，否则什么都不是。这其实就是后世一句经典名言“事实胜于雄辩”的最好注脚。其次，“若缺”“若冲”“若屈”“若拙”“若讷”与“大成”“大盈”“大直”“大巧”“大辩”构成的并不是什么完善人格外在形态与内在本质的关系，而是客观事物随着演变必然性而呈现的阶段性特点。再次，把老子的理想人格与其虚静、退守的

人生追求说成是一致的，更是离谱。虚静、退守绝对不是老子的人生追求，采取虚静、退守、处下、守弱的态度，这些只不过是顺势而为的手段、方法而已，其背后本质就是遵循着客观事物演变的必然性。至于老子追求的人生目标显然远大得多，只不过像老子这样的人即使身处高位，他也会谦卑得很，绝不任性。

[8] 静胜躁，寒胜热：之前一般解读，通行本作“躁胜寒，静胜热”，陈鼓应据蒋锡昌、严灵峰之说改为“静胜躁，寒胜热”。蒋锡昌认为，“静”与“躁”相对，王弼在六十章、六十一章的注中亦将这两个概念对比而用（“躁则多害，静则全真”“雄躁动贪欲，雌常以静，故能胜雄也”），《管子·心术上》及《淮南子·主术训》中均有躁、静对言的例子，等等。其实，这一句可能含有两方面的意思，一方面指的是具体的“静”与“躁”“寒”与“热”的关系，另一方面则是对前面内容的总结，而重点落在对前面内容的总结。为什么？因为“躁”“热”含有主观妄动、欲速则不达之意，不是有德之人一开始应有的作为，而“静”与“寒”正可能是天下万物演变的开始，也就是有德之人开始作为的起始之点。两个“胜”字，既表述了是客观的必然结果，又表达了老子看重、赞成之意。

[9] 清静为天下正：“静”及上句“静胜躁”的“静”，帛书乙本作“靓”。“清静”正对应了前面的“静”“寒”，是有德之人制胜的起点。这句中的“正”字可以说是整章之眼，有说“正”通“贞”“政”，是首领、君长的意思，也有说含有模范的意思，这些可以说都没有把握全章的核心。这里可能更准确的意思同“以正治国”之“正”，即遵道贵德，其他如首领、君长及模范等意，均是由此引申而来。另外，这句的“天

下”不能仅仅限于“天下”，理解为“天下万物”可能更全面也更准确。

【点评】

老子在这一章继续阐述他的道与德的关系。有德之人的作为，背后全都有道在起着决定性的作用，阐述至此，老子就由之前的“尊道贵德”，直接在这一章把它简化成了一个字“正”。老子苦心，唯恐天下人不懂！

第四十六章

天下有道，却走马以粪[1]；天下无道，戎马生于郊[2]。祸莫大于不知足[3]，咎[4]莫大于欲得[5]。故知足之足，常足矣[6]。

【注释】

[1] 天下有道，却走马以粪：却，退却，退回；走马，善跑的马，指战马；粪，傅奕本作“播”，古时二字相通，指耕田种地。整句意思是，天下政治正常合理（没有战争），就把战车上的马退还给农民去耕田种地。

[2] 天下无道，戎马生于郊：戎马，即战马；生于郊，即小马驹生在战地的郊野上。这句是说，由于连年战争，马匹征用太多，战场上公马不够用，就把怀孕的母马也用上了，以致母马在战场上产崽。

[3] 祸莫大于不知足：没有比不知足更大的祸患了。

[4] 咎：过失、罪过。

[5] 欲得：贪得无厌的。之前一般把这一章理解为老子有反战思想。面对春秋各诸侯国之间以及诸侯国各贵族领主集团之间频繁的兼并战争，老子从人道的立场出发，关注的是战争给人民带来的痛苦和灾难，呼吁人本精神。老子还一针见血地指出，战争的根源乃是封建统治者的不知足、贪得无厌，从而认为这种贪欲、不满足的心理是世界上最可怕的事情、最大的祸根。其实，老子谈到许多具体问题或事例的时候，目的都是阐述他的“道”“德”思想或者要求人们回到他所抱持的“道”“德”

思想上来，随后才是在这些具体问题或事例上表现出来的思想倾向性，如这“贪得无厌”就有所谓的反战思想、人道精神，而这些其实大都是次生的，被人想象的。

[6] 故知足之足，常足矣：之前一般解读，常足，帛书乙本作“恒足”。所以知道满足这样的满足，就是永远的满足了。这是老子为解决矛盾、避免战争、消弭痛苦而开的良方，他把主观上的知足作为一种根本性的消解矛盾的方法。其实，老子很少甚至没有把“主观上”作为他谈论问题的尺度或标准，老子谈论几乎所有问题的时候，都把关注的重点或基础，放在客观事物、客观事实之上。这是我们解读老子整部《道德经》的时候，必须注意的关键之处。这样，这句的“常”字或帛书乙本的“恒”字，就客观事物、客观事实而言，原本就不存在永远、永恒之义，比较准确的解释是“客观”之义。由此，这句就可以理解为，之所以知道满足这样的满足，就是客观的满足了。那么，什么样的满足是“客观满足”呢？就是老子多次提及的“为腹不为目”，因为“为腹”的满足是客观的也是有限的，而“为目”的满足则是无限的欲望，是永远无法满足的。

【点评】

这一章，老子借描述战争的不同现象，用来阐述他的“道”的思想；同样，老子指出战争的根源，是“德”出了问题，得出了“故知足之足，常足矣”的结论。

第四十七章

不出户以知天下[1]，不窥[2]牖[3]以见天道[4]，其出弥远，其知弥少[5]。是以圣人不行而知[6]，不见而名[7]，不为而成[8]。

【注释】

[1] 不出户，以知天下：之前一般解读，不用出门到外面去，就能够推知天下的事情。老子并不看重外在的经验，却极端重视内在的直观体验。他认为，心灵本是洁静透明的，宛如一面镜子，自身便具备洞察外界自然、透视现实世界的功能。其实，老子这里谈的是客观事物个别与整体的关系，“不出户”指的是一家一户的客观事实，“以”就是“用来”，“知”就是“推知”。这句的意思是，观察一家的客观情况，就可以推知整个天下的情况。

[2] 窥（kuī）：从小孔隙里看。

[3] 牖：窗户。

[4] 天道：指自然万物发展变化的规律。

[5] 其出弥远，其知弥少：之前一般解读，出，指走出门外；弥，越、愈。有人走出去越远，他知道的东西就越少。这又是老子的一个观点。他认为，心灵如一面明镜，可以洞察万物、知晓世事，具有本明的智慧。但是，如果心智活动向外驰求，就会使思虑纷杂、精神散乱，宛如使镜子上面蒙上灰尘，这便是“其出弥远，其知弥少”。老子认为，应该通过自我修养的功夫，作内观反照，净化欲念，清除心灵的蔽障，以本明的智慧、虚静的心境，去观照外物，去了解外物运行的规律。其实，我们在前面已经说过老子关注的重点始终是客观事物、

客观事实，心灵、心智一旦脱离客观事物、客观事实这个基础，那么所谓的心灵、心智就是一片空虚。那么，为什么会发生“其出弥远，其知弥少”的情况呢？因为这个人做事情的重点放在“出弥远”之上，而不放在推求“远近”事物的关系之上，那么“其知弥少”也就是情理之中了。

[6] 不行而知：之前一般解读，行，出行、出门走动，也指行动、实践。不用亲自出去实践，能知道（外界的情况）。可能更准确的意思是，呼应前面的“不出户以知天下”。

[7] 不见而名：之前一般解读，名，即明，《韩非子·喻老》引《老子》作“明”，古时“明”“名”通用。不见而名，即不必亲自观察事物就能明了。可能更准确的解读是呼应前面的“其出弥远，其知弥少”，意思是圣人用不着出远门，就能够推知和描述远方的情形。名，描述、说出的意思。

[8] 不为而成：之前一般解读，不为，就是无为，即不妄为。不挖空心思去有所作为却能成就大事。可能更准确的意思是，依据观察一家一户的客观情况，推知远方和天下的客观实际，再按照“道”的客观事物演变的必然性顺势而为，那么就没有什么事情做不成功。

【点评】

这一章，老子继续阐述他的“道”与“德”的思想，只不过又换了一个角度。这个角度就是观察客观事物的大与小、整体与个别、远与近的关系，明白和处理好了这些关系，那么，接着就只要依据“道”即客观事物演变的必然性顺势而为，就没有什么事情做不成功。这当然又是“德”的问题了。后面，老子论述的“天下难事必作于易，天下大事必作于细”，甚至“治大国，若烹小鲜”，其核心思想都是一脉相承的。

第四十八章

为学日益[1]，为道日损[2]。损之又损[3]，以至于无为。无为而无不为[4]。取[5]天下也，常以无事[6]，及其有事[7]，不足以取天下。

【注释】

[1] 为学日益：之前一般解读，学，指的是政教礼乐之类的学问，也指探求外物的知识活动；为学，指对仁义圣智礼法等东西的追求。日益，（知识）一天比一天增加。老子承认知识是越积累越丰富的，但他否认知识对认识世界的作用，认为认识宇宙的总规律、总根源，要依靠心灵的“玄览”“静观”。其实，老子并没有否认学习和知识的作用，而是认为随着学习，知识越积累越丰富，同时人的主观欲望也会逐渐积累，从而脱离客观实际的倾向也会越来越强烈，最终导致不顾客观实际的妄为产生，这是与“道”相违背的。另外，老子并没有所谓认识宇宙的总规律、总根源要依靠心灵的“玄览”“静观”的表述，因为“玄览”“静观”的前提首先就是要消除主观的因素。

[2] 为道日损，帛书乙本作“闻道者日亡”。之前一般解读，为道，是指通过冥想或体验以领悟事物未分化状态的“道”，这里的“道”指自然之“道”、无为之“道”；日损，指外界对心灵所诱引的欲望一天比一天减少。老子认为，“求学”是追求外在的经验知识，“为道”是透过直观体悟以把握事物未分化的状态，或者感知自己虚静的心境，这种工夫做得愈深，内心私欲妄想的活动就愈少。除去私欲妄想，就可返璞归真、

至于无为。其实，老子之“道”是客观之道，概念和含义都极为清晰，“为道”就是按客观之道去作为，没有所谓通过冥想或体验以领悟事物未分化状态的“道”的意思；日损，也不是指外界对心灵所诱引的欲望一天比一天减少，恰恰相反，随着知识越积累越丰富，同时，人的主观欲望也会逐渐积累，从而脱离客观实际的倾向也会越来越强烈，最终导致不顾客观实际的妄为状况的发生，而这样的状况必须要一天比一天减少，直至消除，因为这些与“道”是相违背的。

[3] 损之又损：损，帛书本均作“亡”。（私欲妄见）减少再减少（最终达到返璞归真的“无为”状态）。

[4] 无为而无不为：在不妄为的前提下，就没有什么事情做不成。

[5] 取：治理、掌握。

[6] 常以无事：之前一般解读，常，经常；以，介词，用；无事，清静无为。（治理天下）常常是用清静无为的方法。更准确的意思可能是，常，客观、客观上；无事，无妄为之事。老子说的无事并非清静无为，更不是无所事事，而是顺势而为。

[7] 有事：也就是妄为，也指政治措施繁多严苛。

【点评】

这一章，老子谈学与道的问题，指出学会导致主观妄为倾向的积累，而这种倾向最终是与道相违背的。由此可知，老子并非反对学习与知识的积累，而是告诫要注意随着学习与知识的积累，同时人的主观欲望也会逐渐积累，从而脱离客观实际的倾向也会越来越强烈，最终导致不顾客观实际的妄为产生。我们可以看到，天下的事情最后如果变成了坏事，其根源无一不是背后做事的人“变坏”了，而人“变坏”的根源无一不是违背了“道”。

第四十九章

圣人常无心[1]，以百姓心为心[2]。善者，吾善之[3]；不善者，吾亦善之，德善[4]。信者[5]，吾信之；不信者，吾亦信之，德信[6]。圣人在天下，歙歙焉[7]，为天下浑其心[8]。百姓皆注其耳目[9]，圣人皆孩之[10]。

【注释】

[1] 常无心：之前一般解读，常，帛书本作“恒”，不变、固定的意思。常无心，即没有固定意志、想法。可能更准确的意思是，圣人客观上没有自己的想法。常，与“恒”通解，意思是客观、客观上。

[2] 以百姓心为心：圣人以老百姓的想法为想法、意志为意志。老子认为，理想的统治者即“圣人”，应当收敛自己的意欲，不以自己的主观认识作为区别是非善恶的标准，努力克服自我中心而去体认百姓的疾苦与需求。

[3] 善者，吾善之：对于善良的人，我会善待他。一说善者，指百姓善良的意志；吾善之，我认为善。两解都通。

[4] 德善：之前一般解读，有几种解释。一说德为“得”的假借字，得到的意思；德善，就是使人人都向善。一说德善，指统治者自己得到善良的名声。一说德，指整个时代的品德；德善即整个时代的品德归于善良。其实，这几种解释都不准确，“德善”之“德”原来是指“上德”“常德”或“玄德”，这里是活用，意思是有德或有德行之人。“德善”的意思是，有德行之人知道“善”应该从“不善”那里做起。

[5] 信者：诚实的人。

[6] 德信：之前一般解为整个时代的品德归于诚实，这极不准确。“德信”与“德善”解读相似，意思是有德行之人知道“诚实”应该从“不诚实”那里做起。

[7] 歙(xī)歙焉：王弼本无“焉”，帛书本、傅奕本有“焉”。歙，合、收敛的意思，一说歙歙为和谐、和顺的样子，今不从。歙歙，指统治者收敛自己的意志。

[8] 浑其心：使人的心思归于混沌、浑朴，具体指“不善”归于“善”，“不信”归于“信”。

[9] 百姓皆注其耳目：之前一般解读，百姓都专注于他们自己的耳目。这句的意思是普通百姓都竞相用智，追求自己的欲望，这种情形必然导致各种纷争。因此，老子要求统治者使他们绝圣弃智、归复自然。其实，这样解读是没有理解老子上下句表述的连贯性，上一句说当人们由“不善”归于“善”、“不信”归于“信”，整个社会就“浑其心”，就和谐安宁了；下一句说的就是，全天下的百姓就过上了和谐安宁的生活，而且全神贯注于维护这种和谐安宁的生活。

[10] 圣人皆孩之：之前一般解读，孩，名词作动词用，使……像孩子一样。有“道”的人应当使老百姓都回复到婴孩般的纯真状态，此与二十八章“复归于婴儿”意思一样。其实，这一句与“复归于婴儿”是有区别的，“复归于婴儿”侧重于回复到婴孩般的纯真状态，而这一句侧重在“孩之”，即像看待孩子成长一样。整句意思是，圣人看待天下百姓就像看待孩子成长一样。

【点评】

这一章，老子表面谈的似乎是圣人之心，其实谈的侧重点在圣人之“德”或“德行”。当天下百姓其中有一部分人已经“善”和“信”的时候，当然应该善待和信任他们，甚至还应该奖励他们。那些还处在“不善”和“不信”状况的百姓应该怎么对待呢？圣人的做法也是善待和信任他们，像看待孩子成长那样，等待他们的转变，最终使百姓浑同其心，达到天下和谐安宁的盛世景象。按老子的说法，这就是“治国以正”。

第五十章

出生入死[1]。生之徒[2]，十有三[3]；死之徒[4]，十有三。人之生，动之于死地[5]亦十有三。夫何故？以其生生之厚[6]。盖[7]闻善摄生[8]者，陆行[9]不遇兕[10]虎，入军[11]不被甲兵[12]；兕无所投其角，虎无所措其爪，兵无所容其刃。夫何故？以其无死地[13]。

【注释】

[1] 出生入死：出，出现于世上，也就是生；入，入于地下，也就是死。出生入死，对这句话有不同解释：一说人离开生路，就走进死路；一说人始于生而终于死；一说人出现于世上就是生，入于坟墓就是死。今从最后一说。

[2] 生之徒：徒，之类的人。生之徒，即属于长寿一类的人。一说，徒通“途”；生之徒，指活着的途径。

[3] 十有三：有几说，一说十分中占三分，即十分之三；一说指四肢与九窍，今不从；还有一说，指七情六欲，今不从。老子认为，人类杜会有三分之一的人走向生的自然繁荣，有三分之一的人走向自然的死亡，还有三分之一的人过早残废，其原因是贪欲太多、伤残身体，违背了生命的自然性。因此他认为，善于养护自己的生命，便应做到少私寡欲，过一种清静质朴、纯任自然的生活。

[4] 死之徒：属于夭折的那些。

[5] 人之生，动之于死地：人本来可以得生，但却走向了死路。

[6] 生生之厚：前一“生”字，使动用法，意为追求、寻求；后一“生”字为名词，意为生活、生存。整句意思是，为追求长生而过分地享受，奉养过厚。

[7] 盖：用于句首的语气词。

[8] 摄生：摄，调摄、养护。摄生，即养生。

[9] 陆行：在陆地上行走。帛书甲本作“陵行”，陵是山地、丘陵的意思。

[10] 兕（sì）：犀牛。

[11] 入军：到军队中参战。

[12] 被甲兵：被，动词，遭受；甲兵，武器、兵器。被甲兵：被武器伤到。

[13] 无死地：没有进入死亡的地域。

【点评】

这一章，历来理解比较一致，认为老子是在谈养生问题。确实，这一章老子在谈养生问题，但实质是老子借谈养生问题而阐述他的“道”的思想：养生不可过分，过分了就是自己找死，事情就走向反面了。

第五十一章

道生之[1]，德畜之[2]，物形之[3]，势成之[4]。是以万物莫不尊道而贵德。道之尊，德之贵，夫莫之命而常自然[5]。故道生之，德畜之，长之育之，亭之毒之[6]，养之覆[7]之。生而不有，为而不恃，长而不宰，是谓玄德[8]。

【注释】

[1] 道生之：之，指万物。万物的产生必然合乎“道”有无演变的本质。

[2] 德畜之：之前一般解读，德，道分化于万物就成为“德”，“德”畜养万物。更准确的意思可能是，“道”的有无演变促使万物生成之后的“德畜之”“物形之”“势成之”都是从属于“道”的，“道”是最根本的。在老子看来人可以认识“道”，从而使“道”为人所用，这就是所谓“道大，人亦大”；但老子同时看到或认为人无法改变“道”、参与“道”，而只能“尊道”。然后，“道”演变产生万物之后，万物本身就会必然演变发展，这个演变状况或演变过程必然是由“生”到“成”，这就是所谓的“德畜之”。从这个角度而言，“德”畜养万物又包含了“物形之”和“势成之”，但在具体的论述中，老子把这个演变状况或演变过程统称为“德”，而不再细分“物”和“势”。在老子看来，万物的演变状况或演变过程，人不但可以认识，甚至还可以参与其中，这就是所谓的“和光同尘”；但有个前提条件，就是必须消除人的主观妄为，要“塞其兑，闭其门”，然后才可以追随事物的演变“挫其锐，解其

纷，和其光，同其尘”，“是谓玄同”就是与客观事物的演变状况或演变过程保持了高度“同一”。这里老子再次提醒还得注意“故不可得而亲，不可得而疏；不可得而利，不可得而害；不可得而贵，不可得而贱”，就是主观的亲疏、利害、贵贱考虑无补于“德”，之后才是“故为天下贵”。这里的“贵”两类解读倒是都说得通，一是“贵”为“难得、稀少”的意思，即这样的“玄同”极难做到；二是由“万物贵德”转变为人的“玄德”“常德”或“袭常”。至此，老子最为核心的“道”“德”概念的含义就非常清晰了，同时由这两个最为核心的概念所构成的哲学思维体系的大框架就建立起来了，这也就是庄子在《庄子·杂篇·天下》中所概括的“关尹、老聃闻其风而悦之，建之以常无有”。有点让人遗憾的是，历来被人合称的道家“老庄”，庄子其实有点不认同老子。

[3] 物形之：具体的形状、形态使万物得以呈现。

[4] 势成之：之前一般解读，势，有不同的解释，一说指环境，即各种自然物所处的地域、气候等；一说势指事物内在的势能；一说指自然力中相互对立统一的关系，如阴阳相对、四时因素等。大多数理解上偏从第一解。势成之，即环境使各物长成。帛书本“势”作“器”。其实，对“势”的理解不能这么简单。在中国传统哲学或传统文化中，无论什么天地万物，只要出现了或存在了，那么就必然有其“势”了；接着，天地万物最本质的特点就是自身的演变必然性，这种客观事物自身的演变必然性就是所谓的“势”或“趋势”，这可能是“势”最初的本来意义。其具体含义包括两方面，第一，“势”是客观事物自身所具有而独立于人的意识；第二，“势”是客观事物出现或存在之后，其自身所具有从而促使其演变为具体事物

的潜能。其他“势”的意义都是由这个最初的本来意义引申而来。所以，势成之，比较准确的意思可能是，客观事物自身所具有的演变趋势和潜能促使它成为具体的事物。

人类认识和把握客观事物所具有的“势”，然后为人类所用，其意义之大是令人难以置信的。因为“势”在客观事物的演变必然性中表现有过程性或时间性，使客观事物具有阶段性呈现的特点，这即是所谓同一事物的一物多相，其实就是客观事物的“时势”。因此，当人类认识和把握客观事物的所谓“时势”之后，就相应地转化为所谓的“时务”了，甚至还有所谓的“当务之急”。还有客观事物之“势”，有时候也难免被人为打断或扭曲，但这种人为打断或扭曲至多造成事物演变的波折或波动，其“趋势”则不会轻易改变，这即是所谓“道路曲折，前途光明”的客观根源。

[5] 莫之命而常自然：常，帛书本作“恒”，两字通用，“客观”之意。（“道”与“德”）对万物不加以干涉，从来都是让万物顺任自然。老子认为万物是在无为自然的状态中生长的。“莫之命”说明万物的生长是顺应客观存在的自然规律而生长的，各自适应着自己所处的环境而生长的，根本就不存在什么主宰和加以安排，因此老子也称此为“道生之”，而把自然规律的具体作用于万物称为“德畜之”。正因为万物的生长必须依据自然界的规律，并被自然规律所左右，所以“物莫不尊道而贵德”；而万物的尊“道”贵“德”，也仅仅是对自然规律的依据与运用，不是另有主宰者在加以命令与安排，这种“无为”的自然状态，就是“莫之命而常自然”。人类的伟大就在于可以认识和把握客观事物所遵循的客观之道，同时认识和利用客观事物自身的客观“德性”，最终人类才有可能对

客观事物的演变做到“见微知著”“料事如神”。

[6] 亭之毒之：有两种解释，一说亭是定的意思，毒为安的意思，亭之毒之即安之定之；一说亭即成，毒即熟，亭之毒之，便是使之成熟、结果的意思。可能后解更适合前后语意。

[7] 覆：保护、维护。

[8] 生而不有，为而不恃，长而不宰，是谓玄德：此四句重见于十章，马叙伦认为这是错简重出，就其前后语句和阐述的重点“是谓玄德”看，也未必是错简重出。

【点评】

这一章，老子阐述其所强调的“客观之道”和“客观之德”在客观事物演变过程中的体现，即“是以万物莫不尊道而贵德”，从而客观事物无不是“夫莫之命而常自然”，最后把对客观事物的这种认识归结为“玄德”，其实也就是“上德”或“常德”。

第五十二章

天下有始[1]，以为天下母[2]。既得其母，以知其子[3]；既知其子，复守其母[4]，没身不殆[5]。塞其兑，闭其门[6]，终身不勤[7]；开其兑，济其事[8]，终身不救。见小曰明，守柔曰强[9]。用其光，复归其明[10]，无遗身殃[11]，是为袭常[12]。

【注释】

[1] 天下有始：之前一般解读，始，本始、起始，指“道”。其实整句应作“天下万物有始”解，这是“万物方作”的另一种表述，有始，即方作。

[2] 母：之前一般解读，母，根源，亦指“道”。“道”生天下万物，故为天下万物之母。老子在《道德经》第一章已经明确了“道”的概念及其含义，之后在二十五章进一步阐述了在道的本质之下，天下万物必然是一个始而逝、逝而远、远而返的演变过程，从而道“可以为天下母”，这里再这样解读可能有两点不通了，其一，一个句子中“始”“母”均指道，有同义反复之嫌；其二，“以为”及之后的“知”“守”“塞”“闭”等均为人的认识及其活动，所以这里应该不再是“道”的问题，而是在“道”指导下的认识及其活动。因此，“天下有始，以为天下母”，整个句子更准确的意思可能是：（在已经明了道的本质规定之后）天下万物一旦有始，我们就可以根据天下万物的开始，对天下万物的演变发展过程加以完整的描述模拟了。这里“母”与“模”通解。在之前，老子其实也有过“万物并作，吾以观其复”的表

述，可以参看。

[3] 既得其母，以知其子：之前一般解读，子，指天下万物。天下万物由“道”产生，故为“道”的儿子。既得其母，以知其子，意即已经掌握了万物的根源之“道”，从而认识了“道”的儿子即万物。这样解读，对究竟如何认识天下万物并没有更实质性的往前推进，可见原先那些解读者对句子中的“母”和“子”的理解是存在欠缺的。由上一句对“母”的解释，这句中的“子”更恰当的意思可能是：天下万物的具体演变状况。比如就人来说，根据道的本质规定，人一旦有始（生），最后必然回到原本的状况（归根曰静，静曰复命，复命曰常）即“灭”，而“母”就是对人由生到灭的完整过程的描述模拟，根据这样的描述模拟，当然就可以推知人一生的具体阶段的演变状况，这就是所谓的“既得其母，以知其子”。

[4] 既知其子，复守其母：之前一般解读，已经了解了万物，还必须坚守着万物的根本。这样解读，除了同义反复，仍然没有进一步推进对天下万物的认识。在已经明了“既得其母，以知其子”的语意之后，这一句更准确的意思可能是：既然已经认识了天下万物的具体阶段演变的状况，又掌握着天下万物演变必然性的完整过程，哪还有什么事物不能被人透彻认识的呢？

[5] 没身不殆：之前一般解读，没身，指死亡。句意是到死都没有危险。可能更准确的意思是，在天下万物的演变必然性已经完全呈现在人的面前之后（由母到子，又由子到母），人一旦透彻认识了这种事物演变的必然性，估计在处世待物上到死都不会有什么危险了。

[6] 塞其兑，闭其门：之前一般解读，兑、门，都指窍穴；

其，指人或人民。塞住他们嗜欲的孔窍，关闭他们嗜欲的门径。老子认为，“道”生人类，原是无知无欲的，唯其无知无欲，才能反观自我、览照外物，凭着本明的智慧，明察万物。而现实的人常常受到外界的诱引，逐渐生出私欲妄见，因此应“塞其兑，闭其门”，使之归于真朴。其实，这句的本意就是人要先驱除各种主观的嗜欲杂念，做到遵循客观事物演变的必然性之后，才有可能满足人的各种嗜欲杂念。

[7] 终身不勤：之前一般解读，如马叙伦说此“勤”借为“瘽”，病的意思；一说勤即勤劳之义，含有劳扰的意思。其实，这里的“勤”通“尽”，与后面句子的“救”意思相对。这句更准确的意思是，由于人事先驱除了各种主观嗜欲杂念，做到了遵循客观事物演变的必然性之后，天下万物皆为人所有、所用，那么人想要得到的各种嗜欲就都得到了，享受不尽。

[8] 开其兑，济其事，终身不救：面对客观事物，先试图打开他们嗜欲的窍穴，来助成他们求知逞欲的事情（却不遵循客观事物演变的必然性），那么，这种人到死都不可救药。这种人的结局，就如俗语所说：心凶命穷。

[9] 见小曰明，守柔曰强：能察见微小的事情，才叫作“明智”；能够坚守看好事物柔弱状况的，才可以称得上“意志坚强”。

[10] 用其光，复归其明：之前一般解读，“光”是向外照耀，“明”是向内透亮。运用智慧的光，返照内在的“明”。其实，这里的“用其光”是“和其光，同其尘”的另一种说法，意思是，（能够察见和坚守客观事物微小、柔弱状况之后）紧随事物发展壮大及其衰落过程，采取与之相应的行为态度。“复归其明”是“复归其明、强”的省略，意思是，仍然保持原来的

明智和坚定意志。

[11] 无遗身殃：遗，招致；殃，灾祸。不给自己带来灾祸。

[12] 袭常：之前一般解读，袭，通行本作“习”，傅奕本、帛书甲本均为“袭”。袭常，承袭常“道”，也就是因循永恒的自然规律。其实，袭，就是回绕、不脱离的意思；常，就是客观事物及其演变状况。“袭常”，更准确的意思可能是，想要解决如何为人处事的问题，也可以说如何做到“知常”的问题，必须先要解决好回绕而不脱离客观事物演变状况的问题，说白了，这就是所谓的“袭常”。这里仍然把“袭常”说成是承袭常“道”，也就是因循永恒的自然规律，显然与这一章侧重阐述客观事物及其演变状况是不相符合的。

【点评】

这一章老子其实已经不再单纯地阐述“道”或“德”的思想了，而是更进一步阐述在“道”与“德”的思想指导之下，人类如何解决追随客观事物的演变过程，最终使天下万物为人类所有、所用的问题，这就是所谓“袭常”的问题。这应该是老子自己在已经有了“知常曰明”的说法之后，考虑到了“袭常”与“知常”相比显得更为迫切现实，因为从这个角度说，只有确实做到了“袭常”，“知常”才是有意义的。所以，老子又特意花了一章的篇幅，试图解决什么是“袭常”的问题。我们现在如果穿越一下，当面问老子一个问题：假如“知常曰明”，那么“袭常”应该怎么评价呢？估计老子会回答：“袭常曰强！”

从本章的层次看，第一层：开头到没身不殆，阐述了把握客观事物演变状况的完整过程，又明了客观事物演变的阶段状况，这应该是对“常”和“知常”的补充和完善，做到了，就可“没身不殆”了；第二层：塞其兑到终身不救，老子用了对比手法，阐述了嗜欲并不可怕，但在面对客观事物及其演变状况的时候，是把遵循放在首位还是把满足嗜欲放在首位，“终身不勤”与“终身不救”两种截然不同的结果，昭示了遵循客观事物及其演变状况的重要性；第三层：见小曰明到结尾，阐述了紧随客观事物的演变过程，和光同尘，仍然做到保持明智和坚守意志，那就可以“无遗身殃”了，这就是“是谓袭常”。

总之，人能够做到以上三层，“是为袭常”，而“知常曰强”！

第五十三章

使我[1]介然有知[2]，行于大道[3]，唯施是畏[4]。大道甚夷[5]，而人[6]好径[7]。朝甚除[8]，田甚芜[9]，仓甚虚[10]；服文彩[11]，带利剑，厌[12]饮食，财货有余，是谓盗夸[13]。非道也哉[14]！

【注释】

[1] 我：之前一般解读，指有道的执政者。可能更准确的所指是像我这样懂得“道”的人，与之后的“而人好径”“非道也哉”之人形成对比。

[2] 介然有知：介然，有几解，一说指坚固的样子，即确信、毫无疑问的意思；一说介是微小的意思，介然有知即稍有知识；一说介读为“黠”，指智慧。今从第二解，即稍微有知识的意思，这是自谦的说法。

[3] 行于大道：原意是走在大路上，这里引申为行为遵循客观之道。

[4] 唯施（yí）是畏：之前一般解读，施，通“迤”，斜行之义。只害怕走入邪路。这样解读，一方面可能没有很好地解决谁“畏”谁的问题，另一方面句中的“施”没有与“行于大道”形成对比，因此，施应该解释为“作为”的意思，这里指“主观妄为”。“唯施是畏”的意思是，（我）只担心那些主观妄为的人（的行径）。这样解读，不但与“行于大道”形成对比，更与上一章的“袭常”形成正反对比，提示了本章的论述重点是“非道也哉”或“不袭常”。

[5] 夷：平坦。

[6] 人：王弼本作“民”，景龙碑、龙兴观碑本均作“人”，指不懂得遵循道的人，也暗指当时的统治者。

[7] 好径：径，斜径，小路。好径即喜欢走斜径。

[8] [9] 朝甚除：之前一般解读，朝，朝廷；除，有几种说法，一说整洁，一说废弛、颓败，今从后解。朝甚除，即朝廷非常腐败。其实，这样的解读可能都不靠谱。从这一章的前后语序及对比手法看，这一句与“田甚芜，仓甚虚”构成排比关系，而这个排比句又与“服文彩，带利剑，厌饮食，财货有余”形成对比关系。那么，第一，“田甚芜，仓甚虚”描述的是民间社会的贫困状况，所以“朝”从构成排比的情况分析，就不应该解释为“朝廷”，而应该与民间社会的贫困状况相关；第二，就排比句式看，“朝”与“田”“仓”都应该解释为名词，只不过这个名词不应该是“朝廷”；第三，就排比句式的“芜”“虚”看，这两个字都解释为形容词“荒芜”“空虚”，那么，这个“除”也应该解释为形容词，意思也应该与贫穷状况相关，那就应该解释为“干净”“像被扫除那样干净”，然后结合“田”“仓”两个字都与“粮”有关，再反推“朝”的意义怎么与“粮”挂上关系，那剩下的意义就极有可能是“朝炊”了。把以上三点连起来分析，“朝甚除”的意思是，（老百姓家里）朝炊也不知道用什么下锅，这与后世的“吃了上顿没下顿”“耕夫碌碌，多无隔夜之粮”是一样的意思。这样解读与后面的当官的腐败也正好形成鲜明的对比。

[10] 仓甚虚：之前一般解读，仓库非常空虚。因为这句是描述民间社会的贫困状况，老百姓一般不拥有“仓库”，那

么可能更准确的意思是，米缸里面空空如也，与后面的当官者“厌饮食，财货有余”恰好形成对比。

[11] 服文彩：服，动词，穿（衣服）；文彩，指华丽的衣裳。

[12] 厌：饱足。

[13] 是谓盗夸：是，代词，这；盗夸，相当于盗魁，强盗头子的意思。帛书乙本夸作“杅”，《韩非子·解老》作“竽”，古时夸、竽、杅通用。竽是古代合奏音乐中的主导乐器，竽先奏，其他乐器便相随进入。竽奏主调，其他乐器配合奏出和声。因此，“盗夸”相当于“盗魁”。整句的意思是，（平民百姓无隔夜之粮，当官的醉生梦死）出现如此社会现象，不是当官的行为，而是强盗的行径。

[14] 非道也哉：王弼本作“非盗也哉”，帛书甲本缺，乙本作“盗竽非道也”，龙兴观碑本作“非道也哉”，今据此。

【点评】

这一章正好与上一章形成对比，如果上一章是“袭常”，那么这一章就是“不袭常”或“非道也哉”。按老子的哲学思维体系分析，他的看法是高贵者应以低贱者为本。而这一章，老子描述的社会现实却是平民百姓无隔夜之粮，当官的醉生梦死。这样的社会表面看是歌舞升平，其实已经是危机四伏了。最后，老子再把他所“畏”的本质点明了：这是不合“道”啊！

第五十四章

善建[1]者不拔[2]，善抱[3]者不脱，子孙以祭祀不辍[4]。修[5]之于身，其德乃真；修之于家，其德乃余；修之于乡，其德乃长[6]；修之于邦[7]，其德乃丰[8]；修之于天下，其德乃普[9]。故以身观身，以家观家，以乡观乡，以邦观邦[10]，以天下观天下[11]。吾何以知天下然[12]哉？以此[13]。

【注释】

[1] 善建：之前一般解读，善于建树，善于建立。其实，这样解读可能还是不懂老子的哲学体系。在老子的哲学体系之中，“善”的意义表述的是由不善而达于至善，所以“善建”的意思是，善于建树的是从不善那里开始建起而至于善的。这种做法就是老子所谓的遵循客观事物演变状况之“德”，进一步就是所谓的“知常”而“袭常”，在人类则表现为“贵德”，简称即是“德”。

[2] 不拔：不可拔除，不可废除。

[3] 抱：抱持，有牢固的意思。

[4] 子孙以祭祀不辍（chuò）：之前一般解读，以，因为；辍，停止、断绝。（如果一个人既能建立事业，又能保持事业）子孙便会因此而祭祀不绝了，这里指他的事业长盛不衰。其实，这与解释“善建”的错误原因是一样的，还是不懂老子的哲学体系。这里“以”之后省略了“善建”“善抱”的指代词“之”，具体所指就是“德”；反过来，后面的“修之于身，其德乃真”，句中指代词“之”就是“德”的本来意义，即客观事物本身的

演变状况（德畜之），而人只有在遵循客观事物本身的演变状况上修炼自己，这样修炼的德才是真的。这可以前后相参。所以，“子孙以祭祀不辍”整句的意思是，（他的）子孙后代便会因为依循德而祭祀不绝了。

[5] 修：之前一般解读，修德。老子将修德作为建立自我、处人治世的基点，而道家所谓为家为国，也是充实自我之后的自然的流泽，这与儒家不同。其实，这样解释很不靠谱，有点“王顾左右而言他”的味道，具体可参考上面“德”的解释，这里就不展开了。

[6] 长：一说加长的意思，与上文“有余”相应；一说尊崇的意思。今从后解。

[7] 邦：王弼本作“国”，傅奕本、帛书甲本作“邦”，《韩非子・解老》引作“邦”。

[8] 丰：广大的意思。

[9] 普：普遍。

[10] 以身观身，以家观家，以乡观乡，以邦观邦：之前一般解读，从个人本身的情形观照（其他的）别人的情形，从自己家的情形观照别人家的情形，从自己一乡的情形观照别的乡的情形，从自己一国的情况观照别的国家的情况。其实，按老子的哲学体系分析，凡事必有其演变必然性。那么，“以身观身”这一句可能更准确的意思是，从个人本身的演变情形观照（其他的）别人的演变状况。其余句子解释，可依次类推。

[11] 以天下观天下：可以凭借目前天下的状况观照将来天下的演变状况。

[12] 然：这样。

[13] 以此：以，用、凭；此，指事物所贵之“德”，而

不是历来所解的“这些道理”。

【点评】

这一章换了一个角度谈“知常”与“袭常”的问题，从而提出了“德”及如何修“德”的问题。这里老子仍然不忘阐述其所持之“德”是“德畜之”之“德”，是“万物莫不尊道而贵德”之“德”。接着，老子运用排比递进句式，强调修炼如此之“德”的意义，只有如此修“德”，其所修之“德”才可能是“真”的、有“余”的、引人“尊崇”的，最后甚至成为普遍的标尺。

最后老子得出结论，一旦修炼成如此之“德”，那么，我们就可“以此”观察天下的万事万物了，而我们观察的对象即客观事物无非是大与小的区别而已，其演变的必然性及其演变状况实际是一样的。

第五十五章

含德之厚，比于赤子[1]。毒虫不螫[2]，猛兽不据[3]，攫鸟[4]不搏[5]。骨弱筋柔而握固[6]，未知牝牡之合而全作[7]，精之至也。终日号而不嗄[8]，和[9]之至也。知和曰常[10]，知常曰明，益生[11]曰祥[12]，心使气[13]曰强[14]。物壮[15]则老，谓之不道，不道早已[16]。

【注释】

[1] 含德之厚，比于赤子：之前一般解读，含有深厚的“德”的人，比得上初生的婴儿。赤子，指初生的婴儿。老子经常用婴儿的概念，比喻人的品性复归自然，达到纯真浑朴的状态。其实，这样解读问题可能仍然出在不解老子之“德”。老子之“道”是客观事物本身所具有的演变必然性。“德”则是随着客观事物演变必然性而来的必然的演变状况，说明白一点就是客观事物演变“复归”的具体状况，老子有时也用“归根”表述，接着是“归根曰常，知常曰明”，这里的“常”字应该解释为“客观”或“客观必然”之义。修“德”就是修炼认识和把握客观事物演变状况的能力，修“德”至高的境界就是“知常”，落实到人的行为就是“袭常”，就是做到了没有一点主观妄为而紧紧回绕、不脱离客观事物的演变状况以至“见微知著”“料事如神”。这种修“德”至高的境界，因为没有一点主观妄为，老子把这种境界比喻为“赤子”或“接近赤子”。所以，“含德之厚，比于赤子”整句的意思是，修炼“德”达到至高境界的人，大致接近没有一点主观妄为的“赤子”状况。

[2] 毒虫不螫（shì）：毒虫，王弼本作“蜂虿（chài）虺（huǐ）蛇”。河上公本、景福本、李约本、陈希声本、司马光本、苏辙本、林希逸本等众多古本皆作“毒虫”。毒虫，指蜂、蝎、毒蛇之类。螫，毒虫用尾端刺人。

[3] 据：兽类用足爪抓物。

[4] 攫（jué）鸟：用脚爪抓物的鸟，如鹰隼（sǔn）。“攫”字的用法与“毒虫”的“毒”的用法一样，形容凶恶的物类。下面“猛兽”的“猛”亦如此。

[5] 搏：捕捉。

[6] 握固：把握得很牢固。

[7] 未知牝牡之合而全作：牝牡之合，指男女的交合；全作，王弼本如是，帛书甲本作“朘怒”、乙本作“朘（zuī）作”。朘，男孩的生殖器；作，挺举、勃起。这句的意思是，男孩不知道什么是男女交合，但他的小生殖器常常勃起。

[8] 嗄（shà）：哑。河上公本作“哑”。

[9] 和：之前一般解读，指阴阳调和。人的身体，阴阳调和才能健康，阴盛则生寒疾，阳盛则生热疾。其实，在老子的哲学体系中，对客观事物的分析极少用到“阴阳”概念，而是用“有无”概念，当客观事物达到“有无”动态平衡的时候，即“有无”达到“融和”的完整状态就是最佳状态。

[10] 常：之前一般解读，永恒的规律。这里“常”更准确的意思是“客观”。

[11] 益生：纵欲贪生。

[12] 祥：古时用作吉祥，有时也用作妖祥、不祥。这里即为后者，指灾祸、妖孽。

[13] 心使气：欲望支配精气。因为“欲望”是无限的，

而“精气”是有限的，于是就不“和”了，与前面的“赤子”形成了对比。

[14] 强：逞强。

[15] 壮：强壮。

[16] 已：完结、死亡。

【点评】

这一章接着上一章的“修德”而来。上一章侧重“修德”就可“以此”观察天下的万事万物，而我们观察的对象即客观事物无非是大与小的区别而已。

这一章侧重“修德”的境界，然后是至高的“含德之厚”与主观妄为的对比。

第一层，“含德之厚”的境界大致接近没有一点主观妄为的“赤子”状态，接着的排比句“毒虫不螫，猛兽不据，攫鸟不搏”用来证明“赤子”的不主观妄为，因此那些“毒虫猛兽”不是不想伤害他，而是不可能伤害到他；接着是对“赤子”的描述“骨弱筋柔而握固，未知牝牡之合而全作，精之至也。终日号而不嗄，和之至也”，指出这种状态是最“融和”的。用“赤子”的状态论述“含德之厚”，至此，老子作出小结“知和曰常，知常曰明”。

第二层就是主观妄为，“益生曰祥，心使气曰强”，因此就打破了事物的动态平衡状况，就是不“融和”了，也就“不常”了，事物就只会向与主观妄为相反的方向演变。对此，老子也作出了小结“物壮则老，谓之不道，不道早已”。

通过以上两层的对比，老子赞成什么、反对什么就不用说了。还要说的是，不要把这一章单纯地理解为“养生”，至少老子只是在借用“养生”的问题，而实质是在阐述“修德”的境界，而“修德”不足的根本在于“不道”。

第五十六章

知者不言，言者不知[1]。塞其兑，闭其门[2]，挫其锐，解其纷，和其光，同其尘[3]，是谓玄同[4]。故不可得而亲，不可得而疏；不可得而利，不可得而害；不可得而贵，不可得而贱[5]。故为天下贵[6]。

【注释】

[1] 知者不言，言者不知：之前一般解读，知“道”的人用不着多说，多说的人却是不知之人。有人认为，这句话往大的方面推，还含有更深一层意思：明智的统治者不是老向老百姓发号施令的，老是向老百姓发号施令的其实不是明智的统治者。这样解读问题很多。其实“知者不言，言者不知”是“知之者不言，言之者不知”的省略，这里就涉及两个问题，第一，“之”指代什么？将这一章与前后章联系起来看，应该指代的是客观事物，而不是指代“道”。还有“知者”与“不知者”的区别又是什么？如果联系第五十二章“塞其兑，闭其门，终身不勤；开其兑，济其事，终身不救”的语句，就可以看出两者的区别就在于“知者”是消除了主观欲望，做到了回绕而不脱离客观事物的演变状况，老子称之为“袭常”或“玄德”；“不知者”则是把主观欲望放在客观事物之前，不顾客观事实而主观妄为。如果明白了“知者”与“不知者”的区别之后，也就可以推知“知者”其实就是“有德之人”，而“不知者”就是“无德之人”。所以，整句的意思是，知道客观事物演变状况（有德）的人是不依靠言语说话的，依靠言语说话的其实

是不知道客观事物演变状况（无德）的人。

[2] 塞其兑，闭其门：此二句见于五十二章，注释参看该章注释 [6]。注意句中两个“其”，指代“有德之人”。

[3] 挫其锐，解其纷，和其光，同其尘：之前一般解读，这四句重见于第四章，疑是此处错简重出。把他们的锋芒磨去，把他们的纠纷化解，含蓄着光耀，混同着尘垢。这一段话可以理解为统治者治民的原则，也可理解为老子对理想人格形态的描述。从后者角度看，一个人，如果锋芒外露，就容易被摧折，故应磨平它。一般人各自从片面观点出发，坚持自己的意见，因而是非纷纭，无所适从，要“解其纷”，就得放弃片面。凡阳光照射，必有照不到的阴暗面，只有懂得“负阴”“抱阳”对立统一的人，才懂得“用其光，复归其明”。宇宙间到处充满尘埃，人世间纷繁复杂的情形也是如此，超脱现实不可能，只能化除成见，因势利导，让好的、不好的都能发挥应有的作用，这便是“同其尘”。解读这一句的关键在于解释清楚其中的四个“其”字，如果把这四个“其”字理解为客观的天地万物，当然也包括人类在内，那么这个排比句就容易解释清楚了。所以，整句的意思是，客观事物的演变状况必然是有锋芒的会铿磨，有纷乱不清的会沉淀化解，有光彩异样的会融入同类，有生机活力的会混同于尘埃。

[4] 玄同：之前一般解读，玄妙齐同的境界，也就是“道”的境界。老子理想的人格形态是“挫锐”“解纷”“和光”“同尘”，最后达到“玄同”的最高境界。“玄同”的境界是消除自我的固蔽，化除一切的隔膜，超越世俗人伦关系的束缚，以开朗、宽豁的态度对待一切的人和事。其实，这样解读差强老子之意了。“玄同”不是境界，更不是“道”的境界，把老子

的理想的人格形态理解为所谓的“挫锐”“解纷”“和光”“同尘”，更是可笑之极。“挫锐”“解纷”“和光”“同尘”只是客观事物本身的必然演变状况，其跟人的亲疏、贵贱、利害没有一丝一毫的关系，而且也不可能因为人的亲疏、贵贱、利害而改变其必然的演变状况。所以，“玄同”的意思就是人类要跟客观事物的必然演变状况保持同一。这其实就是“袭常”的另一种说法，也可以说就是“含德之厚”或“玄德”之意。

[5] 故不可得而亲……不可得而贱：之前一般解读，这六句表明，“玄同”的境界超出了亲疏、贵贱、利害的区别。这样解读没有留意句前表示领起和因果关系的“故”字，这个“故”字作出的解释针对着前面两个意思，一是客观事物本身“挫锐”“解纷”“和光”“同尘”的演变状况，二是“玄同”。所以，这六个句子可能更准确的意思是：因此客观事物本身的必然演变状况不可能因为亲疏、贵贱、利害的主观因素而得到或改变，同样，“玄同”也绝不包含所谓亲疏、贵贱、利害的主观考虑在里面。

[6] 贵：动词，尊重的意思；一说贵当作“贞”，形似而误，“贞”借为“正”，首领、君长的意思。其实后义是由前义引申而来。

【点评】

这一章延续前面论述的“知常”“袭常”“玄德”及“含德之厚”而来，就客观事物的必然演变状况而言，老子又提出了一个新的概念——“玄同”。老子从两方面对这个概念进行了阐述，一方面人类要消除言语、欲望等主观因素，才有可能把握客观事物本身的必然演变状况；另一方面，人类之间的亲疏、贵贱、利害关系或考虑也不可能得到或改变客观事物本身的必然演变状况。一句话，按现在的哲学语言表述，就是客观事物本身的必然演变状况是独立于人的主观意识的。

这一章的结尾一句，老子得出全章论述的结论：懂得和把握“玄同”可能是天下最为难能可贵的。

这里把现在流行的译文附上，便于读者阅读比较，加深理解。

【译文】智者是不随便（向人民）施加政令的，施加政令的人就不是智者。塞住他们知欲的孔窍，关闭他们知欲的门户，磨去锋芒，化解纠纷，含蓄光耀，混同尘垢，这就叫作玄同的境界。这样就不分亲近，不分疏远，不分利益，不分祸害，不分高贵，不分低贱。所以，这样的人能做天下的君王，为天下所尊重。

第五十七章

以正[1]治国，以奇[2]用兵，以无事[3]取天下[4]。吾何以知其然哉？以此[5]：天下多忌讳[6]，而民弥[7]贫；民多利器[8]，国家滋[9]昏；人多伎巧[10]，奇物[11]滋起；法令滋彰[12]，盗贼多有。故圣人云："我无为，而民自化[13]；我好静，而民自正；我无事[14]，而民自富；我无欲[15]，而民自朴。"

【注释】

[1] 正：之前一般解读，正常平易的方法，也就是"清静"之道。这样解读并没有把老子提出的"正"的概念解释清楚，再是历来"清静"之道的说法用在这里也是有歧义的。先说歧义，如果这里的"清静"之道，仅仅是对正常平易的方法的解释，那么这"清静"之道也不过是"清静"的方法而已，但这样把"道"解释为"方法"，则显然不是解读者的本意，看看相应的句子翻译"以清静无为之道治国"，就可以明白这"清静"之道不是方法，此"道"实为老子之"道"。然而，历来把老子之"道"称为"清静"之道甚或"清静无为之道"，这可以说都是不懂老子之道而出现的奇葩说法。其实老子之"道"是最不"清静"的，最应该"清静"的恰恰是人类的主观妄为，所以把正常平易的方法，说成就是"清静"之道，不但没有解释清楚正常平易的方法指什么方法，反而多了一层难解的歧义。再说"正"的概念到底应该怎么理解的问题。我们之前说过，老子提出的概念或理论都是建立在客观事物及其必然演变这个基础之上的。老子在《道德经》五十一章说"道生之，德畜之，

物形之，势成之。是以万物莫不尊道而贵德。道之尊，德之贵，夫莫之命而常自然。故道生之，德畜之，长之育之，亭之毒之，养之覆之。生而不有，为而不恃，长而不宰，是谓玄德”，这其中老子提出“道”与“德”的概念，就有客观事物及其必然演变的从“生”到“成”的这个客观基础，这个基础是“莫之命而常自然”，即客观必然的。就客观事物从“生”到“成”的演变而言，就客观事物一面而言是“贵德”，就人如何面对客观事物而言是“玄德”“知常”，就人如何具体的为人处事而言是“袭常”“玄同”。说得更明白一点，就是人要随着客观事物由“生”到“成”的演变状况而行动，这就是“正”的概念含义，更通俗的说法就是“顺势”。正是因为这个“正”，所以才有“合抱之木，生于毫末；九层之台，起于累土；千里之行，始于足下”“天下难事，必作于易；天下大事，必作于细。是以圣人终不为大，故能成其大”。参照前一章阐述的“玄同”概念，与这一章后面的论述，“以正治国”整句的意思是，对于国家这一客观事物而言，如果人们有“治国”的想法行为的话，那么这些想法行为必须与国家本身的演变发展状况相符合。另外，还可以参照后面所谓的“以智治国”，意思可能就更清楚了。历来还有所谓“以德治国”的说法，如果按老子的哲学体系分析，其真正意思应该与“以正治国”一样，无非是换了一个说法而已，只不过其中的“德”不能简单地理解为“品德”，甚至还有“德才兼备”之“德”也同样不能简单地理解为“品德”。再如“小胜靠智，大胜靠德”，其中的德，按老子的思维体系分析，也不是品德，甚至也不是德行，而是社会本身客观的演变状况、过程、趋势。

[2] 奇：之前一般解读，帛书本作“畸”。出奇诡秘的计谋。

其实，参照《孙子兵法·势篇》："凡战者，以正合，以奇胜。故善出奇者，无穷如天地，不竭如江河。终而复始，日月是也；死而复生，四时是也。声不过五，五声之变，不可胜听也。色不过五，五色之变，不可胜观也。味不过五，五味之变，不可胜尝也。战势不过奇正，奇正之变，不可胜穷也。奇正相生，如循环之无端，孰能穷之？"其中"以正合，以奇胜"的"奇"理解为"出奇诡秘的计谋"，是《孙子兵法》里被误解极深的一句话。极深的误解，就是"以奇胜"中的"奇"，不念（qí），而念（jī），奇数、偶数的奇，古人又称为"余奇"，指多余、有余的部分。《孙子兵法》原意是指，在以正兵与敌人交战的时候，手里必须掌握一支多出来的可以机动的军队，就是奇（jī）兵。奇兵能出其不意，在战斗中突然打乱敌人的部署，是致胜的关键。所以，这句话的"奇"不是奇（qí）谋诡计。曹操注解这一句说："先出合战为正，后出为奇。"正合奇胜，先后还可以随机而变，于是就无穷如天地，不竭如江河了。这里老子是用一种简略的表述，老子的本意在于借"奇"的可以随机而变，用来反衬"正"的必须有条不紊、循序渐进，而不能随机而变地瞎折腾。

[3] 无事：无为、不妄为。

[4] 取天下：治理天下、得到天下。

[5] 以此：根据这些。指下面一段文字。

[6] 忌讳：禁令、限制。

[7] 弥：更加。

[8] 利器：锋利的武器。

[9] 滋：更加。

[10] 伎巧：技能和智慧。

[11] 奇物：邪恶的事情，也可解为新奇的物品。

[12] 彰：明白。

[13] 自化：自我化育，客观有序地走向富裕、幸福。

[14] 无事：不生事端，这里主要指不去搅扰、干涉百姓。

[15] 无欲：不贪，没有贪欲，也指不顾现实而建功立业的宏大奢望。

【点评】

这一章，老子的话题好像越来越宏大了，甚至开始谈论治国与用兵打仗了。其实透过这些具体的事例，老子无一不是在阐述他关于“德”的思想主张，即必须回绕而不脱离客观事物的演变状况，然后强调：为什么必须这样呢？接着用了对比的方法加以论证：“天下多忌讳，而民弥贫；民多利器，国家滋昏；人多伎巧，奇物滋起；法令滋彰，盗贼多有。”其中的四个“多”就是脱离客观事物演变状况的主观妄为，结果当然适得其反，这不是圣人所为。“我无为，而民自化；我好静，而民自正；我无事，而民自富；我无欲，而民自朴”，其中的三个“无”和一个“静”，就是回绕而不脱离客观事物的演变状况，绝无一点主观妄为，结果治国走上了正道，天下大治只是迟早的事，这正是圣人所为。

这一章要注意的是，老子并没有一概反对一切工艺技巧、一切聪明智慧、一切法制禁令的意思，而是反对多、滥，从而避免产生与社会演变发展状况不符的负面现象，甚至造成社会的动荡不安。

第五十八章

其政闷闷[1]，其民淳淳[2]；其政察察[3]，其民缺缺[4]。祸兮，福之所倚[5]；福兮，祸之所伏[6]。孰知其极[7]？其无正[8]。正复为奇，善复为妖[9]。人之迷[10]，其日固久[11]！是以圣人方而不割[12]，廉而不刿[13]，直而不肆[14]，光而不耀[15]。

【注释】

[1] 其政闷闷：闷闷，昏昏昧昧，这里是宽容的意思。国家的政治宽容。

[2] 淳淳：淳厚质朴。

[3] 察察：严密、苛酷。

[4] 缺缺：帛书乙本同，甲本作“夬”（guài）。缺、夬均借为“狯”（kuài），狡诈的意思。老子认为宽容的政治（也就是“无为”即不主观妄为的政治）可以使社会风气淳厚朴实，人民才可以安然自在，过着幸福宁静的生活；相反，政治严苛，则会演变出民风狡诈，社会混乱。

[5] 祸兮，福之所倚：之前一般解读，倚，依傍。灾祸啊，幸福正依傍着它。按老子的思维体系理解，可能更准确的意思是，灾祸嘛，是从幸福本身的演变中逐渐产生的结果。倚，依傍，这里指连在一起的意思。

[6] 福兮，祸之所伏：之前一般解读，伏，潜藏。幸福啊，灾祸正潜藏在它里面。

[5] [6] 两句体现了老子的辩证思想。一切事物都是在对立的状态中反复交替变化的，而人们习惯于被表面现象所限制，

老子的思想提醒我们观察事物时应拓宽视野、逆向思维。其实，这样的解读仍然似是而非。按老子的思维体系理解，可能更准确的意思是，幸福嘛，是从灾祸本身的演变中逐渐显露出来的结果。伏，潜藏、蕴藏，这里指不再蕴藏而显露的意思。

[7] 极：极限、最后。

[8] 无正：之前一般解读，即无定，没有定准。其实，这里的“正”就是五十七章“以正治国”之“正”，即按照国家的实际状况采取相应的政策、行动，所谓“无正”就是不顾国家的实际状况瞎折腾。

[9] 正复为奇，善复为妖：之前一般解读，正又可转变为邪，善又可转变为恶。这是老子关于事物相反相成、循环往复、不断转化思想的具体阐述。其实，这样的解读仍然似是而非。这里的“正”是顶真修辞，连接的是前句的“无正”；奇，随机而变、智计迭出；善，照应前面的“其政闷闷，其民淳淳”的状况；妖，照应前面的“其政察察，其民缺缺”的状况。整句意思是，不顾国家的实际状况瞎折腾，就必然会演变成所谓的随机而变、智计迭出的状况，那么“其政闷闷，其民淳淳”的良好状况，就必然演变成“其政察察，其民缺缺”的狡诈混乱状况。

[10] 人之迷：这里的“人”，指无德的为政者，与下句中的“圣人”形成对比；迷，迷惑不清。之，取消句子独立性，可以不解。

[11] 其日固久：其，代词，指“正复为奇，善复为妖”的状况；日固久，时间实在是很久了。

[12] 方而不割：之前一般解读，割，用刀刃伤害人。方正但不会伤害人。其实，这句的“方”如《论语》中的“能近

取譬，可谓仁之方也已”之“方”，这里的意思是，凡事都能从实际出发，推己及人，这样治国就不会演变出伤害人的状况了。后世“比方”一词之义，应该也是由此“方”而来。

[13] 廉而不刿（guì）：之前一般解读，廉，棱边，形容锐利；刿，刺伤。这里“廉”可能更准确的意思是“察考”“访查”，与前面的“察察”形成对比。“廉而不刿”的意思是，凡事先弄清楚情况再说，就不会演变出冤枉死人的状况了。

[14] 直而不肆：有理、正义但不放肆，做到以理服人。

[15] 光而不耀：光明磊落但不炫耀于人。耀，过分明亮。这几句说明，人的行为，方、廉、直、光是好的，但随时可能演变为割、刿、肆、耀这些坏的状况，而只有“含德之厚”的圣人，才能以“玄德”自守，保持行为的正确而适中。

【点评】

这一章老子接着上一章继续谈政的问题，分三层意思。

第一层，用了对比“其政闷闷，其民淳淳；其政察察，其民缺缺”，揭示了为政者之政与老百姓的生活状况是直接相关的。

第二层，一般解读认为是从“道”的角度分析其中的原因，其实更准确的应该是从“德”的角度分析事物的演变过程：“祸兮，福之所倚；福兮，祸之所伏。孰知其极？其无正。正复为奇，善复为妖。人之迷，其日固久！”这里尤其要注意的是极富哲理的名句“祸兮，福之所倚；福兮，祸之所伏”，按老子的思维体系解读，比之原来已成习惯的解读，意思可能更清晰、更具体，也更让人警醒。

第三层，归结本章结论，由为政者之“人之迷，其日固久”，自然引出圣人作为有德之人的“不迷”：“是以圣人方而不割，廉而不刿，直而不肆，光而不耀。”

这里再把现在流行的译文附上，读者可以对点到的哲理名句通过比较而加深理解。

【译文】国家的政治宽容，人民就淳厚质朴；国家的政治严苛，人民就狡黠诡诈。灾祸啊，幸福正依傍在它里面；幸福啊，灾祸也正隐藏在它之中。谁知道它们的终极？它们并没有一个定准。正可能随时转变为邪，善可能随时转变为恶，人们对这些道理迷惑不解，已经有很长的时日了。所以有“道”的圣人方正但不伤人，锐利但不会把人刺伤，直率却不放肆，明亮但不显得刺眼。

第五十九章

治人事天[1]，莫若啬[2]。夫唯啬，是谓早服[3]；早服，谓之重积德[4]；重积德，则无不克[5]；无不克，则莫知其极[6]；莫知其极，可以有国[7]；有国之母[8]，可以长久[9]。是谓深根固柢[10]、长生久视[11]之道。

【注释】

[1] 治人事天：治、事均作动词用，“天”作万事万物解，简单说就是为人处事。

[2] 啬（sè）：之前一般解读，爱惜。啬是老子哲学中的一个重要概念，它与六十七章的“俭”意义相近，是爱惜精神、积蓄力量的意思。其实，啬更准确的意思可能是要珍惜、守护精神、意志力量不使其外露，以防止主观妄为的发生。“俭”更多指向物质方面的守护，啬更多指向精神意识及行为方面的守护。

[3] 早服：尽早服从、奉行自然事理。

[4] 重积德：重，多、厚，含有不断的意思。重积德，不断地积蓄“德”，就是紧紧回绕而不脱离客观事物的演变状况。

[5] 无不克：不断地取得成功。

[6] 莫知其极：极，最高点、顶点。没有人知道他（力量）的极限。

[7] 可以有国：可，可以；以，凭借、依靠；有国，直至有治理国家之德，暗指有担负治理国家的能力。

[8] 有国之母：之前一般解读，母，指保有国家的根本大

“道”。有国之母，即有国以母，用大“道”去治理国家。其实这样一解读，“德”或“积德”就无端地消失了，原因就是把“母”理解为保有（治理）国家的根本大“道”了。可能更准确的理解是，“母”还是通解为“模”，模拟、描述的意思，即国家的演变发展状况与一般事物的演变状况并无不同，也是可以模拟、描述的。

[9] 可以长久：意思同莫知其极，即国家可以依此而长久发展。

[10] 深根固柢（dǐ）：根柢，树根向四边伸的叫作根，向下扎的叫作柢。

[11] 长生久视：久视，久活、久立。长生久视，即长久存在。

【点评】

这一章，老子又提出了“啬”的原则，就是要珍惜、守护精神、意志力量不使其外露，以防止主观妄为的发生，这样才有可能尽早服从和奉行自然事理，从而不断积蓄“德”，做到紧紧回绕而不脱离客观事物的演变状况，那样就能够不断地取得成功。其实，国家也有与一般事物一样的演变发展的状况，做到紧紧回绕而不脱离国家的演变发展状况，以此治国，国家也可以得到长久发展。

这一章的结论：“啬”的原则“是谓深根固柢，长生久视之道”。

第六十章

治大国，若烹小鲜[1]。以道莅天下[2]，其鬼不神[3]；非其鬼不神，其神不伤人[4]；非其神不伤人，圣人亦不伤人[5]。夫两不相伤[6]，故德交归焉[7]。

【注释】

[1] 治大国，若烹小鲜：之前一般解读，小鲜，小鱼。治理大国，要像煎烹小鱼一样。这是老子“无为”思想的又一阐述。煎烹小鱼，不能老去翻动，否则就会破坏它的汁水。老子将治理大国比喻为煎烹小鱼,就是要统治者不要总是搅扰人民，而应安静无为。老子的这一警句，在传统中国的政治思想上曾产生过重大影响。统治者如果能无为而治，则人人可以在自然状态中相安无事；相反，扰民则会害民，天下不会安宁，世风混浊，灾祸纷起。其实，这一句是“治大国，德若烹小鲜”的省略，整句意思是：有德行之人知道治理大国应该从像烹小鲜那样做起。火候和翻动的把握，都要切合小鲜本身。

[2] 以道莅天下：莅，面临、莅场，有包含在内的意思，天下之前省略了介宾词“于”。整句意思是：因为客观之道包含在天下万事万物之中，暗指要遵循客观之道来治理天下，而“客观之道”则预示着客观事物必然发生演变的状况，为接着的“鬼”作了铺垫。

[3] 其鬼不神：之前一般解读，多把“鬼”往鬼怪、阴阳不调的贬义上理解，其实从整章的论述语境、语意看，都没有这方面的意思，可能更准确的意思是：新奇、怪异的事情，人

们一下子难以适应的事情；神，灵验、神奇。整句意思是，（如果遵循“道”去治理天下）那么发生一些新奇、怪异的事情也没有什么神奇的。

[4] 非其鬼不神，其神不伤人：之前一般解读，不是鬼怪不灵，而是它起的作用伤不了人。从这一章的论述语境、语意看，可能更准确的意思是，这些新奇、怪异的事情也没有什么神奇的，要说其神奇之处，在于不伤害人（反而可能给人们带来了新的改善）。

[5] 圣人亦不伤人：圣人也不伤害人。注意句中的“亦”字，可以看出老子对前面之“鬼”是抱肯定态度的。这里指遵循“道”的统治者（圣人）采取有德行的政治，不会对所谓的“鬼”“神”抓住不放，对人民不滥施政令、不滥加干涉，更不用酷刑，使人民自然安宁、不受伤害。

[6] 两不相伤：指鬼神和圣人都不侵越、伤害人。

[7] 故德交归焉：之前一般解读，有两解，一说交相当于相互，交归指人和鬼都交相称赞圣人的德；一说交是俱、皆、都的意思，指功德和恩泽都回归到人民的身上了。其实，前解不合语境，后解较为准确。后解的不足之处是“故”字所作的结论性语句没有把“治国”和“道”与“德”的关系、“鬼”与“神”不伤人、圣人不伤人以及人怎么样等意义总结清楚，因此整句可能更准确的意思是：所以，遵循客观之道治国，客观之德就必然在国家走上发展正轨、人民生活安居乐业上体现出来了。“焉”，兼词，于此、在那里。

【点评】

有德行之人治理大国必然遵循客观之道，知道应该从像煎烹小鱼那样做起。有经验的厨师煎烹的动作必然跟着小鱼由生到熟的状况而变化；同样，圣人治理大国的政策举措也必然跟着国家的演变发展状况而与时俱进。在治国的过程中，发生一些新奇怪异的事情也没有什么神奇的，只要这些事情不侵越伤害人就可以了，圣人也不会对此抓住不放，以致做出那种侵越伤害人的事情来。因此，客观之德就必然在国家走上发展正轨、人民生活安居乐业上体现出来了。

老子在你不经意之间，借治国之事，忽然就立了一个客观之德的判断标准。

第六十一章

大邦者，下流也[1]，天下之牝，天下之交也[2]。牝常以静胜牡。为其静也，故宜为下。故大邦以下小邦[3]，则取[4]小邦；小邦以下大邦，则取大邦。故或下以取[5]，或下而取[6]。故大邦者，不过欲兼畜人[7]；小邦者，不过欲入事人[8]。夫两者各得其所欲[9]，大者宜为下[10]。

【注释】

[1] 大邦者，下流也：邦，帛书甲本如是，乙本及王弼本作“国”。下流，居于下流，处于水的下游。

[2] 天下之牝，天下之交也：王弼本作“天下之交，天下之牝”，今据帛书甲本改。这两句的意思，一说“交”读作“狡”，或作“佼”字，健壮的意思，即天下的雌性才是天下最强健有力的；一说交是交汇、汇合的意思，即处于天下雌柔的地位，才是天下交汇的地方。

[3] 大邦以下小邦：大国用谦卑的态度对待小国。

[4] 取：取得信任、取得归顺。

[5] 或下以取：或，有时。有时大国以谦卑的态度取得小国的信任。

[6] 或下而取：有时，小国以谦卑的态度才能取得大国的信任。

[7] 兼畜人：兼，聚拢起来；畜，饲养，含占有的意思。兼畜人，把人聚在一起加以养护。有人认为，这里指的是大国兼并、占有小国。

[8] 入事人：侍奉别人，指小国侍奉大国。

[9] 各得其所欲：各自都满足了自己的欲望。

[10] 大者宜为下：大国还是应当注意谦下。强调大国应该谦卑宽容，不可恃强凌弱，这样才能赢得小国的信任。这是客观之德在处理国与国之间关系上的运用。

【点评】

这一章先以水处下成海，牝静而处下成天下之交作喻，论述国与国之间的关系处理上，大国处下因而取得小国的信任，小国谦卑处下因而取得大国的信任。老子可能觉得小国面对大国谦卑处下当在情理之中，但大国面对小国要做到谦下，可能就有点勉为其难，所以就特意加了一句："大者宜为下。"

老子又是比喻，又是举例，阐述的其实还是客观之德，就是客观事物本身的演变状况。"贵德""玄德"就是要回绕着客观事物本身的演变状况去做，想想也是，谦卑处下只会往信任的方向演变吧？

人与人之间的关系处理，可能也不过如此而已。

第六十二章

道者，万物之奥[1]。善人之宝，不善人之所保[2]。美言可以市尊[3]，美行可以加人[4]。人之不善，何弃之有？故立天子，置[5]三公[6]，虽有拱璧以先驷马[7]，不如坐进此道[8]。古之所以贵此道者何？不曰[9]：求以得[10]，有罪以免邪[11]？故为天下贵。

【注释】

[1] 奥：之前一般解读，帛书本作“注”。奥，藏，含有庇荫的意思。更准确的意思可能是，深藏的本质。

[2] 善人之宝，不善人之所保：之前一般解读，（“道”是）善人的法宝，是不善之人也要保持的东西。其实，后半句这样解读与之后的“人之不善，何弃之有”语意就难以连贯了，后半句可能更合语境的解释是：（道是）不善之人被庇佑、保护的原因。

[3] 美言可以市尊：“美言可以市尊，美行可以加人”，王弼本作“美言可以市，尊行可以加人”，此处传写多有不同，学者多据《淮南子·人间训》《淮南子·道应训》的引文加以改正。市，买、取的意思；市尊，即取得（别人的）尊敬；美言，把道说透彻的言语。整句意思是，你能把道说透彻就能够取得别人的尊敬。这句对应下文“虽有拱璧以先驷马，不如坐进此道”，即重礼未必能够赢得别人的尊敬，但你拥有道必定能够赢得别人的尊敬。

[4] 美行可以加人：加，有几种解释，一说加人相当于有

益于人，加即益的意思；一说加人就是凌驾于人之上；一说加是重的意思，加人就是见重于人，被人器重、尊重。从前后语句看，见重于人，被人器重较为贴切。这句的意思就是：有道的行为可以让人看重。

[5] 置：设置。

[6] 三公：指太师、太傅、太保。

[7] 拱璧以先驷马：拱璧，是古代一种玉，圆镜形，中间有圆孔，为贵重的礼品；驷马，四匹马拉的车，古代只有天子、大臣才能乘坐。拱璧以先驷马，拱璧在先，驷马在后。这是古代献奉的礼仪，较为隆重。

[8] 不如坐进此道：进，古时地位低的人送给地位高的人东西，叫“进”。不如用“道”来进献，以此反衬“道”比重礼更重。

[9] 不曰：岂不是说。

[10] 求以得：有求就可以获得。

[11] 有罪以免邪：之前一般解读，有罪的人（只要得到“道”）不就可以免去罪吗？邪，即耶，表疑问的句末语气词。这句话实际上说明了“不善人之所保”的缘由。

本章老子阐明“道”对人生乃至政治的决定性作用，它是万物的主宰、人类的法宝。任何人遵循它，则“有求以得，有罪以免”，这个“道”便是清静无为之“道”，天子三公，拥有拱璧驷马，还不如怀着清静无为的信念。其实这样解读，看“本章老子阐明”之后的语句，可以看出对老子之道的理解仍然不准确。道从来就不是“清静无为”，“清静无为”指的是人遵循道的时候应有“冷静不妄为”的态度。接下来只好胡乱解读，一会儿说这个“道”便是清静无为之“道”，过一会儿又说拥有拱璧驷马，还不如怀着清静无为的信念。

【点评】

这一章，老子已经不再单纯地阐述“道”了，而是论述“道”与人或人生的关系了，“道”是“善人之宝，不善人之所保”。“善人之宝”具体表现在，“美言可以市尊，美行可以加人”“故立天子，置三公，虽有拱璧以先驷马，不如坐进此道”，还有“求以得”“不善人之所保”具体表现在：“人之不善，何弃之有”“有罪以免”。这就是自古以来的人们为什么要遵循道的原因所在。

要留意区别的是，这一章的“美言”“美行”与八十一章“信言不美，美言不信”的“美言”含义不同。让人颇为尴尬的是，这一章的“美言”其实就是八十一章的“信言”，所以，“信言”有时候也不妨说得美一点，让人更乐意听一点；但是，如果“美言”只有恭维巧言之美，而没有一点“信”的意思，那你就得当心了。

第六十三章

为无为[1]，事无事[2]，味无味[3]。大小多少[4]，报怨以德[5]。图难于其易[6]，为大于其细[7]。天下难事，必作于易；天下大事，必作于细。是以圣人终不为大[8]，故能成其大。夫轻诺[9]必寡信[10]，多易必多难。是以圣人犹难之，故终无难矣[11]。

【注释】

[1] 为无为：之前一般解读，以“无为”的态度去作为。这是说要顺乎自然，虽为之却像无所为，毫不做作。其实，这一句如此奇葩解读都是不懂老子的核心概念和思维体系所闹的笑话，以致让人搞不明白到底是为还是无所为。按老子“德”的概念解读就非常清楚，德的本意就是客观事物本身从“生”到“成”的演变状况，说得再简单一点，德就是客观事物本身的演变过程。这样“为无为”的意思就是，人们的作为应该是按照客观事物的演变过程从“不妄为”“没有作为”那里开始的。“为无为”中第一个“为”字，解“作为”；后“无为”解“不妄为”“没有作为”。

[2] 事无事：之前一般解读，前一个“事”，动词，做事、从事的意思；无事，不创新事，含有不搅扰、不干涉的意思。事无事，以“无事”的方式去做事。这也是说要顺应自然。这样解读问题与上一句一样。“事无事”的意思是，人们所做的事情必然是按照客观事物演变过程的顺序，从没有那事或事情刚开始的时候做起的。

[3] 味无味：之前一般解读，前一个“味”是动词，品味；无味，寡淡无味。味无味，即品味恬淡无味的滋味，意思也是顺应自然，恬淡处世。“为无为，事无事，味无味”，是老子的人生观和处事治世的哲学。这样解读出的问题就不说了。其实，“味无味”中第一个“味”应解作“美味”，“无味”确实是寡淡无味。“味无味”的意思是，美味按照客观事物演变过程看，肯定是从寡淡无味那里开始形成的。说简单点，美味原来就是寡淡无味的，只是后来才演变成为美味的。

[4] 大小多少：之前一般解读，这四字意义欠明，解释不一，一说不管别人对自己怨恨有多大（都要以德报怨）；一说“大”是“把……看成大”，“多”是“把……看成多”，“小”和“少”分别作宾语，意思是把小事看成大事，把少事看成多事；一说“大小多少”，即大生于小，多起于少（因此解决问题就从小处着手）的意思。今从最后一解。其实，有这么多的解读,本身就意味着对老子的论述存在模糊不清的地方太多了，最后勉强认可了“大小多少，即大生于小，多起于少（因此解决问题就从小处着手）的意思”，可惜这句这样解释，这一章别的句子按原有的解释仍然不配套了。所以，“大小多少”更准确的意思可能是：大肯定是从小演变而来的，多也必然是由少发展变化而成的。

[5] 报怨以德：之前一般解读，即以德报怨，用恩德去报答别人的仇怨。其实，对这一句作如此解释，该句的意思就流离于这一章之外，甚至与整章的论述话题格格不入。可能更准确的解释是，“怨”通解“愠”，“德”也不作“恩德”解，还是老子所持之“上德”“常德”“玄德”即客观事物本身的演变状况。说得再明白一点，“德”就是客观事物本身由“生”

到"成"的演变过程。与这一句比较类似的是《论语·学而》，即《论语》第一章中的一句"人不知而不愠，不亦君子乎？"这一句完整的内容是"人不知（有愠）而（知之）不愠，不亦君子乎？"这一句的意思是，不管是自己还是别人，在不知道客观事物的情况下，内心都难免会有愠气，而到明白了客观事物的情况下，原来那些内心的愠气就肯定能够得到消除，能够做到由不知到知、由有愠到没有愠这样的人，不也就是君子吗？只是孔子主张"以知报愠"，而老子是"以德报怨"，两者在这一点上本质是一样的。所以，"报怨以德"的意思是，要用客观事物本身演变的过程（即现在所谓的事实）去化解和消除人们内心的愠气。在《论语》里还有与"以知报愠"意思相近的说法"以直报怨"，其中"直"也是"事实真相""公道"的意思。

[6] 图难于其易：之前一般解读，图难，处理、解决困难的事；于其易，于，介词，从；易，容易的地方。解决困难的事从它容易的地方入手。这样解读只是有点老子原意的味道了，但仍然落实不了"终无难矣"。可能更准确的意思是，在别人看来困难的事情，圣人按照客观事物本身演变的过程，从事情开始时容易的地方入手，早就把事情解决了，所以在圣人那里最终是没有什么难事的。

[7] 为大于其细：之前一般解读，为大，做大事情；细，细微的地方、小的地方。为大于其细，就是做大事要从细小的地方入手。这样解读意思比较接近老子原意了，但差别还是有一点，这里就不具体展开了。

[8] 不为大：之前有两解，一说不自以为大，即不自以为在干大事情；一说不干大事，因为大已化小。两说均可通。其

实，当然是后解，原因就不说了。

[9] 轻诺：轻易许诺。

[10] 寡信：信，守信用。寡信即很少守信用。轻易许诺最后必然演变为很少能守信用。

[11] 圣人犹难之，故终无难矣：之前解读，犹，均、都。其实更准确的意思是，犹，犹如、如同。整句意思可以参看“图难于其易”一句的解读。

【点评】

上一章的重点是阐述道与人或人生的关系，这一章的重点放在阐述德与人或人生的关系了。因为历来的解读者都对老子的核心概念和思维体系没有理解，所以在解读这一章的时候，似是而非，错漏迭出，大有瞎子摸象的味道。

在《道德经》中，“德”的本意是客观事物本身的演变状况或演变过程。老子在《道德经》五十一章论述说：“道生之，德畜之，物形之，势成之。是以万物莫不尊道而贵德。道之尊，德之贵，夫莫之命而常自然。故道生之，德畜之，长之育之，亭之毒之，养之覆之。生而不有，为而不恃，长而不宰，是谓玄德。”其中“道”是决定客观事物本身“有”“无”演变必然性的，而“德”则是客观事物本身由“生”到“成”的演变状况或过程。接着老子有意重复“故道生之，德畜之，长之育之，亭之毒之，养之覆之。生而不有，为而不恃，长而不宰，是谓玄德”，其中强调的有两点：第一，“道”决定了“德”，“德”在“道”之后；第二，“德”也具有两条特质，其一是在“道”之后，“德”就体现出其客观独立性，不可能因为人的主观因素而改变，也就是“生而不有，为而不恃，长而不宰”，其二就是必须“反着来”。“德”的本意是体现客观事物本身的演变状况或演变过程，即由“生”到“成”的，然而老子在《道德经》六十五章又说“常知稽式，是谓玄德。玄德深矣，远矣，与物反矣，然后乃至大顺”，这里老子阐述的是人们按照“德”处理具体事物的原则方法，但是这原则方法往深处远处考虑却还有另一方面意义，就是必须与客观事物本身的演变状况或过程反着操作，那样才能使处理具体事物的过程非常顺利。具体说，客观事物本身的演变状况或过程必然是由“生”到“成”，然而在考虑处理具体事物的原则方法时必须反着来，即“成”必然是由“生”演变而来。所以，无论是有“德”之人还是圣人，都知道应该从客观事物“生”即开始的细微的地方做起，最后才能取得“成功”，“乃至大顺”。

如果按照此“德”或“玄德”的概念去考虑为人处事，那解读这一章就简单明了多了。

这里再把现在流行的译文附上，以便于读者阅读比较。

【译文】以“无为”的态度去作为，以“无事”的方式去做事，品味那恬淡无味的滋味。大生于小，多起于少，用恩德去报答怨恨。解决困难的事要从容易的地方着手，做大事情要从细小的地方入手。天下的难事，一定从简易开始；天下的大事，必定由细小开始。所以有“道”的圣人永远不认为自己在做大事情，才能成就大事。轻易承诺别人的要求，一定很少遵守信约；把事情看得太容易，遇到的困难就一定多。因此有“道”的圣人（遇到事情）都把它看得艰难，所以才永远没有困难。

第六十四章

其安[1]也，易持[2]也；其未兆[3]也，易谋[4]也。其脆易泮[5]，其微易散。为之于未有[6]，治之于未乱。合抱之木，生于毫末[7]；九层之台，起于累土[8]；千里之行，始于足下。为者败之，执者失之[9]。是以圣人无为故无败，无执故无失。民之从事，常于几成而败之[10]。慎终如始[11]，则无败事。是以圣人欲不欲[12]，不贵难得之货；学不学[13]，复[14]众人之所过，以辅万物之自然[15]，而不敢为[16]。

【注释】

[1] 安：社会局面稳定、安定。

[2] 持：维持，掌握。

[3] 未兆：没有迹象时、没有征兆时。

[4] 谋：图谋、谋划。

[5] 泮（pàn）：散，分解。

[6] 为之于未有：为，做，处理；未有，没有发生、没有出现。在事情还没有发生时就开始着手做。

[7] 毫末：细小的萌芽。

[8] 累土：累，帛书乙本作“蔂”（léi）、甲本作“羸”。累、羸都借为“蔂”。蔂，即土笼，盛土的筐子。累土，一筐筐的土。一说累是堆积的意思。今从前解。

[9] 为者败之，执者失之：一心想要有所作为的就会不顾实际而招致失败，有所执着的更会遭受损害。

[10] 常于几成而败之：常，帛书本作“恒”；几，帛书甲、

乙本均作“其”。几，差不多。这句是说，（人们做事情）总是在做到快要成功的时候就失败了。

[11] 慎终如始：之前一般解读，当事情快要完成的时候，也要像开始时那样慎重。其实这样解读，最后慎重的是什么仍然不清楚。可能更准确的意思是，当事情快要完成的时候，仍然像开始时那样谨守德而不主观妄为。《易经》第一卦乾卦也有这样的意思，当开始时的“潜龙”最后演变为“亢龙”的时候，这个时候就出现了“亢龙有悔”的问题。《易经》提出的解决方法是“群龙无首”，就是这些“亢龙”仍然回到“潜龙”的状态，那就“吉”了。这是“常于几成而败之”的原因。

[12] 欲不欲：之前一般解读，前一个“欲”，动词，向往、想要；不欲，（别人所）不向往的。欲不欲，即向往别人所不向往的。其实这样解读还是不明白圣人是有“德”之人，而有“德”之人知道要消除人们的欲望应该从没有欲望的时候就开始消除，具体方法就是“不贵难得之货”，意思就是要着力解决“难得之货”出现难得的问题，从而使“难得之货”不再被人们贵重，这是从源头上解决“欲”的问题。说实在的，如此解决问题，靠的不是“智”，而是“德”。

[13] 学不学：之前一般解读，前一个“学”是动词，指学习。学不学，就是说圣人的学习就是不学什么。其实，这样奇葩的解读仍然是不懂圣人是有“德”之人而闹的笑话，按德的概念解读就比较简单明了：有德的圣人知道要解决人们学习的问题应该从人们不学习开始的地方做起。具体的方法是什么呢？就是“复众人之所过”。用现在的大白话说，就是把众人所犯的过错重新复盘，看还改不改你那“德性”！

[14] 复：之前一般解读，一说补救、弥补的意思；一说

复作返讲，从错误的道路上走回来，改正错误的意思。今从后解。其实，前解后解都是引申的意思，虽然有点老子论述的意味，但给人的感觉与原意仍然有差距。所以，“复”字准确的意思是还原、使如前，也可解释为重新、再度。

[15] 以辅万物之自然：指“复众人之所过”之后，众人也学会了按事物的“德性”思考问题，达到了“知常”“袭常”，就能够辅助万物按其本身的状况客观演变了。

[16] 而不敢为：从而不敢再主观妄为。

【点评】

这一章继续前面一章谈“德”的问题之后，用更具体的事例阐述“道”与“德”的关系，具体阐述分三层展开。

第一层，从“其安也”到“治之于未乱”，阐述的是依据“德”可以采取的正确做法。

第二层，“合抱之木，生于毫末；九层之台，起于累土；千里之行，始于足下”，阐述的是“德”背后的“客观之道”。其所举事例既有客观事物“合抱之木，生于毫末”，又有人事如“九层之台，起于累土；千里之行，始于足下”，阐明了无论客观事物还是人事，背后都有其概莫能外的客观必然性即“道”的存在。

第三层，这一章的后面部分。这部分有两小点：第一小点是圣人所为所成与众人所为所失的对比；第二小点是圣人如何纠众人所失，最后众人回到“正道”。这里“正道”是一个约定俗成的说法，更准确的说法应该是“正德”，即“常德”“玄德”。

这一章可以概括或浓缩为两个字：“道”“德”。“道”是客观事物背后的演变必然性，“德”是客观事物演变必然性之后的客观事物本身的演变状况或演变过程，是人们据此而为人处事的方法原则。不懂这两个字及其关系，解读上的失误不过是小事一桩，社会上真实版的“正剧”那才是最精彩的。

我以前读司马迁的《报任安书》，其中有一段印象深刻，也是非常有名的话：“仆窃不逊，近自托于无能之辞，网罗天下放失旧闻，略考其行事，综其终始，稽其成败兴坏之纪，上计轩辕，下至于兹，为十表，本纪十二，书八章，世家三十，列传七十，凡百三十篇。亦欲以究天人之际，通古今之变，成一家之言。”其中关键的是这三句：“亦欲以究天人之际，通古今之变，成一家之言。”这三句话的意思是，我司马迁想要用这本书来探究天地万物和人类社会之间究竟是怎么回事，探究之后发现天地万物和人类社会自古至今无非就一个字——“变”，接着我司马迁还想把这个“变”梳理清楚，试图形成我自己的一家的看法。最后司马迁形成了什么看法呢？有人说都在“太史公言”里面了，但看了许多“太史公言”之后，却感觉这些看法太多太散了，无法把它概括或浓缩起来。

后来，我多年反复阅读老子的《道德经》，才发现对古今之变可以概括或浓缩起来的恰在老子的这本书中，而且也就两个字：道、德。

第六十五章

故曰：古之善为道者，非以明民[1]，将以愚之[2]。民之难治，以其智[3]多。故以智治国，国之贼[4]；不以智治国，国之福。知此两者[5]亦稽式[6]。常知稽式，是谓玄德。玄德深矣，远矣，与物反矣[7]，然后乃至大顺[8]。

【注释】

[1] 古之善为道者，非以明民：之前一般解读，明，知晓巧诈。明民，意为让人民知晓巧诈。整句意思是，从前善于行道的人，不是教人们精巧。其实，如此奇葩的解读仍然是不懂老子的核心概念和思维体系闹的笑话。从这一章开头的“故曰”两字看，这一章是紧接着上一章而来，而且是紧接着“以辅万物之自然而不敢为”而来，所以，这时候的老百姓已经不再是只知巧诈而不知“道”与“德”的众人了。所以，这句话可能更准确的意思是，从前善于用道和德为人处事甚至治国的人，就不会导致人们只知巧诈的主观妄为现象发生；反过来说，就是如果发生了人们只知巧诈的主观妄为现象，那一定是上位者不按道和德行事导致的结果。用现在的白话说，就是“上有政策，下有对策”，上、下成了对手，而不是上、下同欲了。

[2] 将以愚之：之前一般解读，愚，敦厚、朴实，没有巧诈之心，不是愚弄、蒙昧。此句意为使老百姓无巧诈之心，敦厚朴实、善良忠厚。其实，这句这样解读是没有理解上、下语句概念转换和文气连贯而出的错误，内在原因可能是不理解老子那种鄙视自以为是的所谓“智”，更为看重表面看很“愚”

的道和德的做法。确实，“愚”的意思就是敦厚、朴实，没有巧诈之心，但这“愚”就是下句中说法角度不同而意义相同的“不智”，然后再与下句中所谓的“智”形成对比，否则从上、下文气和概念连贯看，没有这个“愚”怎么接上后面的“智”？因此，这样解读就把“愚”的对象搞错了。所以，这一句可能更准确的意思是：（从前善于运用道和德的人）就因为用这敦厚、朴实，没有巧诈的道和德（表面看起来很愚）为人处事甚至治国。这后面相应省略了老百姓也必将是敦厚、朴实，没有巧诈的众人，而不是所谓的“明民”。

[3] 智：之前一般解读，智，巧诈、奸诈，而非为智慧、知识。其实，这里的“智”恰与上一句的“愚”形成对比，可能更准确的意思，上位者不以道和德治民治国，而专使巧诈、奸诈的“智”治民，导致“民难治”了。

[4] 贼：伤害。

[5] 两者：指上文“以智治国，国之贼；不以智治国，国之福”，更准确的是指，以道、德治国与以智治国。

[6] 稽式：法式、法则，帛书本作“楷式”。

[7] 与物反矣：之前一般解读，反，通“返”。此句意为“德”和事物复归于真朴。其实，这样解读还是似是而非，因为客观事物本身的演变状况或演变过程，既是客观的，同时其演变过程也是有方向性和不可逆性的。老子在五十六章已经说到“不可得而亲，不可得而疏；不可得而利，不可得而害；不可得而贵，不可得而贱”，意思就是客观事物这种本身的演变过程的方向性和不可逆性是其跟人的亲疏、贵贱、利害没有一丝一毫的关系，而且也不可能因为人的亲疏、贵贱、利害而改变其必然的演变状况。所以，人类能够做的就是所谓的“和光

同尘”，就是要跟客观事物的必然演变状况保持同一，而最好的做法就是从客观事物演变开始的细微的地方做起，然后与时俱进，这就是所谓的“玄同”，也就是“玄德”或“袭常”。

但是，老子在此句前面还有一句“玄德深矣，远矣”，老子认为人们按照“玄德”或“袭常”处理具体事物的原则方法的时候，这原则方法往深处远处考虑却还有另一方面意义，就是必须与客观事物本身的演变状况或过程反着操作，那样才能使处理具体事物的过程非常顺利。具体说，客观事物本身的演变状况或过程必然是由“生”到“成”，然而在考虑处理具体事物的原则方法时必须反着来，即“成”必然是由“生”演变而来。所以，“与物反矣”这句的原意是，（无论是有“德”之人还是圣人，都知道）应该从客观事物开始的细微的地方做起（最后才能取得“成功”，“乃至大顺”）。这里老子是借用原意，提醒上位者反思开始的时候应该是用看起来很“愚”的道和德治国治民，还是用所谓的“智”治国治民。

[8] 大顺：字面意思是非常顺利，本质指治国治民非常成功。

【点评】

这一章紧接上一章而来，上一章阐述的是人在面对具体的客观事物和人事的时候，道与德及其关系是如何体现在这些具体的客观事物和人事上的，通过圣人所为所成与众人所为所失的对比，提出人们必须同圣人一样“尊道贵德”。

而这一章阐述的是善为道（德）者，老子在这里还“幽默”了一下，称这善为道（德）者看起来很“愚”“不智”，然后与不“尊道贵德”的所谓“智”者形成对比。最后的结果，当然以道、德治国治民这边是“国之福”“大顺”，以所谓“智”治国治民那边则是“民难治”“国之贼”。谁应该反思呢？

第六十六章

江海所以能为百谷王[1]者，以其善下之，故能为百谷王。是以圣人[2]欲上民，必以言下之；欲先民，必以身后之。是以圣人处上而民不重[3]，处前而民不害。是以天下乐推而不厌。以其不争，故天下莫能与之争。

【注释】

[1] 百谷王：百谷，指百川、众多河流；王，名作动，成王、称王，这里指被百川、众多河流所归附、所汇聚。

[2] 圣人：王弼本缺此二字，其余多种版本有此二字。这里依据前后文之相关语句补上。

[3] 重：累，不堪重负。

【点评】

这一章，老子论述的是有“德”之人或圣人把“德”或“玄德”运用到极致的状况。

老子先是举了江海的客观事例，说明江海因为处下才有被百川所归附、所汇聚的状况。老子接着第一次用“是以”两字点出圣人对江海处下的运用，想要成为老百姓上面的人，一定是从言辞谦下开始做起的；想要成为老百姓前面的人，一定是从把自己的利益之类的考虑放在后面开始做起的。老子接着第二次又用了“是以”两字点出圣人对江海处下运用的神奇效果，圣人处上了而民不重，处前了而民不害。更神奇的效果还在后面，老子意犹未尽地第三次用了“是以”两字点出圣人对江海处下运用的后续效果，“天下乐推而不厌”，就是天下百姓一点都不厌弃他，继续乐于推戴他做他们的领导。老子在这一章的最后还不忘再次点明其中的奥妙：“以其不争，故天下莫能与之争。”就因为圣人甘于处下，然后必然出现的是演变向上的状况，于是“故天下莫能与之争”了。

第六十七章

天下皆谓我道大[1]，似不肖[2]。夫唯大，故似不肖。若肖，久矣其细也夫[3]！我有三宝，持而保之。一曰慈[4]，二曰俭[5]，三曰不敢为天下先[6]。慈故能勇[7]，俭故能广[8]；不敢为天下先，故能成器长[9]。今舍慈且勇[10]，舍俭且广，舍后且先，死矣！夫慈，以[11]战则胜，以守则固。天将救之，以慈卫之。

【注释】

[1] 天下皆谓我道大：天下人都说我的“道”很大。

[2] 似不肖：肖（xiào），像，与……相似；似不肖，空泛而不像有什么东西似的。有的版本此句是“大而不肖”，接着是“夫唯不肖，故能大”，可以参考。

[3] 若肖，久矣其细也夫：如果像（什么具体的东西），它早就渺小得很了！

[4] 慈：慈爱、宽容，也含有谦下之意。

[5] 俭：节俭、约束。老子的“俭”与“啬”的概念是同一个意思，指的是含藏培蓄，约束欲望，不奢靡、不妄为。

[6] 为天下先：把自己的利益之类的考虑放在天下人的利益之前。

[7] 慈故能勇：（因为）自己的慈爱、宽容，甚至谦下，必然（所以才能）演变出别人（老百姓）的勇敢。

[8] 广：广大，原意指客观事物的顺利发展演变，也包含引申义，变得富裕。

[9] 器长：帛书甲本作“事长”。器，指物；长，首长。

器长，指万物的首长。

[10] 舍慈且勇：且，同“舍”相反，取、求的意思。舍弃慈爱而求取勇敢。

[11] 以：用，指使用慈爱。这里应该有两解，一解是呼应前一章“谦下”“处下”，所以指使用慈爱即可；二解是就本章“三宝”看，不可能只提“一宝”而落下其余“二宝”，所以不排除“三宝”兼用而省略不提的意思。

【点评】

这一章劈头就是毫无来由的“天下皆谓我道大”一句，其实来由就是呼应上一章运用“德”而取得极致的神奇效果，此即所谓“道大”，这差不多相当于现在的白话“套路深”；而下一句“似不肖”则是“天下皆谓我道大”却不知为何的疑问，这是启下了，当是这一章的重点。

接着，老子仍然不忘卖一下关子，轻轻地吊一下你的胃口说：“夫唯大，故似不肖。若肖，久矣其细也夫。”用现在的话说，就是因为道的深刻广大，才是空泛好像没有什么东西似的，要是像什么东西，早就没有这么一回事了！

然后就是正题了。“道大”具体说就三条，要会用，可别忘了。三条总的就是“一曰慈，二曰俭，三曰不敢为天下先”，分条说就是“慈故能勇，俭故能广；不敢为天下先，故能成器长”。三条具体的意思是，（因为）自己的慈爱、宽容，甚至谦下，必然（所以才能）演变出别人（老百姓）的勇敢；约束欲望，不奢靡、不妄为，（你想要的）客观事物就能顺利发展演变，然后（你）就变得富裕了；不要把自己的利益之类的考虑放在天下人的利益之前，那么，老百姓就拥护你成为他们的领导了。

这里（我）有话在先，好好的正题（你）不能操作反了。“今舍慈且勇，舍俭且广，舍后且先，死矣！”现在居然有人舍弃慈爱、宽容，甚至舍弃谦下，而想要勇敢；事情没做好，却不知约束自己，只知奢靡、妄为，就想着先捞钱；一心只考虑自己的利益而不顾百姓的死活，这些都是找死的节奏。

最后，老子劝那些操作反了的人，还是回到“三宝”吧。单就“夫慈”而言，“以战则胜，以守则固”；还有“天将救之，以慈卫之”，就是一旦你遇有不测之险，老天也会救你，因为你没有罪愆（qiān），而你的慈爱谦下会卫护你，使你有惊无险。

第六十八章

善为士[1]者，不武[2]；善战者，不怒[3]；善胜敌者，不与[4]；善用人者，为之下[5]。是谓不争之德，是谓用人之力，是谓配天[6]，古之极[7]。

【注释】

[1] 为士：为，动词，管理、率领；士，士卒。这里两个字合起来指领兵打仗的人，即将帅。

[2] 不武：不逞勇武。

[3] 不怒：怒，争强斗狠，强悍。不怒就是不一味争强斗狠。

[4] 不与：之前一般解读，与，有两解，一说是对付、应付的意思，一说当争、斗讲。今从后解。景龙碑、傅奕本等多种古本皆作“不争”。其实，与就是和、同的意思，即缠斗在一起。

[5] 善用人者，为之下：善于用人的，对人态度谦下。

[6] 配天：符合自然的道理。

[7] 古之极：极，最高的准则、标准。古往今来最高的准则。

【点评】

在这一章，有人认为老子在阐述他的军事、战争观，认为“武”“怒”都是暴烈的表现，是一种不正义甚至侵略的行为。老子希望将帅是“不武”“不怒”的，而当战争迫不得已、不可避免时，又应当“不争”“不与”。这些，与老子曾经阐明的“不以兵强天下”（三十章），在战争中以慈而战、以慈而守（六十七章）等主张是一致的。

这样分析这一章，也许不错，但仅这样分析就太低看老子了。在老子眼里，军事、战争无非就是所举的一个事例而已，他真正要阐述的是军事、战争与其他事物一样，背后同样有着离不开“德”的运用，这就是“是谓不争之德，是谓用人之力，是谓配天，古之极”。其中的“不争之德”就是“甘于处下之德”，千万别小看了，这可是“古之极”。

第六十九章

用兵有言[1]：“吾不敢为主[2]，而为客[3]；不敢进寸，而退尺。”是谓行无行[4]，攘无臂[5]，扔无敌[6]，执无兵[7]。祸莫大于轻敌，轻敌几丧吾宝[8]。故抗兵相若[9]，哀兵胜矣[10]。

【注释】

[1] 用兵有言：傅奕本作“用兵者有言”。

[2] 不敢为主：主，战争时的主动进攻、攻势。不敢为主，即不敢做先举兵者，不敢主动进攻。这句中的“不敢”，与下句中的“敢”是老子论述的习用对举词语，其遵循的是客观事物演变的必然性（道）和阶段性规律（德）。“不敢”表述的是自己在最终阶段想要追求的目标，但却不是眼下初期阶段可以去追求和要做的事情。“敢”表述的是眼下初期阶段应该去追求和要做的事情。这一章“是谓”所引起的句子可以说都是眼下初期阶段应该去追求和要做的事情，从句子结构上看都是承接这里的对举的省略。我试着把“是谓”后所引起的句子省略的语句补出：“是谓不敢为行有行，而敢为行无行；不敢为攘有臂，而敢为攘无臂；不敢为扔有敌，而敢为扔无敌；不敢为执有兵，而敢为执无兵。”这些句子大概只要举韩信摆“背水阵”这个事例就可以说明一切了。当时韩信一开始摆“背水阵”时候的那种漫不经心，同时被敌方嘲笑的样子，就是典型的“行无行”，结果则是由此而演变出了“行有行”。

[3] 为客：客，指战争时的被迫自卫。为客，即采取守势。

[4] 行（háng）无行：之前一般解读，第一个“行”，动词，

排行、摆阵势的意思；第二个“行”，名词，行列、阵势。摆下军阵，却像没有军阵一样。这样解读，对词语的理解基本没问题，但就是由于没有明白老子哲学的核心概念和思维体系，就难免出现“虽然有阵势，却像没有阵势可摆”这样的奇葩解读，这岂不是儿戏？但如果按老子之“德”的概念及运用，就简单明了多了。如果明白了承上省略，那么这一句可能更准确的意思是，摆阵势，应该从没有阵势或不成阵势那里摆起，然后才是从“行无行”演变出“行有行”。“夫兵形象水，水之形，避高而趋下，兵之形，避实而击虚。水因地而制流，兵因敌而制胜。故兵无常势，水无常形。能因敌变化而取胜者，谓之神。”这是《孙子兵法·虚实篇》上的几句话，就把老子的这个意思说得具体明白了。

[5] 攘（rǎng）无臂：之前一般解读，攘，举起手臂。要挥举手臂，却像没有手臂可举一样。对照上句，这一句可能更准确的意思是，（本来有手臂可以挥举）却做出像没有手臂可以挥举的样子。

[6] 扔无敌：之前一般解读，扔，对抗的意思。指虽然面对着敌人，却像没有面对敌人可以攻击一样。对照前面句子及承接省略，这一句可能更准确的意思是，虽然面对着敌人，并且想要消灭这些面对的敌人，却做出好像没有要攻击敌人的样子。这也即“善胜敌者，不与”，更具体的经典事例就是“围魏救赵”的故事，想一想就明白了。

[7] 执无兵：之前一般解读，执，拿、持；兵，指兵器。虽然有兵器，却像没有兵器可拿一样。其实换一个说法，就是虽然手里有兵器可以攻击敌人，却做出手里好像没有兵器一样，说到底就是有意示弱而已。

[8] 轻敌几丧吾宝：老子认为一遇敌方，不问情由就“敢为主”，不肯弃“寸”甚至还想进“尺”，一下就把我方的力量都使出来，摆出“行有行，攘有臂，扔有敌，执有兵”的样子，要“御敌于国门之外”，这无异就是轻敌，最后必然招致失败，即所谓“祸莫大于轻敌”。吾宝：指六十七章阐述过的“三宝”：“慈”“俭”“不敢为天下先”。其实，更准确的说法应该是不争之“德”，再是随此而来的“玄德”。说得更直白一点，就是要战胜敌方，先要从不可胜开始做起。另外，还有非常关键的一点是，这里的“吾宝”不止限于本章或前面的第六十七章所述，也不止限于军事一个方面。

[9] 抗兵相若：抗，相对抗；兵，指军队；相若，相当。两军相对，力量相当。此句王弼本作“抗兵相加”，帛书本、傅奕本作“抗兵相若”。

[10] 哀兵胜矣：之前一般解读，哀，一说沉痛、悲愤，一说是慈爱、慈悲的意思。今从后解，即（两军相对时，力量相当）哀悲的一方可以获得胜利。其实，这里的“哀”就是“慈”，意思是慈爱、谦下。如果力量相当的两军相对时，则勇者胜，而不是哀悲的一方可以获得胜利。因此可见，“勇者胜”是狭路相逢事出猝然之下的无奈选择，这并非老子要针对的情形。老子要表达的是“谦下”即“示弱”“处弱”的一方胜，就是“夫慈，以战则胜”，这才是更高明之胜。

【点评】

这一章借“用兵者有言”，把军事打仗的事情说得更详细了，不过借来的目的，仍然是阐述老子所持之“德”及其运用。如果不懂老子哲学的核心概念和思维体系，看到老子的文字就难免一头雾水，也就难免使老子的文字滑向文字游戏，也更难免把“国之大事”的军事闹腾成儿戏了。

如果要说得更概括明确一些，这就是老子哲学体系在军事上的运用，只不过现在称之为“军事辩证法”。

第七十章

吾言甚易知，甚易行。天下莫能知，莫能行。言有宗[1]，事有君[2]。夫唯无知，是以不我知[3]。知我者希[4]，则我者贵[5]。是以圣人被褐怀玉[6]。

【注释】

[1] 言有宗：言论有宗旨。

[2] 君：主，意即根本、根据。

[3] 夫唯无知，是以不我知：无知，指“天下莫能知，莫能行”，人们对我说的话没有理解，也没有人按我说的话去施行，无知、不了解自己；一说指自己淳朴无知。今从前解。正是因为人们的无知，因此就不了解我说话的宗旨。老子所提倡的虚静、柔和、慈俭、不争等思想，都是本于自然的道理，本是最易理解、最易实行的，但人们由于被现实生活中的各种名利所诱惑，自然淳朴的本性渐趋湮没，对这些最根本、最浅显的道理反而不能理解，故老子感叹“知我者希”。

[4] 知我者希：希，通解“稀”，稀少。理解我说的话的人很稀少。

[5] 则我者贵：则，法则，这里作动词用，意即取法，以……为准则；贵，难得见到。把我阐明的（道、德）作为行事准则的人也难得见到。

[6] 圣人被（pī）褐怀玉：被，同“披”，穿在身上；褐（hè），粗布衣服，旧时老百姓所穿的衣服，借代用法，借指圣人也就是普通的人；怀，动词，怀揣的意思；玉，美玉，这里借指老

子自己所说的话的宗旨，阐明客观事物演变必然性的依据。

【点评】

从这一章看，我们在前面看到的是老子睿智、幽默的一面，想不到老子也有知音难觅，难免发点牢骚的一面：人们怎么就不听一听我说的话，在做事情的时候怎么就不试一试我说的话呢？

第七十一章

知不知[1]，尚矣[2]；不知知[3]，病[4]也。圣人不病，以其病病[5]。夫唯病病，是以不病。

【注释】

[1] 知不知：之前一般解读，有多种解释，一说知道自己（有所）不知道，一说知道却自以为不知道，两种解释都说得通。其实，在老子的核心概念和思维体系中，这两种解释都说不通，不通的原因就不再说了。按老子的核心概念和思维体系解释，“知不知”的意思，知是从对客观事物本身的演变状况不知的改变开始获得的必然结果，“不知”含有“没接触过”“没经历过”的意思，所谓“初生牛犊不怕虎”“无知者无畏”，甚至“纸上谈兵”，在老子看来就都属于“不知”之类。

[2] 尚矣：王弼本、河上公本“尚”作“上”，无“矣”字。帛书本为“尚矣”，尚通“上”，最好的意思。

[3] 不知知：之前一般解读，不知道却自以为知道。这样解读，就是强不知以为知，但这显然还不是老子表达的意思。老子的意思应该是，“不知知”就是不知道“知”是怎么演变而来的，换句话说就是不知道“知”是怎么回事，更直白地说就是不知道面对的事物是怎么演变的。

[4] 病：毛病、缺点。

[5] 病病：前一个“病”是动词，“以……为病”“把……当作病、看作缺点”的意思；后一个“病”，名词，指的是上面说的“不知知”的毛病。病病，即把这种毛病当作病。老子在此指出，圣人是有自知之明的，这种自知使其避免了“不知

知”的毛病。而他之所以能够免除这种毛病，正是因为他以“不知知”为耻、视“不知知”为弊病；相反，有这种毛病的人从来不认为自己不知，反而自以为是。这实际上是圣人与庸人的素质之别。

【点评】

这一章老子极少见地谈了“知”的问题。当然，老子不可能流离于他的体系而单纯地谈“知”的问题，所以按老子的思维体系分析“知”得出的结论，一方面确实足够深刻，另一方面也确实与众不同。还有老子谈“知”肯定有他的用意，只是不在这一章而已。

这里附上《论语》一则，了解一下孔子对“知”的看法。《论语·为政》：“子曰：由诲汝，知之乎！知之为，知之；不知为，不知；是知也。”翻译成白话文，大致意思是：孔子说，你的经历告诉你知道“知”了嘛！知道用这个“知”去做相应的事情，那就是知道掌握这个“知”了；不知道怎么去做相关的事情，那就是没有知道掌握这个相关的“知”；这就是“知”的问题。

在“知”的问题上，老子和孔子都强调了“经历”的重要性。老子强调“经历”侧重在“知”的获得，大概就是后世的“实践出真知”；孔子强调“经历”侧重在对“知”的检验，大概就是现在被人所称道的“实践是检验真理的唯一标准”。

再附上有关研究老子的专家的翻译，读者可以参照对比，看看不同点到底在哪里。

【译文】知道自己有所不知道，最好；不知道却自以为知道，这是毛病。有“道”的圣人没有这种毛病，因为他把“不知知”当成一种毛病。正因为将毛病当成毛病，因此才不犯这种毛病。

第七十二章

民不畏威，则大威至[1]。无狎其所居[2]，无厌其所生[3]。夫唯不厌，是以不厌[4]。是以圣人自知不自见[5]，自爱不自贵[6]。故去彼取此。

【注释】

[1] 民不畏威，则大威至：前一个“威”，指威压、威力；后之“大威”，指更大的威胁、威力。当人民不再害怕威压，那么就必然会演变发展出更大的威胁力量的到来（接着祸乱就由此而发生了）。另有一说，“至”作“窒”讲，行不通的意思，这句意思是：当人民不再害怕威压，那么统治者更大的威压就将行不通了。

[2] 无狎（xiá）其所居：狎，王弼解释为“挟”的假借字，逼迫的意思；无狎其所居，即（统治者）不要逼得人民无法安居。帛书甲本“狎”作“闸”，关闭的意思，意思是（统治者）不要用威力像闸门一样把人民的居处封闭起来（使他们不得自由）。河上公本及多种古本“狎”均作“狭”，指狭窄。狎、挟相通，今从前解。

[3] 无厌其所生：厌，压迫。（统治者）不要压制人民谋生的道路。另有一说，厌是厌恶的意思；生，活着、生活状况。此时这句意思就是，（统治者）不要使人民有厌恶其生活的状况发生，即不要发生老百姓生不如死的生活状况。依孟子《寡人之于国也》文中“使民养生丧死无憾也。养生丧死无憾，王道之始也”的“生”义，后说更契合些。

[4] 夫唯不厌，是以不厌：一说，前一句中“厌”是压迫

的意思，这一句针对统治者而言；后一句中“厌”是厌恶的意思，这一句针对人民而言。整句意思是，只要统治者对人民不采取压迫的政策，人民就不会厌恶（统治者）。另说，前一句中“厌”是厌恶的意思，这一句针对人民而言；后一句中“厌”是压迫的意思，这一句针对统治者而言。整句意思是，（如果）只要人民没有厌恶他们的居住、生活状况，那么就是统治者对人民没有采取压迫政策的结果。后说可能更合老子的阐述习惯。

[5] 自知不自见（xiàn）：见，同“现”，表现。表面意思是，有自知之明而不自我表现，实质意思是，（圣人）懂得自己采取的政策与人民的生活状况直接相关的道理，就不会一味主观妄为而采取压迫政策。

[6] 自爱不自贵：表面意思是自我尊重但不自以为高贵，实质意思是，（圣人）懂得一味地自我尊重未必就能够使自己显得高贵（从而赢得人民的尊重）。

【点评】

这一章更侧重的是德的阐述，即客观事物本身必然的演变状况或演变过程的理念，并将之用来思考整个社会的演变状况或演变过程，视野更为开阔宏大了。

老子生活的年代已经不再是盛世了，这可能使老子想到了每一个朝代是如何走向盛世，又是如何由盛导致衰的演变的。每个朝代的初期，由于统治者对人民采取宽松的休养生息的政策，从而必然演变出老百姓安居乐业、生活状况大为改善的盛世景象。每个朝代的末期，统治者一味地“自知自见”“自爱自贵”，对人民采取越来越残酷的高压政策，结果是盛世不再，真是“为者败之，执者失之”。

因此，老子在这一章的最后，不忘给统治者提了一个醒：“故去彼取此。”

第七十三章

勇于敢，则杀[1]；勇于不敢[2]，则活。此两者，或利或害[3]。天之所恶，孰知其故[4]？是以圣人犹难之[5]。天之道[6]，不争而善胜，不言而善应[7]，不召而自来，绰然[8]而善谋。天网[9]恢恢[10]，疏而不失[11]。

【注释】

[1] 勇于敢，则杀：之前一般解读，勇于坚强敢做，则有杀身之祸。其实，因为“敢”的“敢作敢为”是由“不敢”演变而来的，所以一味地“敢”就是主观妄为了，必然招致失败而有杀身之祸。

[2] 不敢：之前一般解读，不敢做，这里指的是勇于柔弱、虚静守柔的态度。老子认为，自然的规律是柔弱不争，人类的行为就应当取法自然的规律，而刚强好斗是违反自然的。其实，这样似是而非的解读，仍然是没有理解老子的思维体系导致的结果，老子的思想是非常积极进取的，这里的“不敢”绝没有一丝“不敢做”的意思，只有“不敢”然后才能演变出“敢”来。用现在的大白话说，就是你只有先看清楚了，才可以放开手脚去做。《水浒传》中林冲在柴进家与洪教头之战，林冲就是“勇于不敢”，洪教头则是“勇于敢”，林胜洪败，奥秘全在老子“德”的演变之中。至于老子认为，自然的规律是柔弱不争，人类的行为就应当取法自然的规律，而刚强好斗是违反自然的，更是皮相之见，这里就略而不论了。

[3] 此两者，或利或害：或，有的。这两个勇的方面，有

的有利，有的有害。

[4] 天之所恶（wù），孰知其故：恶，厌恶、讨厌；其故，其中的缘故。整句意思是，上天所厌恶的一味的勇于坚强敢做，必然招致失败而有杀身之祸，谁知道其中就是主观妄为的缘故呢？之前一般翻译“上天所厌恶的，谁知道是什么缘故呢？”显然不合老子本意。

[5] 是以圣人犹难之：龙兴观碑本、敦煌卷子本、帛书本均无这一句。此句曾见于六十三章，疑是错简重出，也有人认为可能是古代的注解误入正文，当删。

[6] 天之道：指客观事物演变的必然性规律。

[7] 应：回答、响应。

[8] 繟（chǎn）然：宽缓、安然的样子。

[9] 天网：指天地万物所包含的范围。

[10] 恢恢：广大、宽大。

[11] 疏而不失：疏，稀疏；失，漏失。虽然稀疏，但决不会漏失。

【点评】

这一章由人事而至天道。人事有或杀或活、或利或害之别，然后提出一问：天之所恶，孰知其故？这一句应该是反问，而反问的特点是“只问不答，答在问中”，所以理解为“上天所厌恶的，谁知道是什么缘故呢？”真是不懂老子，后面还怎么讲天道呢？

那么，天之道究竟是什么呢？天之道就是客观事物演变的必然性，“天之道，不争而善胜，不言而善应，不召而自来，繟然而善谋”。

“天网恢恢，疏而不失”，没有例外。

这里附上别人的翻译，以便读者阅读比较。

【译文】

勇于敢做，就会有杀身之祸；勇于不敢做，则可以保全生命。

这两个方面，有的有利，有的有害。上天所厌恶的，谁知道是什么缘故呢？

因此，圣人对此也感到很困难。自然的规律，是不争斗而善于获胜，不说话而善于回应，不召唤而自动到来，从容舒缓而善于谋划。天网广大无边，虽然稀疏，却什么也不会漏失。

第七十四章

民不畏死，奈何以死[1]惧之？若使民常[2]畏死，而为奇者[3]，吾得执而杀之[4]，孰敢？常[5]有司杀者杀[6]。夫代[7]司杀者杀，是谓代大匠[8]斫[9]，夫代大匠斫者，希[10]有不伤其手矣。

【注释】

[1] 死：帛书本作“杀”。

[2] 常：帛书本作“恒”，这里也似应解释为“客观”之意。

[3] 为奇者：为，做，从事；奇，奇诡，邪恶。为奇者，即捣乱作恶的人。

[4] 吾得执而杀之：执，拘押，抓起来；之，指“为奇者”。

[5] 常：帛书本作“恒”。这里也似应解释为“客观”之意。

[6] 司杀者杀：司杀者，专门管理杀人的人。这里不是实指现实社会中具体管理杀人的人员，而是指决定人死亡的自然规律。司杀者杀，指自然规律主宰人们的死亡。

[7] 代：代替。指统治者热衷于刑罚，代替自然主宰杀人。老子认为，人的生死本是顺应自然的，正如后来庄子所谓的适时而来、顺时而去。人生在世，理应享受天赋的寿命；但是，封建统治者为了加强自己的权力和统治，设置严酷的刑罚，肆意杀人屠戮。这样，许许多多本应属于自然死亡的（即属于“司杀者杀”的），在青壮年时便遭杀戮。面对这种逼使人民走向死途的严酷现实，老子提出沉痛的抗议。可见，老子的生命自然观是具有深厚的人本精神的。

[8] 大匠：工匠的首领。

[9] 斫：同“斲”（zhuó），用斧头砍木头。

[10] 希：同“稀”，很少的意思。

【点评】

如果统治者实行的是“民不畏死，奈何以死惧之”的政策，那么必然会有同样的回应，“若使民常畏死，而为奇者，吾得执而杀之，孰敢？”这大概就是历史演变的辩证法。

第七十五章

民之饥，以其上食税之多[1]，是以饥。民之难治，以其上之有为[2]，是以难治。民之轻死[3]，以其上求生之厚[4]，是以轻死。夫唯无以生为者[5]，是[6]贤[7]于贵生[8]。

【注释】

[1] 民之饥，以其上食税之多：帛书本作“人之饥也，以其取食之多也”。上，指统治者；食，动词，吃。人民陷于饥饿，是因为统治者吞占的赋税太多。

[2] 有为：有所作为。此为老子政论时经常使用的概念，它指的是用完备的政治制度、严酷的法律等等去统治人民，也可以解释为统治者好大喜功。前面有所谓的以“智”治国，也是一样的意思。

[3] 轻死：轻，作动词用，看轻、不重视的意思。轻死，看轻死亡，即不怕死。

[4] 以其上求生之厚：帛书本无“上”字。求生，意即养生；厚，奢厚；求生之厚，指统治者不惜一切代价保养自己的身体和生命。

[5] 无以生为者：不把保命养生看得过分重的人。

[6] 是：指示代词，这。

[7] 贤：胜过，超过。

[8] 贵生：贵，以为贵，即看重的意思。过分看重生命，过分保养生命。

【点评】

老子在本章对统治者的暴政提出了清醒的分析，他指出社会混乱，人民痛苦不堪，不怕死而反抗，根本原因还是统治者对人民的残酷剥削和高压统治。

老子的思维客观而清晰，民不聊生，必然是因为统治者征收的赋税太多；老百姓所以难于统治，必然是因为统治者强作妄为、好大喜功；老百姓之所以不怕死，必然是因为统治者极度地贪腐奢华，老百姓才会冒死反抗。只有那些看重老百姓而不把自己看得过分重的人，才比过分看重自己而不看重老百姓的人要高明。

第七十六章

人之生也柔弱[1]，其死也坚强[2]；草木[3]之生也柔脆[4]，其死也枯槁[5]。故坚强者死之徒，柔弱者生之徒[6]。是以兵强则灭[7]，木强则折[8]。强大处下，柔弱处上。

【注释】

[1] 人之生也柔弱：生，生存、生活；柔弱，指人的身体柔软。人活着的时候身体是柔软活动的。

[2] 其死也坚强：坚强，指人的身体僵硬。人死了以后身体就僵硬了。

[3] 草木：通行本作“万物草木”，“万物”二字一般被认为是衍文，很多古本均无此二字。

[4] 柔脆：指草木形质的柔软脆弱。

[5] 枯槁：指草木凋败干枯的样子。

[6] 故坚强者死之徒，柔弱者生之徒：徒，指同一种类、派别的东西。所以坚强的东西属于死亡的一类，柔弱的东西属于具有生命力的一类。这是老子总结出的一条客观规律，他通过对现象世界的观察，认识到生存的东西都处于柔弱状态，如活人的身体、革木生长时的枝条；而死亡的东西都呈坚硬状态，如死人的躯体、干枯的草木等。这是从事物生存发展的内在状况来说明的。

[7] 兵强则灭：灭，王弼本和帛书本作“不胜”；兵，一说指兵器，一说指军队或兵力，今从后解。用兵逞强就会遭到灭亡。

[8] 木强则折：折，王弼本作“兵”。树木强大了就会遭到砍伐。“兵强则灭，木强则折”，这是老子从事物外在的表现来进行阐发的。坚强的东西之所以容易遭受死亡，是因为它显露突出，故当外力冲击时，便首当其冲了。正如高大的树木容易遭受砍伐，人的才能过于外露，也容易遭到忌妒。老子从自然的灾祸引申到人为的祸患，提出守柔法刚的思想，并在《道德经》这本书中反复阐明“柔弱胜刚强”的观点。

【点评】

从自然万物的生与死的不同对比中，老子总结出了一个客观规律，坚强的东西必然会招来死亡，而柔弱的东西却是具有生命力的。因此凡是逞强的，反而会落在下风的结局；凡是表现柔弱的，反而会是占上风的结局。

千万不要把这些理解为老子的世故圆滑，而应该理解为老子在遵循客观事物发展变化的前提之下的一种正确的为人处世方法。因为逞强即是不管客观事物的发展变化，一味主观地争强好胜，结果只会招来失败，而表现柔弱则反而减少了主观的争强好胜，结果却把事情办成了。

第七十七章

天之道[1]，其犹张弓与[2]？高者抑之[3]，下[4]者举之；有余者损之[5]，不足[6]者补之。天之道，损有余而补不足[7]。人之道则不然[8]，损不足以奉有余。孰能有余以奉天下？唯有道者。是以圣人为而不恃，功成而不处[9]，其不欲见[10]贤。

【注释】

[1] 天之道：之前一般解读，天指自然；道，指规则、规律。更准确的解读应该是天指自然万物，“之”是语助词，取消句子独立性，“道”指客观规律。

[2] 其犹张弓与：其，疑问语气词，表示反问。不正像拉弓射箭吗？

[3] 高者抑之：高，指弦位高。弦位高了，就把它压低一些。

[4] 下：弦位低了。

[5] 有余者损之：有余，指弦的长度有余；损，减少。

[6] 不足：指弦的长度短了。

[7] 天之道，损有余而补不足：自然万物的客观法则，多余的就意味着要减少，不足的意味着要补上。自然界的一切现象，诸如昼夜的交替、四季的变化，它们都是动态均衡演变的过程；而这种均衡统一，既不是外力作用的，也不是人为造成的，而是客观必然，由自身运动表现出的一种互补、和谐、均衡，只有这样的自身运动才是可持续的、长久的。这是老子哲学总结出来的自然界的客观规律。

[8] 人之道则不然：人之道，指人类社会的规则；则不然，却不像这样。老子认为，自然法则体现出一种动态、均衡、合理性，而人类社会则恰恰相反，是减少不足的来补充有余的，是极不公平、极不合理的现象。人世间到处可见这种“损不足以奉有余”的情形，而这种社会的发展显然是不可持续的，老子对此深恶痛绝。“人之道”与“天之道”始终背道而驰。

[9] 处：占有，享有。

[10] 见（xiàn）：同“现”，表现。

【点评】

这一章，“天之道”“人之道”两者形成鲜明的对比，老子赞成“天之道”，而贬低“人之道”。由于“圣人”能够遵循“天之道”，从而老子推出了“圣人之道”，但这绝不是世俗所谓的“贤能”。

第七十八章

天下莫柔弱于水[1]，而攻坚强者莫之能胜[2]，以其无以易之[3]。弱之胜强，柔之胜刚，天下莫不知，莫能行[4]。是以圣人云："受国之诟[5]，是谓社稷主[6]；受国不祥[7]，是为天下王。"正言若反[8]。

【注释】

[1] 天下莫柔弱于水：天下，指天下的事物；莫柔弱于水：没有比水更柔弱的东西。

[2] 攻坚强者莫之能胜：之前一般解读，攻，攻击，进攻；莫之能胜，没有能够超过它（水）的。这句的意思是说，水的性情虽然是天下最柔弱的，但攻击坚强的东西，没有什么能比得过水。柔能胜刚，这是老子哲学思想的一个重要方面。老子在观察事物、阐明道理时所引用的例子，最典型的莫过于水。老子曾经认为"天下之至柔，驰骋天下之至坚"，民间谚语有"水滴石穿"，也精妙地概括了自然界这一神奇的现象。洪水泛滥时那淹没田舍、冲毁堤梁的势头，更是任何坚强的东西都难以阻拦的。柔能克刚，可以说是自然界的一条法理。其实，这样理解老子的哲学思想可能并不准确。洪水泛滥时，我们看到更多的其实是漫堤淹梁，而出现毁堤冲梁的后果的，一是千里之堤溃于蚁穴，二是洪水毁了梁基，所以老子说的"上善若水"，更注重的是水的无孔不入，不先入为主，以无形而为形，正如《孙子兵法》所说的"水因地而制流，兵因敌而制胜"。

[3] 无以易之：以，用；易，交换、代替。没有什么东西可以用来代替它（指水）。

[4] 天下莫不知，莫能行：天下，指天下的人；莫不知，（天下的人）没有不了解（弱之胜强、柔之胜刚）这个道理的；莫能行，没有人能够去实践（这个法则）。

[5] 受国之诟：受，承受、承担；诟，屈辱；国，帛书本作“邦”。受国之诟即承担国家的屈辱。一说诟作“责怨”讲，受国之诟，即承受国人的责怨。

[6] 是谓社稷主：社稷，指国家。社本指土地神，稷是谷神，古代帝王都要祭祀社稷，故社稷后来便成为国家的代称。这才叫作国家的君主。

[7] 受国不祥：不祥，指灾难，承担国家的灾难。老子由水的现象推而广之，认为柔弱、谦下这类品质，表面看好像处于被动和劣势，实际上却占主动、处于优势。因此，做国君的也应当像水这样保持谦下、柔弱，承担一切屈辱和灾难，好像地位最低下，实际上却可以牢固地保持统治地位。

[8] 正言若反：正面的话（听起来）却像反面的话一样。这是老子从现象世界所存在的大量矛盾统一的事物中总结出的一个普遍原则。“大成若缺，大盈若冲，大直若屈，大巧若拙，大辩若讷”“明道若昧”“大白若辱”“上德若谷”“大方无隅”“大象无形”等话语，都是对这一原则的具体阐释，而这类语句，在《道德经》一书中，可谓随处可见、俯拾皆是，充分体现了老子思想的辩证法与深刻性的特点。

【点评】

老子在这一章指出了水的特点是弱能胜强、柔能克刚，而在另外几章还从更深处指出了水的本质在于能处下、能受诟及“善利万物而不争”，天下人可能懂得这个道理，但是却很少有人能够遵循它。所以，难怪明白此“道”的圣人说：“能承受社稷的屈辱，才称得上社稷的主人；能承担国家的灾难，才配做天下的王者。”有些正面的话，听起来却像是反面的话一样。

第七十九章

和大怨，必有余怨[1]，安可以为善[2]？是以圣人执左契[3]，而不责[4]于人。有德司契[5]，无德司彻[6]。天道无亲[7]，常与[8]善人。

【注释】

[1] 和大怨，必有余怨：之前一般解读，和，调和、调解。调解深重的仇怨，必然会有余留的怨恨。这句的意思是说，深重的怨恨是难以彻底和解的。老子认为要从根本上解决怨恨的问题，就是不结任何仇怨，就是要从为什么结下这种仇怨的根子上去解决。其实，这一“怨”是“愠”的意思，老子是主张“报愠以德”的，而“德”即是社会本身演变状况或演变过程在当下社会实际中的反映，正因为德是客观必然的，无所谓亲疏、贵贱、利害，所以也无所谓“愠”了，此即下文的“天道”。余，这里不作“余留”解，而是“还会有”的意思。

[2] 安可以为善：之前一般解读，安，疑问代词，哪里。这（指调和大怨而有余怨）哪里能够算好呢？其实，把“怨”理解为“愠”意思就畅通了。在老子看来，“大愠”“余愠”从本质上分析都是一样的，那就是没有解决好遵循“天道”和“贵德”的问题。这句意思是，（没有从本质上解决“愠”产生的问题）这哪里能够算好呢？

[3] 执左契：执，持有，拿着，掌握；契，即契券，古代借贷金钱、粮米等财物所用的契券。它是用竹木制成的，中间刻横画，两边刻相同的文字，记财物的名称、数量等，劈为两

片；左片就是左契，刻着负债人的姓名，由债权人保存；右片叫右契，刻着债权人的姓名，由负债人保存。索物还物时，以两契相合为凭据。现实中左契有被用来证明，而右契是用来证明的意思。此句意思是，圣人（因为遵道贵德）就如拿着左契（等待别人来验证）。

[4] 责：表面意思是讨债，即债权人以自己持有的左契向负债人索取所欠的财物。不责，不如此索取所欠的财物。本质意思是，不用多解释道和德了，别人自然会来验证。

[5] 有德司契：有德，指有“德”的人；司，掌管、主管；司契，指掌管契据的人。有德司契，即有“德”的人就像持有借据的人（那样从容大度）。

[6] 无德司彻：之前一般解读，彻，周代规定农民按收成交租的税收制度；司彻，指管税收的人。无“德”的人就像主管收税的人（那样事后追索计较）。司契、司彻，都是周代贵族所用的管账人。司契的人，只凭契据来收付，所以显得从容大度；司彻的人，收税时总是斤斤计较，唯恐交税人少交、漏交。所以，老子称有“德”的人为司契，无“德”的人则像司彻那样不饶人。

老子认为，为政不能积怨于民，用严酷的税赋和刑罚来压榨和钳制人民，都会导致人民的怨怼、不满。所以老子提出理想的政治是“执左契而不责于人”，即以宽容的态度对待百姓，不要追迫百姓，不要干扰百姓，而要以“德”去感化人民。其实，有德司契与无德司彻的根本区别，在于有德在事前，这个时候无所谓“怨”“不怨”；而无德在事后，有明知交不了税还要强交的意味，那就必“怨”无疑了。这里的“怨”接着就是“愠”的产生与积累了。

[7] 天道无亲：天道，指自然的规律；无亲，没有亲疏之别，没有偏爱。这里更准确的意思，应该是五十六章的“故不可得而亲，不可得而疏；不可得而利，不可得而害；不可得而贵，不可得而贱。故为天下贵”之“玄德”。

[8] 与：帮助。老子所谓的“天道无亲，常与善人”，并非指一个人格化的“天道”去帮助善人，而是说善人能够得到帮助，是他“有德”自为的结果。

【点评】

调解深重的怨恨，必然还会有别的怨恨产生，所以最好的办法是从根本上解决产生怨恨的问题。怎么做到不产生怨恨呢？虽说“天道无亲”，其实人道也何尝不是一样无亲？但是你一旦做到了“与人为善”了，“天道无亲”也变为“有亲”，“常与善人”了。这就是后世所谓的得民心，说白了，就是“亲民”而已，“与人为善”而已，“有德”而已。

重点是，这一章里的“怨”，理解为“愠”可能更为确切些。

第八十章

小国寡民[1]。使有[2]什伯之器[3]而不用，使民重死[4]而不远徙[5]。虽有舟舆[6]，无所乘之[7]；虽有甲兵[8]，无所陈之[9]。使民复[10]结绳而用之[11]。甘其食，美其服，安其居，乐其俗。邻国相望，鸡犬之声相闻，民至老死，不相往来。

【注释】

[1] 小国寡民：之前一般解读，帛书甲本“国”作“邦”。小、寡，都是动词，使小、使少的意思。小国寡民，即国家要小小的，人口要少少的。小国寡民是老子理想的“国家”模式，是对当时广土众民政策的不满，对原始农村宁静自然生活的向往而生产的一幅乌托邦式蓝图。在这样一种理想社会里，社会秩序、人伦关系、道德风尚等，都无需依靠政治或法律的形式来维持，只靠人们自然纯朴的本性就可相安无事。在这个社会里，现实中的一切纷扰、焦虑、痛苦、不安都被一种恬静、淡泊、安详、自然所取代。其实，这些都不是老子的真意。老子一贯的思想是为大于小、为难于易，国大了仍然能够保持国小时的状态，“治大国如烹小鲜”，“若畏四邻”。如果民众多了，还能够保持“寡民”时“不患寡，而患不均”“远人不服则修文德以来之”，那就什么都好解决了。

[2] 使有：傅奕本作“使民有”。

[3] 什伯之器：之前一般解读，帛书甲本作“十百人器”、乙本作“十百人之器”，河上公本作“什佰人之器”，对此解释有几种：一说什即什物，什伯之器就是众多的、各式各样的

器具；一说什伯之器即十、百人之器，指一人用的等于十人、百人用的器械，亦即功效很大的器械；一说什伯之器指的是兵器，因什、伯都是代表军队人数的数字。今从第一解。老子表达的是大国应有国之重器，但不可将其轻易示人，更不可以轻易使用。

[4] 重死：重（zhòng），看重、重视。重死即怕死，看重生命，不轻易冒生命的危险。

[5] 不远徙：徙（xǐ），迁移、搬家。不远徙，不朝远处迁移。

[6] 舟舆：舟，船；舆，车。

[7] 无所乘之：没有用车船的必要。不远徙，不朝远处迁移，所以不用车船。

[8] 甲兵：甲，铠甲；兵，兵器。甲兵，指武器装备。

[9] 无所陈之：陈，陈列，一说通“阵”，作动词用，意思是摆列阵势。无所陈之，没有用得着陈列武器装备的地方。老百姓安居乐业，所以武器军队在这里没有用处。

[10] 复：再。

[11] 结绳而用之：用结绳的办法来记事。古时文字发明以前，人们记事的方法是在绳子上打结，相当于今天的备忘录、记事簿等。后来绳子的结有不同打法，本部落的人一看绳子的形状便知道是什么事情。有时还用绳结传递重要的通知，相当于今天的文告。老子借此想强调的是使民心、民风达到诚信、淳朴的状态，即使社会发展了进步了，仍然能够保持这种诚信、淳朴的状态。

【点评】

这已经是《道德经》第八十章了，这一章老子谈到了如何治理大国，那就是“小国寡民”从而达到理想的国家状态，只可惜历来被人误解太深了。一句话，邻国相望，但你自己国家的老百姓不想往邻国跑就可以了。

把“国”缩小到“家”，不再羡慕别人家的孩子了，什么招也用不着使了，那你自己家的孩子肯定错不了了。

第八十一章

信言不美[1]，美言不信[2]。善者[3]不辩[4]，辩者不善。知者不博[5]，博者不知。圣人不积[6]，既以为人己愈有[7]，既以与[8]人己愈多。天之道，利而不害[9]；圣人之道，为而不争[10]。

【注释】

[1] 信言不美：之前一般解读，信言，诚实的话，真话；美，漂亮、华丽。诚实的言谈是不漂亮的。其实，信言是指反映客观事物的言谈，这种言谈不追求漂亮、华丽。

[2] 美言不信：追求漂亮、华丽的言谈包含太多的主观因素，就未必能真实地反映客观事物。

[3] 善者：可以理解为善良的人，也可以理解为有德之人。

[4] 辩：能说会道，有口才。

[5] 知者不博：一说博是显示自己懂得多，卖弄的意思，即真正懂的人并不卖弄；一说博是广博，即真有知识的人不广博。知识越专精，相对来说，其范围就越狭窄，博杂的人往往不可能在某一领域有所建树，这就是"博者不知"。老子通过"知者"与"博者"的对比，表明他认同的是真正的"知者"。

[6] 积：指私自保留、积藏。

[7] 既以为人己愈有：尽全力帮助别人，自己反而更加充足。有，富有。

[8] 与：给予。

[9] 利而不害：之前一般解读，利物而不害物。可能更准

确的意思是，利是从不害那里开始演变而来的。谁在“害”物呢？当然是人的主观妄为、争强好胜，以致“揠苗助长”了。

[10] 为而不争：之前一般解读，帮助人而不与人争夺。老子深恶痛绝人类的私欲与争夺，提出“不争”的思想，这个“不争”并非消沉颓废，而是要人们顺任自然去发挥自己的能力。有“道”者即老子的所谓“圣人”，便是一种理想的人格。他本着自然的心境去作为，有所成就却不据为己有，永远帮助别人。具有这种人格的人，真可谓淡泊自然、了无包袱。老子想表达的是，人要遵循客观之道，为人处事永远顺势而为，绝不争强好胜。其实，这样的解读还是似是而非，老子没有深恶痛绝人类的私欲与争夺的意思，否则还要什么“利”和“为”？只是老子深知“圣人不积，既以为人己愈有，既以与人己愈多”，也就是“愈有”是从“不积”那里开始演变而来，“愈多”是从“与人”那里开始演变而来的。所以，“为而不争”的意思是，人们的作为应该是从不争强好胜、不主观妄为那里开始的，而这恰恰是圣人遵道贵德的表现。

【点评】

这是《道德经》的最后一章，老子给人的忠告有三点：一是要做一个“知者”，说实在话，不张扬炫耀，这其实说的就是《道德经》这部著作的语言特点。二是要做一个“财富圣者”，孔子说“己欲立而立人，己欲达而达人”，还有一句已经在这里被老子说了：“己欲利而利人。”你给别人带去的利益越多，你得到的财富就越多，这其实就是运用“德”到了极致的状况。三是要做一个“人道者”，遵循天之道，为人处事，永远从不争开始做起，而绝不争强好胜主观妄为。

《道德经》以开启“道之门”作为第一章，中间反复论述道和德及其关系，最后一章落实到人的作为，可以说整部著作结构完美、体系完美，给人的启示也应该是完美的。

这不由让人想到中国历史上另一本名著《论语》。《论语》第一章第一则第一个字从“学”开始，孔子虽然没有死板地规定谁学，也没有限定学什么，但提出了明确的学习目标，消除由不知而产生的各种“愠”，从而成为君子。中间论述的话题极为丰富，但孔子及其弟子把所有的话题归结为三大方面，即“命”“礼”和“言”。最后与《道德经》一样，《论语》也是落实到人的作为：“子曰：不知命，无以为君子也；不知礼，无以立也；不知言，无以知人也。”孔子估计也与老子一样，认识到人的作为首先应该消除本身的“三不知”，而不能一味地争强好胜主观妄为。

附录1：陈鼓应《老子今注今译》一章

道可道，非常道[1]；名可名，非常名[2]。無，名天地之始；有，名萬物之母[3]。故常無，欲以觀其妙；常有，欲以觀其徼[4]。此兩者，同出而異名[5]，同謂之玄[6]。玄之又玄，衆妙之門[7]。

【注释】

[1] 道可道，非常道：第一个“道”字是人们习称之道，即今人所谓“道理”。第二个“道”字，是指言说的意思。第三个“道”字，是老子哲学上的专有名词，在本章它意指构成宇宙的实体与动力。“常”，马王堆汉墓帛书《老子》甲、乙本均作“恒”。

“常道”之“常”，为真常、永恒之意。一般将“常道”解释为永恒不变之道，然可以“永恒”释之，却不当以“不变”作解，因老子之作为宇宙实体及万物本原的“道”，是恒变恒动的。《老子》四十章谓“反者道之动”，便以道为动体；二十五章形容道的运行是“周行而不殆”，也是描述道体之生生不息。

朱谦之说：“盖‘道’者，变化之总名。与时迁移，应物变化，虽有变易，而有不易者在，此之谓常。……老聃所谓道，乃变动不居，周流六虚，既无永久不变之道，亦无永久不变之名。……天地之道，恒久而不已，四时变化，而能久成。若不可变、不可易，则安有所谓常者？”（《老子校释》）按朱谦之说为是。程颐在《周易·程氏传》中释《易》之〈恒卦〉时指出：“天下之理未有不动而能恒者也，动则终而复始，所以恒而不穷，凡天地所生之物，虽山岳之坚厚，未有能不变者也。故‘恒’非‘一定’之谓也，‘一定’则不能恒矣。惟随时变易，乃常道也。”程氏以“随时变易”解“常道”，正合老义。

[2] 名可名，非常名：第一个“名”字是指具体事物的名称。第二个“名”字是称谓的意思，作动词使用。第三个“名”字为老子特用术语，是称“道”之名。

蒋锡昌说：“《管子·心术》，‘名者，圣人之所以纪万物也。’又《七发》注，‘名者，所以命事也。’此名乃世人用于事物之名，其所含意义，常为一般普通心理所可了解，第一‘名’字应从是解，第二‘名’字用为动词。‘常名’者，真常不易之名也，此乃老子自指其书中所用之名而言。老子书中所用之名，其含义与世人习用者多不同。老子深恐后人各以当世所习用之名来解《老子》，则将差以千里，故于开端即作此言以明之。”（《老子校诂》）

张岱年说：“真知是否可以用名言来表示，这是中国古代哲学中一个大问题。道家以为名言不足以表述真知，真知是超乎名言的。”（《中国哲学大纲》）

[3] 无，名天地之始；有，名万物之母：“无”是天地的本始，“有”是万物的根源。“无”“有”是指称“道”的，是表明“道”由无形质落实向有形质的活动过程。

“无名天地之始，有名万物之母”：历来有两种句读：一、“无”，名天地之始；“有”，名万物之母。二、“无名”，天地之始；“有名”，万物之母。严遵、王弼用“无名”“有名”作解，前人多循王弼之见。王安石则以“无”“有”为读。“‘无’，所以名天地之始；‘有’，所以名其终，故曰万物之母。”缪尔纾说：“此以‘无’‘有’为读，然以‘无名’‘有名’为读亦可。”（《老子新注》）

按：“无”“有”是中国哲学本体论或宇宙论中的一对重要的范畴，创始于老子。通行本《老子》四十章：“天下万物生于有，有生于无”（湖北郭店战国楚墓竹简《老子》作：“天下之物生于有、生于物。”），亦以“无”“有”为读。主张“无名”“有名”为读的人，也可在《老子》本书上找到一个论据，如三十二章：“道常无名”；二十五章：“吾不知其名，强字之曰道。”故两说可并存。笔者居于哲学观点，兹取“无”“有”之说。

[4] 常无，欲以观其妙；常有，欲以观其徼：常体“无”，以观照“道”的奥妙；常体“有”，以观照“道”的边际。

“徼”，前人有几种解释：一、归结，如王弼注：“徼，归终也。”二、作“窍”，如黄茂材本为“窍”。马叙伦说：“徼当作窍，《说文》：‘窍，空也。’”（《老子校诂》）三、作“皦”解，如敦煌本为“皦”。朱谦之说：“宜从敦煌本作‘皦’。……‘常无观其妙’，‘妙’者，微眇之谓，荀悦《申鉴》所云：‘理微谓之妙也。’‘常有观其皦’，‘皦者’，光明之谓，与‘妙’为对文，意曰理显谓之皦也。”四、边际，陆德明说：“徼，边也。”（《老子音义》）董思靖说：“徼，边际也。”（《道德真经解》）陈景元说：“大道边有小路曰徼。”吴澄说：“徼者，犹言边际之处，孟子所谓端是也。”今译从四，姑译为“端倪”。

“常无欲以观其妙，常有欲以观其徼。”有以“无”“有”为读，有以“无欲”“有欲”为读。王弼以“无欲”“有欲”作解，后人多依从，然本章讲形而上之“道”体，而在人生哲学中老子认为“有欲”妨碍认识，则“常有欲”自然不能观照“道”的边际。所以，这里应承上文以“无”“有”为读。再则，《庄子·杂篇·天下》说：“老聃闻其风而悦之，建之以常无有。”庄子所说的“常无有”就是本章的“常无”“常有”。兹列举自宋代王安石至当代高亨各家见解于下，俾供参考。

王安石说：“道之本出于无，故常无，所以自观其妙。道之用常归于有，故常有，得以自观其徼。”

苏辙说：“圣人体道以为天下用，入于众有而‘常无’，将以观其妙也。体其至无而‘常有’，将以观其徼也。”（《老子解》）

王樵说：“旧注‘有名’‘无名’，犹无关文义；‘无欲’‘有欲’恐有碍宗旨。老子言‘无欲’，‘有欲’则所未闻。”（《老子解》）

俞樾说：“司马温公、王荆公并于‘无’字‘有’字终句，当从之。下云：‘此两者同出而异名，同谓之玄。’正承‘有’‘无’二义而言，若以‘无欲’‘有欲’连读，既‘有欲’矣，岂得谓之‘玄’？”（《诸子平议》）

易顺鼎说：“按《庄子·天下篇》：‘老聃闻其风而悦之，建之以常无有。’‘常无有’即此章‘常无’‘常有’，以‘常无’‘常有’为句，自《庄子》已然矣。”（《读老札记》）

高亨说：“‘常无’连读。‘常有’连读。‘常无欲以观其妙’，犹云欲以常无观其妙也。‘常有欲以观其徼’，犹云欲以常有观其徼也。因特重‘常无’与‘常有’，故提

在句首。此类句法，古书中恒有之。”（《老子正诂》）

[5] 此两者，同出而异名：帛书本作“两者同出，异名同胃（谓）”。“此两者”，指上文“无”和“有”。

王安石说：“‘两者’，有无之道，而同出于道也。世之学者，常以‘无’为精，以‘有’为粗，不知二者皆出于道，故云‘同谓之玄’。”

童书业说：“‘无’和‘有’或‘妙’和‘徼’，这是‘同出而异名’的。从‘同’的方面看，混沌而不分，所以称之为‘玄’。”

[6] 玄：幽昧深远的意思。

苏辙说：“凡远而无所至极者，其色必玄，故老子常以玄寄极也。”（《老子解》）

范应元说：“玄者，深远而不可分别之义。”（《老子道德经古本集注》）

吴澄说：“玄者，幽昧不可测知之意。”（《道德真经注》）

张岱年说：“‘玄’的观念，亦即道的观念之变相。”（《中国哲学大纲》）

[7] 众妙之门：一切奥妙的门径，即指“道”而言。

【今译】

可以用言词表达的道，就不是常道；可以说得出来的名，就不是常名。

无，是天地的本始；有，是万物的根源。

所以常从无中，去观照道的奥妙；常从有中，去观照道的端倪。

无和有这两者，同一来源而不同名称，都可说是很幽深的。幽深又幽深，是一切奥妙的门径。

【引述】

整章都在写一个"道"字。这个"道"是形而上的实存之"道"，这个形上之"道"是不可言说的；任何语言文字都无法用来表述它，任何概念都无法用来指谓它。

"道"是老子哲学上的一个最高范畴，在《老子》书上它含有几种意义：一、构成世界的实体。二、创造宇宙的动力。三、促使万物运动的规律。四、作为人类行为的准则。本章所说的"道"，是指一切存在的根源，是自然界中最初的发动者。它具有无限的潜在力和创造力，天地间万物蓬勃的生长都是"道"的潜藏力之不断创发的一种表现。

"无""有"是用来指称道的，是用来表明道由无形质落实向有形质的一个活动过程。

老子所说的"无"，并不等于零。只因为道之为一种潜藏力（Potentiality），它在未经成为现实性（Actuality）时，它"隐"着了。这个幽隐而未形的"道"，不能为我们的感官所认识，所以老子用"无"字来指称这个不见其形的道的特性。这个不见其形而被称为"无"的道，却又能产生天地万物，因而老子又用"有"字来形容形上的道向下落实时介乎无形质与有形质之间的一种状态。可见老子所说的"无"是含藏着无限未显现的生机，"无"乃蕴含着无限之"有"的。"无"和"有"的连续，乃在显示形上的道向下落实而产生天地万物时的一个活动过程。由于这一个过程，一个超越性的道和具体的世界密切地联系起来，使得形上的道不是一个挂空的概念。

本章旨在说明：一、道具有不可言说性，道是不可概念化的东西。二、道是天地万物的根源和始源。许多人以为老子的道理很玄虚，所谓"玄之又玄"。其实老子这句话只说明在那深远而又深远的根源之处，就是万物所从出的“道”。至于老子说“道”不可名，事实上他已经给了我们一些概念：道之不可言说性与概念性等。在二十五章，老子说到这个形而上之实存体是个混然状态的东西，无以名之，勉强用一个“道”字来称呼它，这只是为了方便起见而已。老子说到道体时，惯用反显法。他用了许多经验世界的名词去说明，然后又一一打掉，表示这些经验世界的名词都不足以形容，由此反显出道的精深奥妙性。

（陈鼓应《老子今注今译》一章，商务印书馆 2017 年版）

附录 2：《史记·老子韩非列传》（节选）

老子者，楚苦县厉乡曲仁里人也，姓李氏，名耳，字聃，周守藏室之史也。

孔子适周，将问礼于老子。老子曰："子所言者，其人与骨皆已朽矣，独其言在耳。且君子得其时则驾，不得其时则蓬累而行。吾闻之，良贾深藏若虚，君子盛德，容貌若愚。去子之骄气与多欲，态色与淫志，是皆无益于子之身。吾所以告子，若是而已。"孔子去，谓弟子曰："鸟，吾知其能飞；鱼，吾知其能游；兽，吾知其能走。走者可以为罔，游者可以为纶，飞者可以为矰。至于龙吾不能知，其乘风云而上天。吾今日见老子，其犹龙邪！"

老子修道德，其学以自隐无名为务。居周久之，见周之衰，乃遂去。至关，关令尹喜曰："子将隐矣，强为我著书。"于是老子乃著书上下篇，言道德之意五千余言而去，莫知其所终。

或曰：老莱子亦楚人也，著书十五篇，言道家之用，与孔子同时云。

盖老子百有六十余岁，或言二百余岁，以其修道而养寿也。

自孔子死之后百二十九年，而史记周太史儋见秦献公曰："始秦与周合，合五百岁而离，离七十岁而霸王者出焉。"或曰儋即老子，或曰非也，世莫知其然否。

老子，隐君子也。

老子之子名宗，宗为魏将，封于段干。宗子注，注子宫，宫玄孙假，假仕于汉孝文帝。而假之子解为胶西王卬太傅，因家于齐焉。

世之学老子者则绌儒学，儒学亦绌老子。“道不同不相为谋”，岂谓是邪？

李耳无为自化，清静自正。

附录 3：《庄子·杂篇·天下》

以本为精，以物为粗，以有积为不足，淡然独与神明居。古之道术有在于是者，关尹、老聃闻其风而悦之。建之以常无有，主之以太一，以濡弱谦下为表，以空虚不毁万物为实。

关尹曰：“在己无居，形物自著。”其动若水，其静若镜，其应若响。芴乎若亡，寂乎若清。同焉者和，得焉者失。未尝先人，而常随人。

老聃曰：“知其雄，守其雌，为天下谿（xī）；知其白，守其辱，为天下谷。”人皆取先，己独取后，曰受天下之垢。人皆取实，己独取虚，无藏也故有余，岿然而有余。其行身也，徐而不费，无为也而笑巧。人皆求福，己独曲全，曰苟免于咎。以深为根，以约为纪，曰：“坚则毁矣，锐则挫矣。”常宽容于物，不削于人，可谓至极。

关尹、老聃乎，古之博大真人哉！

后 记

亲爱的读者君，当你读到这里的时候，我揣测你应该感觉得到这部书稿不是一时心血来潮之作，这样的话，我当然没有再去重复书稿中任何一点内容的必要了，这同时也意味着我持续多年的对《道德经》的厘清、梳理、注解和点评工作的结束；但是说真的，作为读者，你读了这部书稿可能一切才刚刚开始。

我一直觉得中国文化的核心是一个字——“变”，作为中国文化之源的《易经》，就是一部探究“变”的经典。不过再往深处说，其实所有文化都是次生的、从属的，其本原就是我们生活的这个世界。文化与这个世界的关系，正如东汉许慎在《说文解字·序》中说的那样“书者，如也”，就是文字、著作无非就是要把这个世界的客观事物及其演变记录和解释清楚而已。从这个意义上说，老子所提出和论述的概念、系统，本质上都属于客观事物本身，而不同于一般哲学家认为的属于主观的概念和系统。因此，当德国哲学家黑格尔提出“概念运动”的时候，马克思指出“概念运动”不过是客观事物运动在人的思维意识上的反映而已，而老子早在2500多年前就已经明白了“概念运动”，至多不过是对客观事物本身及其运动的描述、模拟或假设推论而已，最终并不等同于客观事物动态演变本身。

所以，关键的问题是要把客观事物本身如何动态演变搞清楚。由此而言，《道德经》的“道经”部分，老子解决的就是客观事物本身的动态演变必然性问题；“德经”部分，老子解决的就是我们人类应该如何面对客观事物本身的动态演变必然性问题。总之，从文化或哲学的角度来看，老子的《道德经》被称为“万经之王”并不为过，它至今仍不过时，而且仍然是无与伦比的。

还有一点，老子所揭示出来的事物本身动态演变的客观必然性，根据老子的论述，其包含的内容极为丰富，它既可以指客观事物本身结构的动态演变，表现为客观事物的所谓“多名”“多相”，也可以指客观事物本身动态演变的有序性和渐变性，而这些正是老子提供给我们分析和思考客观事物及其演变问题最有用的利器。就既往而言，读了老子的《道德经》之后，我们再去读毛泽东的《论持久战》和与中国革命战争的战略问题相关的著作，就会有恍然大悟之感。就当下中国社会现实而言，我们已经有序性地经历了所谓“老三件”时代（指手表、自行车、缝纫机）、“新三件”时代（指彩电、冰箱、洗衣机），及眼下的“房、车”时代的演变，这三个时代也可简称为“百元时代”“千元时代”和“万元时代”，那么接着的演变方向是走向什么时代呢？按老子的客观事物演变必然性的观点分析，甚至只要用“以正治国”的“正”的概念简单分析，就不难看出接着的演变方向必然是走向比“房、车”更具价值的“人本身的完善发展”的时代。比如，现代的人从对物质层面的追求，慢慢转向了对精神层面的追求。

当然，作为读者你可能想到的会更多、更深、更远。可以这样说吧，《道德经》全文本身的文字是十分有限的，但它借以论述的概念和由这些概念所形成的哲学思维体系已经包容了天地万物及其本身的演变，概念和体系应该说都极为完善了。我这里所做的厘清、梳理、注解和点评工作，也不过是通过概念入手进而梳理清楚老子的哲学思维体系所做的一次尝试而已，而这一次的尝试面对的却是2500多年来无数解读者的解读积累，要想冲破和改变这些固有的认知，其难度可想而知！但这种尝试只要我尽力就可以了，如果能够给读者君一个新的角度或启示,那么我所做的这种尝试是否成功其实不再重要了。一旦你理解了老子的概念和由这些概念所构成的思维系统，尤其重要的是当你明白了这些其实就是世间客观的万事万物的演变必然性的时候，我的目的就达到了。

老子给我们的结论是“道大”而“人亦大”，这可能才是最重要的。